D'une vie à l'autre

Martine Delomme

D'une vie à l'autre

ÉDITIONS
FRANCE
LOISIRS

Ce roman est une fiction, toute ressemblance avec des personnes existant ou ayant existé serait purement fortuite.

Édition du Club France Loisirs,
avec l'autorisation des éditions L'Archipel

Éditions France Loisirs,
31, rue du Val-de-Marne, Paris
www.franceloisirs.com

ISBN : 978-2-298-13892-4

À Audrey,

Chères Amis lecteurs et lectrices,

J'aime à ce qu'aucune histoire ne ressemble à une autre. Celle D'une vie à l'autre *est à nulle autre pareille. Ce roman, j'ai l'impression de le porter en moi depuis très longtemps. La vie de Diane, son chagrin, ses épreuves, je les connais. Je sais ce sentiment poignant, serrer un enfant dans ses bras en pensant : « Tout ce qu'il me reste au monde est là… Et c'est une autre vie qui commence aujourd'hui. »*

L'histoire de Diane, je vous la confie. C'est l'histoire de toutes les femmes qui font preuve d'un courage exemplaire face aux drames de la vie. Des femmes anonymes, admirables.

Merci à toutes et à tous de votre fidélité, de votre soutien indéfectible.

Et à très vite pour une nouvelle aventure !

1

Diane méditait devant les restes du gâteau. Des copeaux de chocolat flottaient au-dessus de la crème qui avait coulé au fond du plat. Comment avait-elle pu l'oublier sur la desserte ? Elle émit un long bâillement. Pas question de laisser cette pagaille à la femme de ménage, lundi matin. Elle fouilla dans la poche de son pyjama à la recherche d'une barrette et noua ses cheveux au-dessus de sa tête. Quelques mèches suivirent la loi de la pesanteur et glissèrent autour de son visage. Puis elle rassembla les assiettes sales, remplit le lave-vaisselle et lança le programme intensif. Elle enfila des gants et lava les flûtes à champagne, trop fragiles pour la machine. Elle coula un regard circulaire dans la cuisine, c'était déjà mieux. Avant de s'atteler au séjour, elle inséra une capsule de café dans la cafetière. En buvant son espresso à petites gorgées, elle se tourna vers la fenêtre. Les feuilles changeaient de couleur. D'ici à quelques jours, elles arboreraient les nuances subtiles du soleil couchant. Soudain, une idée lui traversa l'esprit. Elle prit l'un des carnets qu'elle semait un peu partout dans la maison, un crayon soigneusement taillé et elle ébaucha une silhouette féminine, esquissa quelques traits enlevés : robe légèrement cintrée à la taille, lainage deux tons, ocre et… À chaque début de collection, elle était saisie d'une véritable frénésie, découvrant des formes, des couleurs partout autour d'elle. Et ce matin, les teintes chaudes de l'automne s'avéraient une merveilleuse source d'inspiration. Puis elle eut une pensée coupable pour le désordre qui régnait dans l'appartement et abandonna son carnet de croquis. Elle remit les fauteuils à leur place dans le salon, rangea les coussins et découvrit quelques verres sales, égarés sur le coin des meubles. Les bouteilles de champagne vides baignaient dans la vasque d'argent où la glace avait fondu. Les bras chargés de plateaux, elle accomplit plusieurs allers-retours jusque dans la cuisine. Elle prenait soin d'éviter le moindre bruit pour ne pas réveiller Rémy qui appréciait la grasse matinée du dimanche et Aude qui, à peine éveillée, réclamerait toute son attention.

La veille, une dizaine de personnes s'étaient retrouvées pour fêter ses cinquante ans. Elle roula les papiers cadeaux en boule, les jeta dans la poubelle et réunit tous les présents sur la crédence de la salle à manger. Des parfums, des livres, le bracelet serti de petites émeraudes offert par Rémy. Elle le rangerait dans son coffret à bijoux un peu plus tard. Elle s'arrêta un instant devant le magnifique bouquet de fleurs expédié par ses beaux-parents depuis le Béarn. Force était de constater qu'une fois encore sa mère avait omis la date. Elle eut un léger pincement au cœur. Parfois, il était même arrivé à Laurette d'oublier qu'elle avait une fille.

Diane chassa la petite pointe de nostalgie et regarda avec attendrissement le pot à crayons posé sur la table basse. Une terre cuite décorée de fleurs bleues, enroulée dans un message attaché d'un ruban blanc :

« Maman, je t'aime, mé j'en é mar de rangé mé joué »

Soudain une petite voix ensommeillée retentit dans son dos :

— C'est mon cadeau le plus beau, hein, maman ?

— Bien sûr, ma puce, répondit Diane en ouvrant les bras.

La fillette se jeta à son cou. Aude, cinq ans. Son bébé. L'enfant de tous les bonheurs.

— Je peux allumer la télé ?

— Prends ton petit déjeuner d'abord. Et on fait pas de bruit, papa dort encore.

— Ça m'étonnerait, je l'ai entendu tousser.

Aude s'installa à la table de la cuisine et Diane lui réchauffa une tasse de lait dans le four à micro-ondes, elle y plongea une cuillérée de cacao et l'accompagna de deux biscuits aux céréales.

— Ton pot à crayons est magnifique, mais je ne suis pas d'accord avec ton petit mot, tu sais ! Tu dois ranger tes jouets.

— Je sais, papa m'a expliqué. Comme tu travailles beaucoup et lui aussi, je dois tout mettre en ordre. N'empêche, elle a de la chance ma copine Élodie, sa maman travaille pas.

Diane n'en était pas si sûre, mais elle renonça à exprimer le fond de sa pensée. Elle connaissait sa fille, la question suivante serait : « Pourquoi ? » Et ce matin, elle n'avait pas envie d'expliquer les phénomènes de société à une enfant de cinq ans !

— D'ailleurs, tu pourrais t'y mettre aussitôt après le petit déjeuner, reprit-elle. Hier, les invités t'ont apporté des cadeaux et ils traînent partout dans le salon.

Aude la regarda de ses yeux noirs, pareils à ceux de Rémy, et lui fit une petite moue boudeuse.

— C'est pas drôle…

Pendant ce temps, Diane avait composé un plateau avec du café et des toasts. Elle poussa doucement la porte de la chambre. Rémy se reposait, la tête appuyée sur son bras replié. Il se redressa en la voyant entrer, suivie de Aude qui se mit à tournoyer dans la chambre en agitant un tigre en peluche.

— Regarde, papa. C'est Cristelle qui me l'a offert. Il est chouette, hein ?

— Il faudrait qu'elle perde cette habitude de terminer toutes ses phrases par *hein* ! lança Diane.

— Elle a cinq ans, ma chérie !

Rémy glissa un coussin dans son dos.

— Merci, mais je prendrai seulement un café, je verrai plus tard pour le petit déjeuner. »

Il se sentait patraque, ce matin. Il prit une longue inspiration et saisit la boîte de comprimés sur la table de nuit.

— Gueule de bois ? suggéra Diane avec malice.

Elle lui tendit sa tasse et posa le plateau sur la commode. Rémy ne supportait pas l'alcool. Il pouvait mettre plusieurs jours à surmonter les effets d'un simple repas à peine arrosé.

— J'ai dû boire trop de champagne hier soir.

— Paul prétend que le champagne, ce n'est pas de l'alcool, répliqua Diane en prenant place au bord du lit tout près de Rémy.

Rémy renversa la tête pour mieux contempler sa femme. Le réveil n'était pas le moment de la journée où les femmes étaient à leur avantage. Surtout la cinquantaine passée. Mais Diane était différente. Elle était ravissante avec ses cheveux bruns mi-longs, ses yeux gemmés d'émeraude et son corps élancé de jeune fille. Aude s'arrêta enfin de propulser son tigre dans les airs. Elle s'empara du carnet de croquis posé sur le coin de la commode et tourna les feuilles. Enlacés, Diane et Rémy contemplaient son regard attentif, ses sourcils froncés.

— C'est pas beau maman, décréta-t-elle en reposant le carnet, tous tes dessins sont noirs ! Pourquoi tu fais pas des coloriages ?

Diane se racla la gorge en ignorant le fou rire que son mari avait du mal à réprimer.

— File dans la salle de bain, petit monstre ! Et brosse-toi les dents, j'arrive.

— D'accord, mais après, je jouerai à cache-cache avec papa.

Diane ne se lassait pas de ces jeux qu'elle observait en riant ! Rémy se dissimulait toujours derrière le rideau de la salle à manger en laissant ses chaussures dépasser. Elle aimait le son de la voix d'Aude qui appelait son père en feignant de le chercher jusque dans le moindre recoin. Au bout d'un moment, Rémy se précipitait sur elle en criant, il la soulevait et la faisait tournoyer au bout de ses bras.

Diane donna un bain à sa fille et, ensemble, elles choisirent la tenue qu'elle porterait ce dimanche. Si le temps le permettait, ils se promèneraient en forêt cet après-midi. Puis Diane prit sa douche et s'habilla. Un tailleur-pantalon beige assorti d'un pull à col montant orange et brun. Une légère touche de maquillage et elle revint dans la cuisine où Rémy lisait paisiblement le journal, sa tasse de café à portée de main. Elle inventoria le contenu du frigo. Finalement, il y avait peu de restes, ses invités avaient dévoré le repas qu'elle avait concocté la veille. Elle résista à l'envie de cuire un simple plat de pâtes. C'était toujours elle qui préparait le repas dominical ; malgré une nuit relativement courte et une longue semaine en perspective, elle ne faillirait pas à la règle.

Diane et Rémy habitaient un bel appartement en face de l'agence immobilière dont Rémy était actionnaire associé. Jolie commune résidentielle située à une vingtaine de kilomètres de Paris, Verrières-le-Buisson était entourée de forêts et de réserves horticoles. La campagne à l'orée de la capitale, disait Rémy. Un bel argument de vente pour l'agence ! La proximité de son travail, la souplesse de ses horaires lui permettaient d'accompagner Aude à l'école maternelle toute proche. Il la conduisait au cours de danse, gérait les visites chez le pédiatre. Diane, elle, travaillait à Paris. Afin d'éviter les embouteillages, elle partait tôt et rentrait tard. Lorsqu'elle arrivait, Aude était en pyjama et elle avait déjà dîné. Toutefois, le week-end Diane avait à cœur de s'occuper de sa fille, de mitonner des petits plats. Et tous les dimanches matin, comme un rituel, elle faisait le tour du marché de produits locaux et bio. Elle rejoignit la cuisine et dressa la liste des courses pour la semaine.

Rémy était plongé dans la lecture du journal. Mais il avait du mal à se concentrer. Une violente migraine lui enserrait les tempes. Et depuis quelques jours, le mal de tête toujours plus puissant s'accompagnait d'une oppression lancinante. Au bout d'un moment, il leva la tête et s'aperçut que Diane le fixait en fronçant les sourcils.

— Tu as mauvaise mine, ce matin. Tu vas me faire le plaisir de prendre rendez-vous chez le médecin ! Ce n'est pas normal ces migraines à répétition.

— J'appellerai demain. Mais je crois que j'ai surtout besoin d'un peu de repos.

— J'ai posé ma semaine de congés pour la Toussaint. On pourrait s'offrir un petit voyage. Pourquoi pas sur la Côte d'Azur ? Je suis sûre que l'arrière-saison y est magnifique.

Il reconnut que c'était une excellente idée et elle lui planta un baiser sur les lèvres avant de prendre son sac et son imperméable dans l'entrée.

Le trottoir était brillant de pluie et une odeur de terre mouillée montait du jardin derrière l'immeuble. L'air était frais, et des nuages s'amoncelaient au-dessus des toits. La place et la rue principale de Verrières-le-Buisson étaient encombrées d'éventaires bariolés et de devantures réfrigérées. Diane tourna en rond dix bonnes minutes avant de trouver une place libre dans les rues adjacentes embouteillées de véhicules stationnés en dépit du bon sens. Son cabas à bout de bras, elle longea les étals des exposants installés de part et d'autre de la chaussée. Depuis des années, elle arpentait le marché du dimanche et ne se lassait pas de sa foule bigarrée. Elle affectionnait cette ambiance, l'incertitude qui planait autour des rencontres, des emplettes. Elle connaissait la plupart des commerçants, ils la saluaient d'un signe de la main, lui offraient toujours quelque chose à déguster. Oh, ce saint-nectaire, ce pâté en croûte !

Elle acheta du pain aux céréales et un poulet fermier pour le déjeuner. En observant la vitrine du volailler, elle prit aussi des cuisses de lapin. Ce serait parfait pour mardi ou mercredi soir. Puis elle s'arrêta devant le stand du Vietnamien qui roulait et cuisait ses nems et ses rouleaux de printemps à la demande. Il lui avait déjà préparé une barquette en plastique et elle lui tendit un billet. Ils échangèrent quelques mots et Diane poursuivit son chemin. Elle longea des étalages de vêtements, observa quelques modèles qui lui rappelaient toujours la remarque d'un de ses professeurs : « Toutes les femmes ont le droit de s'acheter de jolies tenues selon leurs moyens. Et dites-vous que quel que soit le prix du vêtement, il est né de l'imagination d'un styliste ! »

Elle remonta la rue adjacente jusqu'aux stands des maraîchers. Après les excès de la veille, une salade de fruits serait parfaite pour le dessert. Il restait un bocal de poires au sirop en réserve, elle ajouterait des pommes et des bananes. Pourquoi pas un ananas ? Mais en passant devant la pâtisserie artisanale, elle découvrit la montagne de petits gâteaux fourrés au chocolat. Sa fille en raffolait. Elle sourit et une vague de tendresse l'envahit. Aude méritait bien cette petite gourmandise. La veille, elle s'était montrée adorable en restant sagement dans sa chambre tandis que les adultes riaient et s'amusaient. Ce petit bout de chou qu'elle avait porté jusqu'à son terme après quatre fausses couches et tant de larmes. Une grossesse à risques, l'impression d'être un phénomène d'observation pour le corps médical… « Quarante-quatre ans, vous êtes âgée pour un premier enfant ! » lui assénait-on, comme un reproche. Après six mois d'immobilité totale et un accouchement sous haute surveillance, on lui avait présenté son bébé, et elle avait ouvert les bras… Elle avait pris son enfant, l'avait tendu à Rémy. Aude avait donné un sens à leur vie en les projetant bien au-delà de leur amour, comme les prémices d'un bonheur sans écueil. Quelques semaines après sa naissance, Diane était engagée chez Morani, la célèbre maison de prêt-à-porter de luxe. Et Rémy s'associait avec Paul et Cristelle Valant. En plein essor, l'agence comptait aujourd'hui huit personnes et rayonnait sur plusieurs départements.

Diane acheta trois fondants au chocolat et elle s'approcha enfin du stand de son maraîcher préféré. Elle choisit des légumes pour le potage, mais elle hésitait entre du fenouil et un chou-fleur pour accompagner le poulet. Elle appela Rémy sur son portable et tomba sur la messagerie. C'était lui le spécialiste ! De son enfance dans le Béarn où chaque habitant possédait son jardin potager, il avait gardé une véritable prédilection pour les légumes et connaissait mille façons de les accommoder.

Finalement elle opta pour un chou-fleur, plusieurs bulbes de fenouil... et un céleri-rave. Elle bataillait, mais elle parvenait toujours à ce que sa fille en mange une tranche ou deux accompagnées de béchamel.

La pluie tombait de nouveau. Diane sortit son parapluie. L'effervescence de onze heures passée, les éventaires se vidaient peu à peu. Les chalands quittaient le marché d'un pas rapide, la tête rentrée dans les épaules. En rejoignant sa voiture, elle fit une nouvelle tentative pour joindre Rémy. Toujours pas de réponse. C'était bizarre. Étaient-ils sortis ? C'était peu probable. Le ciel déversait des trombes d'eau.

Quelques minutes plus tard, elle se gara devant l'agence. Ses cabas à bout de bras elle traversa la rue, gagna l'ascenseur et monta jusqu'à l'appartement :

— Rémy, tu es là ?

Diane comprit qu'il s'était passé quelque chose à la seconde où elle entendit le cri de sa fille.

— Maman, viens vite, papa est tombé !

Diane lâcha les sacs à provisions et reçut le petit corps de sa fille en sanglots contre sa poitrine. Elle se précipita dans le séjour. Rémy gisait de tout son long au pied des trois marches qui séparaient le salon de la salle à manger. Elle se pencha, lui tapota les joues :

— Rémy, ça va ? Que s'est-il passé ?

Les yeux clos, la tête penchée sur le côté, il ne réagit pas.

— C'est ma faute, maman, je voulais jouer à loup attrape-moi. Je me suis cachée sous mon lit mais papa n'est pas venu... Je crois qu'il est tombé dans l'escalier en me cherchant. Tu crois qu'il s'est fait mal ?

Diane courut chercher un linge humide, humecta le visage de son mari et ouvrit largement sa chemise.

« Rémy… De nouveau, elle lui donna de légers coups sur les joues, prit son visage au creux de ses mains : Ça va aller mon chéri, murmura-t-elle, ça va aller… »

Elle eut l'impression qu'il ne respirait plus. Elle se retint de crier, mais ses pensées s'emballaient, son cœur battait à tout rompre. Elle fonça jusqu'au téléphone et composa le numéro des pompiers. Puis elle prit Aude dans ses bras.

— C'est ma faute, répéta la fillette en sanglotant.

— Mais non, mon ange. Tu as raison, papa est juste tombé, ce n'est pas grave.

Il fallait l'éloigner. Vite. Elle descendit au rez-de-chaussée et s'élança de l'autre côté de la rue, où habitaient Paul et Cristelle, les associés de Rémy.

— Tu vas rester avec Cristelle, ma puce. J'ai appelé le docteur, il va venir voir papa et je reviens te chercher après.

2

Autour d'elle, les gens sobrement vêtus devisaient à voix mesurée. Diane n'écoutait pas. Elle avait du mal à comprendre tout ce qu'il s'était passé au cours des quatre derniers jours. Quatre jours, le point d'ancrage d'un long cauchemar dont elle était certaine de ne jamais se réveiller. Son esprit revivait en boucle chaque instant des heures interminables qui s'étaient écoulées depuis le moment où elle était rentrée chez elle pour découvrir Rémy inerte sur le sol, et Aude en larmes. Les pompiers étaient arrivés en quelques minutes. Ils avaient ranimé Rémy, l'avait installé sur une civière et elle était partie avec lui dans l'ambulance. Elle fixait sa poitrine qui montait et descendait doucement. Le chauffeur roulait à tombeau ouvert, mais avant d'arriver à l'hôpital, elle avait vu les deux hommes s'affoler, se pencher sur le corps de son mari. Massage cardiaque, défibrillateur… Elle ne savait plus lequel des deux secouristes s'était approché d'elle : « Je suis désolé, madame, nous avons fait tout notre possible… » Et l'autre homme avait mentionné l'heure du décès à voix haute. Le regard de Diane était resté figé sur le visage sans vie de Rémy. Elle avait compris que c'était fini. En quelques minutes, sans avoir rouvert les yeux, il s'en était allé. Quelque chose avait pris forme en elle, une violente réaction de refus. Elle n'avait pas pu le tenir dans ses bras une dernière fois, lui dire qu'elle l'aimait.

Hébétée, elle avait attendu jusqu'à ce qu'une jeune femme vêtue de blanc l'aide à descendre de l'ambulance. Puis elle avait suivi la civière le long des couloirs jusqu'à l'institut médico-légal de l'hôpital où un médecin avait examiné le corps. Il l'avait interrogée longuement, avait-elle constaté quelque chose d'anormal au cours des heures qui avaient précédé sa chute ? Elle avait évoqué les fortes migraines, mais elle fut incapable de préciser s'il avait ressenti des nausées ou des vertiges. Le médecin avait expliqué qu'il devait procéder à des examens complémentaires, voire une autopsie. Puis quelqu'un avait proposé de la reconduire chez elle. Machinalement, elle avait cherché son sac, toujours accroché à son épaule. La lumière des néons dessinait d'étranges arabesques sur le sol et les murs. Elle avait hésité avant de suivre l'ambulancier. Elle s'était retournée sur le seuil et avait regardé le corps de son mari gisant sur la civière. Qu'espérait-elle, un frémissement, un geste ?

Elle n'avait pas échangé un mot avec le chauffeur durant le trajet. Et à peine était-elle descendue de voiture que Cristelle et Paul étaient venus aux nouvelles en compagnie d'Aude. « Où est papa ? » furent ses premiers mots. Comment expliquer la mort à une enfant de cinq ans ? Diane avait éludé la question et tenté de la rassurer. « Papa va rester à l'hôpital quelque temps ma puce, il faut que le docteur le soigne. » Elle s'était dit qu'elle trouverait une explication plausible un peu plus tard. Tandis que Cristelle entraînait la fillette à l'intérieur de l'appartement, elle était tombée dans les bras de Paul. « Ce n'est pas possible, n'est-ce pas ? » avait-elle répété. Et pourtant… elle vivait bel et bien l'impensable, l'inimaginable.

Cristelle avait préparé du thé tandis que Diane téléphonait à ses beaux-parents. C'était Guy qui avait répondu, et elle avait entendu les cris de Marthe près de lui. Ils avaient sauté dans le premier train pour Paris.

Au fil des heures qui suivirent, Diane s'épuisa à force de contenir son chagrin devant sa fille. Mais elle sentait quelque chose se déchirer au creux de son ventre. Elle avait si mal ! Parfois, elle pouvait à peine respirer. Inquiète, Cristelle avait pris l'initiative d'appeler le médecin de famille. Le docteur Bernon avait échangé quelques mots avec Aude, réconforté Diane. Puis il lui avait donné deux comprimés en lui laissant la boîte et la posologie à respecter. Elle s'était sentie plus calme et avait même réussi à s'assoupir un peu. Quelques heures de sommeil, l'impression d'un grand trou noir, comme un cauchemar qui, tout à coup, déchire une nuit paisible. Elle se souvenait confusément du temps écoulé, de gestes, de mots.

À présent, Diane accueillait les visiteurs, entourée de ses beaux-parents. Elle acceptait les messages de soutien avec un bref sourire, un signe de tête amical. Puis ils buvaient une tasse de café ou un verre de jus de fruit, grignotaient un canapé et s'en allaient les uns après les autres. Diane jeta un coup d'œil alentour dans l'espoir d'apercevoir le docteur Bernon. Il était déjà reparti, sans doute pressé par une urgence. L'appartement se vidait doucement. Il restait une dizaine de personnes regroupées dans le salon, comme le soir de son anniversaire. Mais aujourd'hui pas d'éclats de rire, pas de plaisanteries. On l'observait, on chuchotait. Elle saisissait quelques mots, puis elle perdait le fil. Ne pas pleurer, ne pas s'effondrer. De temps à autre, elle enfonçait ses ongles dans la paume de sa main pour ressentir une autre forme de douleur.

Des relents de plats cuisinés et de café flottaient dans l'air. Marthe avait tenu à organiser une petite collation.

Elles avaient fait appel à un traiteur et acheté de la vaisselle jetable. Diane appréciait la présence des parents de Rémy. Guy l'avait accompagnée dans toutes les démarches officielles et Marthe avait pris soin d'Aude qui attendait le retour de son papa. Ensemble, ils contenaient leur peine durant la journée, ils parlaient à mots couverts et donnaient le change devant la fillette. Mais le soir, quand elle était couchée, ils regroupaient leurs fauteuils autour de la table basse du salon et parlaient de Rémy. Un même chagrin les réunissait.

Soudain, Diane sentit qu'on la serrait de près. Cristelle la prit dans ses bras, puis Paul l'embrassa à son tour :

— Ça va aller ? Il va te falloir du courage pour faire face. Aude va avoir besoin de toi. N'hésite pas à appeler, nous serons toujours là pour toi, et pour la petite. Tu sais que tu peux compter sur nous.

Elle les remercia et ils prirent congé au moment où Marie-Claire Vialet, la maman d'Élodie, ramenait Aude. Élodie était la meilleure amie d'Aude et sa maman avait proposé de garder la fillette pendant la cérémonie des funérailles. Elle trouva quelques paroles réconfortantes en serrant Diane dans ses bras : « Aude a déjà dîné, et je suis là si vous avez besoin de moi. » Diane lui sut gré de sa gentillesse. Elle ne comptait plus les témoignages de sympathie qui lui étaient parvenus après la nouvelle du décès de son mari, des personnes qu'elle ne connaissait pas, des clients de l'agence, des parents d'élèves, des commerçants. Rémy était beaucoup plus engagé qu'elle dans la vie de la commune.

Aude était surexcitée. Elle raconta les jeux, le cinéma, les gâteaux cuisinés avec Élodie et sa maman.

— Je suis fatiguée, maman, je voudrais aller faire dodo maintenant.

Diane lui donna son bain et la glissa dans son lit. Et comme chaque soir depuis quatre jours, elle s'assit près d'elle, lui prit la main et attendit qu'elle s'endorme. Son petit ange allait devoir apprendre que son papa n'était plus là. Mais comment le lui dire ? En se levant, elle fut prise d'un vertige et trébucha contre le pied du lit. Ces maudits cachets... Certes, en lui procurant quelques heures de sommeil ils l'aidaient à endiguer toutes les pensées qui auraient pu la rendre folle. Mais ils lui laissaient l'esprit embrumé et les idées floues.

Quand elle revint dans le salon, Marthe avait déjà rangé les restes dans le frigo. Elle rassemblait les assiettes et les verres en carton dans un sac poubelle tandis que Guy consultait les horaires de train. Il repartait le lendemain matin et s'en était déjà excusé mille fois.

La famille Borie possédait une usine de tissage près de Lhèze, au cœur du Béarn. À 73 ans, Guy était toujours gérant. Diane avait souvent entendu Rémy évoquer ses difficultés pour maintenir l'entreprise familiale à flot. Elle n'y avait pas prêté beaucoup d'attention.

Marthe dressa trois assiettes avec du jambon, un peu de pain, des rondelles de tomate et Diane lança la bouilloire électrique pour préparer du thé. Puis ils se retrouvèrent dans le salon, à la place qu'ils occupaient depuis quatre jours. La pièce aux volets mi-clos était plongée dans la pénombre. Marthe versa le thé et tendit une tasse à sa belle-fille.

— Diane, j'imagine qu'avec votre travail, vos horaires, la reprise ne va pas être facile. Je peux rester ici les deux prochaines semaines, le temps de vous organiser. Guy se débrouillera sans moi quelques jours.

Diane avait pris ses deux jours de deuil réglementaires, et posé trois jours de congé supplémentaires. Au téléphone, elle avait senti une certaine réticence chez son patron. La nouvelle collection était lancée, elle ne pouvait pas s'absenter très longtemps. Elle s'était même engagée à reprendre son travail dès lundi. Mais Rémy n'était plus là pour s'occuper de leur fille le matin, la conduire à l'école. Elle devrait repenser leur quotidien sans lui. La présence de sa belle-mère pendant quelques jours serait une bénédiction. Elle profiterait de ce répit pour parler à Aude, trouver une solution de garderie. Dix fois par jour, l'enfant demandait si elle pouvait aller voir son père à l'hôpital, s'il était guéri, et quand il rentrerait. Diane ne pouvait éternellement lui mentir en lui laissant espérer son retour. Elle grignota une bouchée de jambon et avala quelques gorgées de thé brûlant.

— Je dois parler à Aude, et j'avoue que je ne sais pas comment m'y prendre.

— Dites-lui la vérité, ma petite fille, répondit Guy. Mais faites-le sans attendre. Dès qu'elle retournera à l'école, on lui posera des questions.

Marthe abonda dans le sens de son mari.

— Je crois qu'il faut la renvoyer à la maternelle le plus vite possible. Profitez-en pendant que je suis là, je l'accompagnerai et j'irai la chercher.

— Merci Marthe, dit Diane, j'apprécie sincèrement votre aide. Je ne sais pas ce que j'aurais fait sans vous.

Un long frisson la parcourut, elle enroula ses doigts autour de sa tasse, but quelques gorgées et le liquide chaud lui fit du bien. Marthe vint s'asseoir sur l'accoudoir de son fauteuil et glissa un bras autour de ses épaules. Elle posa un baiser sur son front.

— Allez vous reposer, vous ne tenez plus debout. Je finirai de ranger.

Diane remercia sa belle-mère. Où puisait-elle tant d'énergie ? Elle avait perdu son fils unique, l'enfant qu'elle avait porté, qu'elle avait mis au monde. Elle avait supporté sans faiblir la visite au funérarium, la mise en bière, le départ du cortège. Mais à l'entrée de l'église, Marthe s'était figée, les yeux brillants de larmes, le visage livide, elle s'était brusquement effondrée en sanglots. Guy lui avait entouré les épaules de son bras et elle s'était laissé aller contre lui. L'espace de quelques minutes, elle avait semblé anéantie. Mais très vite, elle s'était redressée, enveloppée d'une dignité que Diane admirait. Elle se montrait tellement plus forte qu'elle dans cette épreuve.

Diane rejoignit sa chambre. Épuisée, les membres lourds, elle se laissa tomber sur le bord du lit à demi vide. Elle s'étendit à la place de Rémy et respira son odeur sur l'oreiller. Elle pensa à ses bras qui ne se refermeraient plus sur elle, à son regard bienveillant qu'elle ne verrait plus en ouvrant les yeux. Combien de fois avaient-ils envisagé de fêter leurs dix ans de mariage ? « Je t'offrirai le voyage de noces que nous n'avons pas fait », disait-il. Ils s'étaient mariés trois mois après leur rencontre chez des amis communs. Ils rêvaient du Taj Mahal, mais précipités dans leurs occupations respectives, ils s'étaient contentés d'un week-end à Monaco. Et ils avaient remis le voyage en Inde à plus tard, persuadés d'avoir la vie devant eux. Rémy évoquait souvent ce qu'il ferait à la retraite et elle se prêtait à son jeu, débordant d'idées romantiques ou complètement folles. *Plus tard*, se disaient-ils. Ils n'avaient pas compris que plus tard, ce peut être trop tard. Comment aurait-elle pu imaginer un seul instant qu'elle organiserait ses funérailles alors qu'il venait de fêter ses cinquante-deux ans ? Elle enfouit sa tête sous les coussins et écouta le silence. Les ronflements de Rémy qui l'obligeaient parfois à terminer la nuit sur le canapé du salon s'étaient tus. S'habituerait-elle jamais à ce silence ? Elle libéra les sanglots qu'elle avait refoulés toute la journée. Puis elle finit par se lever, mais un violent vertige la secoua. Elle se rassit et attendit que la pièce cesse de tourner. De longues minutes s'écoulèrent avant qu'elle ne soit capable de faire les quelques pas qui la séparaient de la salle de bain. Elle fit couler de l'eau dans un verre et prit la boîte de comprimés. Mais elle pensa à Aude. Une mère sous l'emprise des médicaments ! Il ne lui manquait plus que cela. Elle ouvrit le tube, jeta les cachets dans le tuyau d'évacuation du lavabo et l'emballage dans la poubelle. Elle se regarda dans le miroir qui lui renvoya le reflet de son visage défait, des cernes creusés autour de ses yeux. Elle avait vieilli de dix ans en quelques heures. Comment sa vie avait-elle pu basculer en si peu de temps ? Elle avait cinquante ans, un travail qui ne lui laissait pas une minute de répit, et une enfant de cinq ans. Sa petite poupée qu'elle avait désirée plus que tout au monde. Et désormais, elles étaient seules.

Elle aussi avait été l'enfant d'une mère célibataire. Une mère désinvolte et irresponsable qui rêvait d'une carrière d'actrice. Laurette avait entraîné sa fille de ville en ville, à la recherche de petits rôles dans les compagnies de théâtre amateur. Manipulatrice, rusée, elle avait succombé aux pires folies ! Elle était capable de tout quitter sur un coup de tête, de multiplier les amants et de les abandonner aussi vite. Au fil des années, elle avait laissé la panique et les désillusions influencer sa vie et celle de sa fille.

Il ne sortait jamais rien de bon d'une conversation avec sa mère. Pourtant le lendemain du décès de Rémy, Diane avait décidé de la prévenir. « Tu penses que je devrais venir ? » avait demandé Laurette.

Une mère ne posait pas ce genre de questions ! Elle se précipitait. Elle volait au secours de sa fille et de sa petite-fille.

— Je ne sais pas, maman, avait-elle répliqué. C'est à toi de voir.

— Je crois que je te dérangerais plus qu'autre chose.

Le ton était larmoyant. Elle se dérobait déjà.

— Bien sûr que non, tu ne me dérangerais pas, avait objecté Diane, bien décidée à ne pas lui faciliter la tâche. Aude sera ravie de te voir, et moi aussi.

— Bon, je vais voir si je peux.

Diane avait compris qu'elle ne viendrait pas. Elle avait toujours fui les situations embarrassantes. Deux heures plus tard, Laurette avait rappelé pour expliquer que sous le choc de l'affreuse nouvelle, elle avait fait un malaise. «Je te promets de te téléphoner dès que je me sentirai mieux... »

Une actrice ratée, une mère qui n'en avait jamais été une... Diane se rappelait les mots de Rémy lorsqu'il la sentait blessée par le comportement de Laurette : «Je suis sûr qu'elle t'aime, à sa façon à elle. »

Sa mère l'aimait-elle vraiment ? Toute sa vie, elle avait regardé ailleurs.

Diane enfila une chemise de nuit et se coucha. Elle garda la lumière allumée et, les yeux ouverts, elle laissa les heures filer pendant qu'elle ressassait ses souvenirs et tirait des plans sur l'avenir.

Après une nuit abominable, Diane se réveilla dans un sursaut. Aude était assise au pied du lit, le pyjama tire-bouchonné et son tigre en peluche serré contre elle. Elle entendit des bruits dans l'appartement et regarda l'heure. Soudain, elle prit conscience de la réalité. Rémy était mort, sa mère n'avait pas rappelé et elle devait conduire son beau-père à la gare.

Ils prirent leur dernier petit déjeuner ensemble et Guy prépara sa valise. Les adieux furent émouvants. Marthe multipliait les messages de prudence à l'adresse de son mari :

— N'oublie pas de prendre tes cachets, surtout !

Aude s'accrocha longtemps au cou de son grand-père.

Une heure plus tard, Guy hissait sa valise dans le couloir du train, puis il redescendit sur le quai. Il prit Diane dans ses bras et la serra si fort qu'elle eut l'impression d'entendre les battements de son cœur.

— Courage, ma petite fille. Nous n'avons plus que vous maintenant.

— C'est affreux, Guy. Je me sens tellement coupable, murmura-t-elle, j'aurais dû m'apercevoir que Rémy n'était pas bien.

Lui avait-il paru essoufflé, fatigué ? Avait-elle négligé les prémices de la maladie, trop accaparée par le rythme infernal de ses journées ?

— Ce n'est pas votre faute, Diane. C'est ainsi, le destin, la vie, je ne sais pas, mais ce n'est pas votre faute.

Un dernier appel aux voyageurs retentit sur le quai. Guy relâcha son étreinte :

— N'hésitez pas à nous appeler si vous avez besoin de nous. Marthe peut venir s'occuper d'Aude aussi souvent que ce sera nécessaire.

Elle acquiesça et il appuya sa proposition :

— Je suis sérieux, Diane. Promettez-moi que vous le ferez. Et quand vous vous sentirez mieux, ce serait bien que vous veniez quelques jours à Lhèze. Nous devons absolument parler tous les deux et aller voir le notaire pour la succession de Rémy.

Il grimpa dans le wagon et Diane regarda le train s'éloigner avant de rejoindre sa voiture. Un peu plus tard, prisonnière d'une file d'attente au feu rouge, elle composa le numéro du docteur Bernon sur son portable.

— Il faut que je dise la vérité à ma fille, docteur. Mais comment lui expliquer la mort de son père ?

— Utilisez des mots simples et présentez-lui la mort telle qu'elle est, une fin. Puis emmenez-la au cimetière et dites-lui que lorsqu'on est vieux ou malade, on s'arrête pour se reposer. Mais surtout, ne perdez pas de vue qu'elle était présente quand son père a fait un malaise, même si elle n'en a pas mesuré la gravité. Promettez-lui de la conduire sur sa tombe quand elle le souhaitera. Vous verrez, au bout de quelque temps, c'est elle qui espacera les visites. Et venez me voir au moindre problème.

En rentrant chez elle, Diane trouva un message sur la table de la cuisine. Marthe et Aude étaient sorties pour acheter du pain et des fruits. Elles revinrent peu après et, à peine entrée, Aude demanda quand elle retournerait en classe.

— On est passé devant l'école en allant à la boulangerie, expliqua Marthe, et elle m'a dit qu'elle avait envie de revoir ses amies.

À la place des fruits, Marthe avait acheté des éclairs au chocolat qu'elle disposa sur une assiette. Diane remarqua le tremblement de ses mains, son visage fripé. Comment tenait-elle ? Sa dévotion pour Rémy était tellement évidente. Ils s'appelaient chaque semaine et Diane enviait leurs longues conversations émaillées de rires. Il avait toujours l'air si heureux quand il raccrochait.

— Et papa ? demanda Aude en faisant brusquement irruption dans la cuisine, il revient quand ? J'ai rangé ma chambre pour qu'il soit fier de moi.

Diane échangea un regard affolé avec sa belle-mère. Puis elle posa les carottes qu'elle était en train d'éplucher pour préparer un potage.

— Va chercher ton manteau, ma puce… Puis se tournant vers Marthe : Je l'emmène au cimetière, je crois qu'il est temps. Vous nous accompagnez ?

3

Vendredi matin, la pluie cessa enfin de tomber et le jour se leva sur une belle matinée d'automne. Après le petit déjeuner, Marthe se prépara à sortir et invita Aude à l'accompagner en ville. Au programme, quelques courses, suivies d'une promenade dans le parc. Aude ne se fit pas prier. Elle enfila son blouson et, ses tennis aux pieds, elle attendit sa grand-mère en piaffant d'impatience. Diane suivait leurs préparatifs en se faisant couler un café serré. Depuis qu'elle ne prenait plus les cachets prescrits par le docteur Bernon, elle souffrait cruellement du manque de sommeil. Elle entendit un joyeux : « À tout à l'heure maman ! » et : « Diane, si nous prolongeons la balade, je vous appelle sur votre portable ! »

Elle distingua le bruit de l'ascenseur et le claquement de la porte d'entrée. Par la fenêtre de la cuisine, elle vit Marthe échanger quelques mots avec Cristelle qui arrivait à l'agence. Elles se quittèrent sur un geste de la main, puis Marthe et Aude remontèrent la rue en direction du centre-ville.

Diane fit le tour de l'appartement. Elle s'arrêta longtemps dans la quatrième chambre que Rémy avait aménagée en bureau. Les fragrances de son eau de toilette planaient dans la pièce et ses papiers étaient toujours épars sur le sous-main, tels qu'il les avait laissés. Elle s'installa dans son fauteuil, caressa du bout des doigts le bureau où il avait tant de fois posé les mains. Incapable de se contenir plus longtemps, elle laissa couler ses larmes. Qu'allait-elle faire de sa vie, à présent ? Tout était à reconstruire et c'était à elle de s'organiser en conséquence. Par où commencer ? Une nourrice pour Aude… car sa belle-mère repartirait bientôt. Cristelle Valant était conseillère municipale, elle pourrait peut-être l'aider. Elle repoussa ses idées sombres, enfila sa veste et quitta l'appartement. D'un pas vif, elle traversa la rue en évitant les dernières flaques d'eau.

Cristelle était seule à l'agence. Elle invita Diane à prendre un café et sans attendre sa réponse, elle emplit deux tasses. « Mes enfants ont 16 et 19 ans, alors les nounous…

— Bien sûr, répondit Diane en esquissant l'ombre d'un sourire, mais comme tu es impliquée dans la vie de la commune, je me suis dit que tu pouvais être au courant…

— Non, désolée…

Cristelle glissa un sucre dans son café et regarda sa montre.

— Je te dérange ? demanda Diane.

— Je dois voir un client de Rémy, il a laissé quelques dossiers urgents en souffrance.

Elle marqua une pause, planta son regard dans celui de Diane et reprit d'une voix ferme :

— Tu sais, pour résoudre les problèmes d'organisation que tu vas immanquablement rencontrer, tu pourrais peut-être prendre la place de Rémy à l'agence ?

— Mais je ne connais rien à l'immobilier, protesta Diane.

— C'est un peu comme les métiers de l'hôtellerie, la plupart du temps ça s'apprend sur le tas. Et je suis sûre que tu as toutes les qualités requises. Tu maîtrises le marketing, tu as le goût des relations humaines. Si tu veux, j'en parlerai à Paul.

— C'est gentil, mais j'adore mon travail. Il faut que je m'organise, c'est tout.

— Réfléchis. Rémy était très présent pour votre fille ! L'école, la garderie, les activités du mercredi. Je ne suis pas sûre que ton travail soit compatible avec toutes ces nouvelles contraintes. Donne-toi quelques mois, tu verras bien. Nous essaierons d'attendre jusque-là avant de prendre une décision.

— De quelle décision veux-tu parler ?

— D'une façon ou d'une autre, nous devrons attribuer à quelqu'un la charge de travail qui incombait à ton mari. C'est gênant d'évoquer cela et ça peut paraître indécent…

Cela l'était, en effet. Toutefois Diane se retint de le souligner.

— Pour nous aussi, le décès de Rémy est une catastrophe, poursuivit Cristelle, son absence nous plonge dans une situation intenable. Aujourd'hui, chaque bien immobilier est mis sur le marché par plusieurs agences, et crois-moi, la concurrence est féroce.

Ce discours ébranla Diane. Son visage s'assombrit et une idée lui traversa l'esprit. Y avait-il quelque chose qu'elle ignorait à propos de l'activité de l'agence ? Pourtant, elle ne posa pas de question. Le moment était inopportun, et au fond, elle n'avait pas vraiment envie de savoir. Elle avait d'autres soucis en tête.

— Je comprends que tu t'inquiètes, dit-elle enfin, j'imagine que les mois à venir vont être difficiles pour tout le monde. Je te laisse vaquer à tes occupations. Merci pour le café.

Elle se leva en repoussant la tasse toujours pleine.

— Pour la nounou, renseigne-toi auprès des services sociaux de la mairie, lança Cristelle dans son dos.

Diane prit sa voiture et se rendit à l'hôtel de ville. Elle fut reçue par l'élue en charge des services sociaux qui lui communiqua les coordonnées de trois assistantes maternelles. Diane entra les adresses dans son GPS. Elle céda à une vague de découragement devant l'aspect peu engageant des deux premières demeures. Elle arriva, assez désespérée à la troisième adresse et contempla un joli pavillon à étage, entouré d'un jardin bien entretenu parsemé de balançoires, de bacs à sable et de toboggans. Le nom inscrit sur la boîte aux lettres lui confirma qu'elle était au bon endroit, Régine Gouet. La femme qui lui ouvrit la porte affichait une soixantaine joviale. Diane expliqua qu'elle venait de la part des services sociaux de la mairie.

— Suivez-moi…

L'entrée ouvrait directement sur une grande pièce à vivre encombrée de poupées Barbie, de constructions en Lego, d'une ferme Fisher-Price avec toute sa panoplie d'animaux.

— Mon mari est décédé récemment, expliqua Diane, et j'ai une petite fille de cinq ans.

— Oh que c'est triste ! Je suis désolée, répondit madame Gouet sur un ton bienveillant, j'assume déjà la garde de deux enfants, mais à des jours et des horaires décalés. Un arrangement est toujours possible.

Elles discutèrent un long moment, et madame Gouet accepta volontiers de prendre Aude le matin, de la conduire à l'école et de la garder le soir et le mercredi. Elle promit de prendre le plus grand soin d'elle, mais d'emblée, elle prévint Diane que les heures de garde s'achevaient à 19 heures au plus tard.

— Et je réserve toujours le mois d'août à mes enfants et mes petits-enfants.

Elles établirent un planning et Diane nota les tarifs. Avant de prendre congé, elle promit d'amener Aude le lendemain afin qu'elles fassent connaissance. Madame Gouet lui inspirait confiance et elle voulait que tout soit en place quand Marthe repartirait dans le Béarn. Elle reprit sa voiture et, pour la première fois depuis le décès de Rémy, elle ressentit une infime lueur d'espoir.

Ce soulagement fut de courte durée. En rentrant chez elle, elle consulta sa boîte mail qui débordait de messages professionnels. L'impératif imposé par madame Gouet lui revint en mémoire. Cristelle avait raison, elle ne pourrait plus travailler sur le rythme effréné qu'elle soutenait depuis des années. Qui s'occuperait d'Aude après 19 heures ? Pourrait-elle effectuer une partie de son travail chez elle ? Elle rejoignit la cuisine et ouvrit le réfrigérateur. Marthe avait déjà préparé un gratin de macaronis et paré un rôti de bœuf prêt à enfourner. Encore une semaine de répit, pensa-t-elle. Et après ? Lundi, elle solliciterait un entretien avec son patron. Elle lui proposerait d'assumer quelques tâches depuis son domicile. Mais elle ne se faisait guère d'illusions quant à sa réponse. L'univers de la mode était une jungle où chacun guettait les faiblesses des collègues pour en tirer profit. Et elle avait appris à connaître Richard Morani. Il se disait ouvert à la discussion avec ses collaborateurs, prêt à envisager des compromis. Mais compromis ou pas, il finissait toujours par imposer son point de vue à tous.

Elle avait travaillé dur et surmonté toutes les difficultés pour sortir diplômée d'une des plus prestigieuses écoles de stylisme, en assurant elle-même ses frais de scolarité. Pour s'en sortir, elle avait accepté tous les petits boulots qui s'étaient présentés. Garder des enfants, faire les courses des personnes âgées à mobilité réduite, vendre des gâteaux dans une pâtisserie le samedi et le dimanche matin. Et ses débuts chez Morani n'avaient pas été une sinécure. On lui avait proposé une période d'essai de six mois pendant laquelle elle s'était battue bec et ongles afin que sa candidature soit retenue.

Elle soupira, refoula la tristesse qui l'avait brusquement gagnée et repensa à son entretien avec l'assistante maternelle. Et la même question revint la tarauder : qui garderait sa fille le soir et pendant les vacances scolaires ? Elle eut l'impression qu'elle ne viendrait jamais à bout de ces difficultés.

Dans ses moments d'abattement, elle souffrait de ne pas pouvoir exprimer ses préoccupations et ses craintes à sa mère. Pourtant, Laurette répétait à l'envi qu'aujourd'hui sa vie était triste à mourir. Si elle le lui demandait, accepterait-elle de venir remplacer Marthe quelques semaines ? Diane en doutait.

Elle dressa la table en pensant à tous les dîners de son enfance composés à la hâte de pain, de confiture et d'un bol de lait… Elle avait renoncé à avoir une mère digne de ce nom, dont son cœur d'enfant aurait pu être fier.

Diane eut l'impression que la semaine filait à une vitesse folle. Lundi, elle revêtit un tailleur-pantalon gris, et mit un temps fou à dissimuler les cernes et les rides de son visage sous un maquillage soigné. Elle arriva au bureau à l'heure habituelle, mais pour la première fois, elle n'éprouva pas l'exaltation qui l'animait dès qu'elle abordait l'immeuble de la société Morani. Pourtant, elle avait toujours aimé le quartier des créateurs de mode qui n'avait jamais le même visage deux jours d'affilée. Chaque matin, elle hâtait le pas, impatiente de pénétrer dans ce monde parallèle. Mais ce matin-là, elle demeura insensible à l'agitation autour d'elle. Quelques collègues lui renouvelèrent leurs condoléances, mais la plupart d'entre eux ignorèrent son deuil et se contentèrent de souligner l'importance du travail en retard. Elle demanda à Morani de lui accorder un rendez-vous qu'il fixa mercredi en fin d'après-midi.

Et l'entrevue tant redoutée eut lieu. Diane s'y était préparée, affûtant ses arguments, devançant les objections. C'était presque une plaidoirie ! Elle s'était imaginé que toutes ses années de travail sans ménager sa peine faciliteraient le dialogue. Mais ce fut l'inverse qui se produisit. Richard Morani réfuta l'idée du travail à domicile d'un mouvement de tête.

— Je crains que ce ne soit pas aussi facile que vous ne l'imaginez. Ce travail requiert une présence de tous les instants.

— Je sais, mais je suis sûre que je peux me débrouiller pour aménager mon emploi du temps.

Elle nota la contrariété sur le visage de son patron, son regard froid. C'était étrange comme cet homme pouvait mettre n'importe qui mal à l'aise.

— J'ai pensé à votre situation, Diane, reprit-il, pourquoi ne pas venir habiter à Paris ? Je pourrais vous aider à trouver un logement et il y a d'excellentes nourrices ici.

Le message, sans équivoque, l'invitait implicitement à ne pas insister. Diane promit de réfléchir et au même instant le téléphone sonna. Morani décrocha et elle en profita pour s'éclipser. Elle regagna son bureau et sentit son moral l'abandonner. Le mince espoir d'avoir trouvé une solution s'envolait. Comment pourrait-elle quitter son domicile à 6 heures du matin, rentrer à 20 heures, parfois plus tard encore ? L'assistante maternelle s'était montrée inflexible sur les horaires et elle avait compris qu'elle ne pourrait pas compter sur Cristelle. Ses réflexions l'amenèrent à reconsidérer la proposition de son patron, mais à l'idée de changer Aude d'école, de se lancer dans un déménagement, elle manquait de forces.

Elle profita pleinement de la présence de Marthe pour assumer de longues journées de travail. Chez Morani on s'affairait déjà à la collection du prochain *automne-hiver*. Avant le décès de Rémy, elle avait soumis ses croquis de robes, de tailleurs-pantalons, et un ensemble de vestes et de manteaux. La plupart avaient été approuvés. Les couturières dessinaient et taillaient les patrons à partir de ses modèles. Pendant ce temps, Diane sélectionnait les tissus de confection. Tweed et velours pour les manteaux, lainage, jersey et crêpe pour les robes, gabardine pour les ensembles pantalons.

Elle ne vit pas le temps s'écouler et le vendredi, elle réussit à quitter Paris à 17 heures. Une prouesse qu'elle ne renouvellerait pas de sitôt.

4

Le dernier dimanche d'octobre, Diane accompagna sa belle-mère à la gare. Les embrassades s'éternisèrent à l'intérieur du hall, puis sur le quai. Aude pleura à gros sanglots et Marthe eut bien du mal à refouler ses larmes. Quant à elle, Diane ne trouvait pas les mots pour exprimer sa reconnaissance à sa belle-mère. Pendant deux semaines, sa présence discrète et prévenante avait été un immense réconfort pour Aude et un soutien pour elle-même. Marthe savait aller au-devant de ses besoins, attentive et efficace. Un appui, de l'affection, tout ce que sa mère ne lui avait pas apporté dans cette épreuve. Elles s'embrassèrent longuement et, émue, Diane promit qu'elles iraient passer les fêtes de fin d'année à Lhèze.

— Je t'attendrai pour décorer le sapin, murmura Marthe à l'oreille de sa petite-fille avant un dernier baiser.

Sur le chemin du retour, Aude ne cessa de babiller, évoquant Noël et les promesses de sa grand-mère, le sapin, la neige et les gâteaux en pain d'épice. Elle paraissait plus détendue mais en abordant Verrières, elle demanda à voir son papa. Diane accepta en s'efforçant de prendre un air enjoué, comme si une visite au cimetière était la promenade la plus banale du monde. Elles arrosèrent les plantes dans les pots, ramassèrent les feuilles mortes. Avant de partir, Aude souffla un baiser du bout des doigts en direction de la tombe et murmura : « Je t'aime mon papa. » Le cœur brisé, Diane reprit le volant. Elle parlait à sa fille tout en conduisant, elle cherchait des mots pour l'apaiser, mais Aude pleurait, la tête penchée.

À peine entrée dans l'appartement, Diane sentit le vide autour d'elle. C'était violent comme un grand coup dans la poitrine. Chaque soir depuis des années, elle poussait la porte en appelant : « Tu es là, chéri ? » Et Rémy était toujours là... Des images affluaient. Il lui tendait un verre de vin blanc frais, en lui racontant le dernier exploit d'Aude à l'école ou une anecdote liée à son travail.

Une impression d'abandon l'envahit. Les larmes lui brûlaient les yeux, elle s'efforça pourtant de ne pas pleurer devant sa fille. Mais elle était toujours sous le choc, écrasée par l'incompréhension et la stupeur. Avec la disparition de Rémy, le temps le plus heureux de sa vie s'était enfui. Il y avait tant de rêves, tant de beaux souvenirs en elle. Elle venait de vivre quelques années d'une existence privilégiée, et sans y être préparée, elle se sentait dépossédée. Elle se découvrait vulnérable et ce sentiment la terrorisait.

Le lendemain, Diane réveilla Aude à 5 heures 30 pour la déposer chez la nourrice. Un instant, elle se crut incapable de penser à tout. Le cartable, le goûter, le ticket de cantine et les vêtements de pluie. Elle l'installa à l'arrière de la voiture et, tassée au creux de son siège, Aude garda les yeux mi-clos. Ses cils effleuraient sa peau claire. Diane eut beau lui poser des petites questions anodines, elle ne dit pas un mot jusqu'à leur arrivée chez madame Gouet. Le regard que la fillette lui adressa lorsqu'elle la quitta pour rejoindre sa voiture lui broya le cœur.

Cette semaine-là, Diane parvint à rentrer à temps pour prendre sa fille chez la nourrice. Mais vendredi matin, une sensation de froid la tira de son lit avant la sonnerie du radio-réveil. Le radiateur de sa chambre ne fonctionnait plus. Elle fit le tour de l'appartement et constata que le chauffage central était en panne. La chaudière… elle croyait se rappeler qu'elle était au sous-sol. Elle s'empara d'une lampe torche et descendit à la cave. La chaudière présentait une multitude d'écrans, de boutons. L'un d'entre eux lançait de petits clignotements rouges. Diane pesta. Il aurait fallu un stage chez Airbus pour s'y retrouver ! Elle remonta dans l'appartement et chercha le numéro de téléphone du chauffagiste dans l'agenda de Rémy. Puis elle rédigea un message qu'elle glisserait dans la boîte aux lettres de l'agence en partant. Cristelle possédait une clé de l'appartement, Diane lui demandait d'ouvrir la porte au dépanneur en son absence. Soudain, elle regarda l'heure. Il était six heures passées ! Elle courut réveiller sa fille, prépara le petit déjeuner et se précipita dans la salle de bain. Comme si tous ces contretemps ne suffisaient pas, Aude renversa sa tasse de chocolat sur la table de la cuisine et sur ses vêtements propres.

C'est après avoir déposé sa fille chez la nourrice, que Diane prit conscience que dans sa frénésie à vouloir rattraper le temps perdu, elle l'avait bousculée, presque secouée. En dépit de sa hâte, elle aborda Paris à l'heure de pointe et perdit un temps fou dans les embouteillages. Elle arriva au bureau avec plus d'une heure de retard. Le planning de sa journée en fut totalement chamboulé, et elle finit par comprendre qu'elle ne quitterait jamais le bureau à temps. À 18 heures, elle appela Marie-Claire, la maman d'Élodie, qui accepta volontiers d'aller chercher Aude chez la nourrice et de la garder jusqu'à son arrivée.

Il était presque 21 heures lorsque Diane ouvrit la porte de l'appartement. Elle eut la satisfaction de constater que le chauffage fonctionnait de nouveau. Elle découvrit la facture du dépannage sur la table de la cuisine, mais pas le moindre mot de la part de Cristelle. Elle pianota un rapide sms afin de la remercier. Elle trouva à peine la force de donner un bain à Aude, de prendre sa douche et de faire cuire des pâtes pour accompagner le jambon qu'elle avait acheté sur le chemin du retour. La dernière bouchée avalée, elle borda sa fille dans son lit. Aude ne s'était pas départie de sa petite mine triste, et Diane n'osait pas engager de conversation avec elle, tant elle se sentait épuisée. Elle se contenta de prolonger le gros câlin du soir et de lui glisser sa peluche favorite entre les bras. Elle s'apprêtait à quitter la chambre lorsque Aude la rappela :

— J'ai raconté à mes amis que mon papa était mort et j'ai dit que c'était à cause de moi.

Diane se figea un instant avant de revenir s'asseoir près de sa fille.

— Mais non, ma puce, ce n'est pas vrai.

— Si ! Je lui ai demandé de jouer à cache-cache et il est tombé, répliqua Aude avec des larmes plein les yeux.

Diane la serra dans ses bras, et couvrit son front et ses cheveux de baisers.

— Non ma chérie, je ne veux pas que tu penses ça. Papa était malade avant, ce n'est pas de ta faute. N'y pense plus, d'accord ?

Aude s'engouffra sous les couvertures et se recroquevilla sur sa peluche. Diane attendit quelques minutes avant de s'éloigner sur la pointe des pieds, brisée par la culpabilité. Elle aurait dû rester plus longtemps avec sa fille, lui parler… Mais elle tombait de sommeil, et elle devait se lever à 5 heures le lendemain. Elle rejoignit sa chambre et se coucha. Dans la pénombre, elle tendit la main avec l'espoir insensé d'accrocher le bras ou la hanche de Rémy. Mais ses doigts n'agrippèrent que le vide. Elle eut envie de hurler et imagina que cela la soulagerait. Un réflexe de délivrance qu'elle ne pouvait pas s'accorder. Il ne manquerait plus qu'Aude se rende compte qu'elle était en train de perdre pied. Comme si le pire pouvait encore survenir. Et que pouvait-il y avoir de pire que la mort de l'homme qu'elle aimait ? Ses pensées la ramenèrent à l'époque de leur installation dans l'appartement, juste après la naissance d'Aude. Elle aurait voulu remonter le temps et revivre leur bonheur dans ce décor qu'ils avaient aménagé de concert. Les pièces résonnaient encore de leurs fous rires. Ils avaient été si heureux de dessiner leur futur, un couple comme tant d'autres, une famille sereine. Elle ne surmonterait jamais sa peine. C'était trop dur. Elle enfouit son visage dans l'oreiller de Rémy qui gardait toujours son odeur. Elle était à peine endormie qu'une petite voix la tira du sommeil. Aude se tenait au pied de son lit, le visage baigné de larmes et les yeux rouges.

— J'ai peur, maman…

Elle avait l'air si minuscule, cramponnée à son tigre en peluche comme à une bouée.

— Viens, ma puce.

La fillette grimpa sur le lit d'un bond et se lova dans les bras de sa mère.

— Je voudrais mon papa, murmura-t-elle d'une petite voix perdue. Je suis trop triste sans lui.

— Je sais, mon poussin, moi aussi… Mais ça va aller, je suis là.

— Qu'est-ce qu'il se passe quand on est mort ? Ça peut m'arriver à moi aussi ? Et toi, tu vas pas mourir, hein ?

Diane s'efforça de ravaler la douleur qui formait une boule compacte dans sa gorge.

— Non, ne t'inquiète pas, je reste avec toi, dit-elle sur un ton qu'elle voulait rassurant. Tu es ma princesse, je t'aime de tout mon cœur.

— Et ton cœur il est grand comme le ciel avec toutes les étoiles !

— Oui, mon ange. Rendors-toi maintenant, il y a école demain.

— J'ai pas envie d'y aller.

— Pourtant tu aimes bien l'école ? demanda Diane avec un soupçon d'inquiétude.

— Oui, mais j'aime pas aller chez la nounou. Je sais pas quoi faire, il faut pas faire de bruit à cause du bébé. Et j'aime pas les jeux. J'en ai marre, maman.

Diane prit sa fille dans ses bras :

— Viens, on va faire un gros câlin. Et tu t'endormiras en pensant aux vacances de Noël.

Aude se glissa contre elle et, lentement, sa respiration trouva un rythme plus régulier, puis elle s'endormit. Diane sentait son petit corps chaud blotti contre le sien. Quand elle dormait ainsi, elle ressemblait encore à un bébé, ses boucles plaquées contre ses joues roses. Elle se remémorait souvent les minutes qui avaient suivi son accouchement. Le premier cri, le premier contact du bébé sur son ventre. L'émotion l'avait secouée comme un coup de foudre qui déchire les entrailles. Ce petit être nourri de son sang n'avait jamais cessé de l'émerveiller. Ses balbutiements, ses premiers pas, petite poupée chancelante qui s'élançait dans ses bras en riant aux éclats. Et aujourd'hui… Aujourd'hui elle la pressait, elle la bousculait, elle l'abandonnait à des inconnues et n'était même plus capable de lui préparer un repas décent. Et s'il lui arrivait quelque chose de tragique à son tour ? Un accident, par exemple, et qu'on la transporte à l'hôpital… Qui ferait le lien entre elle et la nourrice ou la maman d'Élodie ? Qui préviendrait ses beaux-parents si elle n'était pas en état de le faire ? Autant de questions qui l'empêchèrent de retrouver le sommeil. À telle enseigne qu'elle se promit d'entrer quelques informations d'urgence dans son mobile et de rédiger des instructions sur des papiers qu'elle glisserait dans son portefeuille et dans la boîte à gants de sa voiture dès le lendemain. Puis elle remonta la couverture sur sa fille et ferma les yeux, consciente qu'elle mettrait des heures à s'endormir.

Le lendemain soir, sans un mot, Aude se dirigea vers la chambre de sa mère et se hissa dans son lit. Diane ne protesta pas et la garda près d'elle. Elle comprit alors qu'elle devrait renoncer aux rares moments de solitude où elle pouvait encore se laisser aller à pleurer tout son soûl.

Depuis dix jours, Diane s'efforçait de tenir la cadence qui s'accélérait dans les ateliers. Il lui était de plus en plus difficile de résister à la pression des horaires. Elle participait au casting des mannequins qui précédait la première du défilé de présentation. Les réunions avec les coiffeurs, les maquilleurs, les essayages se succédaient sur un rythme insensé et Diane ne pouvait pas en manquer une seule. Elle était la créatrice des principaux modèles de la ligne de vêtements de luxe, et elle connaissait bien l'image de marque de la société. La maison Morani exportait une partie de ses collections en Europe et sa renommée reposait sur des modèles haut de gamme à des prix abordables, visant une certaine classe sociale féminine.

En dépit de la désapprobation de son patron, elle rapportait des tâches à la maison. Dès qu'elle avait couché sa fille, elle s'installait dans le salon, vérifiait, corrigeait ses croquis en réfléchissant aux boutonnages, aux passementeries qui complétaient la finition de chaque vêtement. Malgré les lunettes, ses yeux brûlaient ; de temps à autre, elle interrompait sa tâche et fermait les paupières pour endiguer le début d'une migraine. Le lendemain, au milieu des couturières ou en réunion de travail, elle se débrouillait toujours pour dissimuler le travail qu'elle accomplissait chez elle.

Et jour après jour, Diane apprenait à vivre seule. Après la chaudière, ce fut au tour du four à micro-ondes de la lâcher. Elle le remplaça mais il lui fallut un temps fou pour déchiffrer la notice d'utilisation, alors que Rémy aurait réglé ce détail en dix minutes. Elle se demandait souvent comment elle pouvait encore tenir debout, respirer, avancer. Et pourtant elle tenait, contrainte de regarder l'avenir de plus en plus seule. Chaque week-end elle emmenait Aude au marché. Après le ravitaillement, elles achetaient des fleurs et se rendaient au cimetière. De retour dans l'appartement, la fillette s'asseyait devant la télévision qu'elle regardait à peine, son petit visage crispé d'une tristesse insondable. Et les mêmes questions revenaient, elle s'inquiétait de savoir comment était son papa maintenant, s'il n'avait pas froid dans la terre. Elle voulait savoir si elle n'était pas malade, elle, si elle n'allait pas mourir. Diane mesurait alors combien la peur de la perdre aussi obsédait la fillette. Elle la prenait dans ses bras, la rassurait en essayant de se convaincre que cela lui passerait bientôt. Toutefois, elle ne pouvait s'empêcher d'envisager le pire. Elle avait de plus en plus de mal à assurer les horaires, la pression de son travail et elle pensait aux vacances scolaires. Qui prendrait soin d'Aude ? Immanquablement, ses pensées la guidaient vers ses beaux-parents. Elle les appelait aussitôt, échangeait quelques mots et donnait le téléphone à sa fille. Elle l'entendait alors rire, échafauder mille projets pour les fêtes. Et elle revenait toujours vers elle le visage détendu, avec des petites étincelles dans les yeux.

Par deux fois au cours de la dernière semaine de novembre, Diane fut contrainte de poser un jour de congé. Mercredi, l'assistante maternelle l'avertit qu'elle ne garderait pas sa fille en raison d'un examen médical. Et vendredi en milieu de matinée, l'institutrice l'appela en urgence. Aude était souffrante. Ça tombait on ne peut plus mal. Les derniers essayages de la collection débutaient. C'était une étape importante car on passait des *stockers*[1] aux jeunes filles accomplissant un premier défilé sous l'œil critique des stylistes et des couturières. Diane confia à Brigitte, son assistante, le soin de la remplacer mais elle devina que son départ était une erreur. Exaspérée, Brigitte sortit du bureau en claquant la porte derrière elle. Sur l'instant, Diane n'en eut cure. Elle empoigna son sac et longea le couloir à grands pas. Mais en passant devant l'atelier dont la porte était restée entrebâillée, elle entendit son assistante s'exclamer : « Bien sûr, elle s'en fout, elle se décharge sur les autres et s'il y a un pépin je trinquerai à sa place ! »

Plus tard, Diane retrouva sa fille brûlante de fièvre. Malgré cela, l'institutrice la retint. Elle affichait un air grave.

— Je suis inquiète pour Aude, madame Borie. Elle est triste, elle ne participe plus aux jeux ni aux activités d'éveil. Elle reste parfois des heures à ne rien dire.

— Le drame que nous venons de vivre a été violent et c'est encore tellement récent.

— Bien sûr, et j'imagine que ce n'est pas facile pour vous non plus. Il serait peut-être judicieux de prendre rendez-vous avec un psychologue. Je suis sûre qu'il saurait parler à Aude et l'écouter. Je peux vous recommander quelqu'un si vous voulez.

---

1. *Stockers :* mannequins de vitrine.

Diane la remercia mais pour l'instant, c'était un médecin généraliste dont elle avait besoin. Elle installa Aude sur le siège enfant et prit place au volant. La fillette somnolait à l'arrière et Diane réfléchissait. Elle ne passait pas assez de temps avec sa fille, c'était indéniable. Elle ne l'emmenait plus au parc ou au cinéma le dimanche. Elle consacrait chaque instant libre à rattraper son travail en retard. Quant à parler avec elle… Elle était plutôt encline à redouter ses questions par crainte de ne pas connaître les réponses.

Le docteur Bernon diagnostiqua une otite. Diane chercha une pharmacie encore ouverte et attendit qu'on lui remette les médicaments avant de rentrer chez elle. Aude refusa de dîner. Dès qu'elle fut lavée et endormie, Diane laissa libre cours à la culpabilité qui la rongeait depuis des heures. Elle s'écroula sur le canapé. Son malaise était si fort qu'elle ne se rendit pas compte qu'elle s'était mise à pleurer. Mais dès qu'elle eut commencé, elle fut incapable de s'arrêter. Elle prit un coussin qu'elle pressa contre elle comme un bouclier. Une habitude venue de si loin… Ses paupières s'alourdirent, sa tête dodelina. Elle baissa le son de la télévision, s'allongea, se tourna vers le dossier du canapé et tira le plaid sur ses jambes. À quatre heures du matin, elle sursauta. Elle avait laissé Aude malade, seule dans leur lit. Elle gagna sa chambre, se glissa près de sa fille et, incapable de retrouver le sommeil, elle attendit l'aube. Heureusement, c'était le week-end. Cette pensée la réconforta et elle se sentit mieux. Elle n'était pas la première femme à élever un enfant seule. Il existait des solutions, c'était à elle de les trouver.

5

Dès qu'elle entra dans la salle de conférence, Diane sentit tous les regards se poser sur elle. Elle jeta un coup d'œil furtif autour de la table et y prit place. Très vite, la discussion s'anima et la réunion hebdomadaire des cadres tourna à l'orage. Le négociant en soies et le maroquinier fournissant les accessoires n'avaient pas respecté les délais de livraison. Richard Morani fulminait, menaçait de s'approvisionner ailleurs, mais il était trop tard pour cette collection. La préparation du défilé automne-hiver réservé aux associés et aux actionnaires avait pris une semaine de retard qu'il fallait absolument résorber. Les invitations étaient prêtes, la salle et le traiteur réservés. Diane, à qui incombait une partie importante des négociations avec les fournisseurs, se sentait mal à l'aise. Elle perçut une pointe d'hostilité chez certains de ses collègues. Les réflexions lancées à la cantonade visant ceux qui « n'assuraient pas leur job, qui s'absentaient pour un oui pour un non », semblaient n'atteindre qu'elle. Elle piqua un fard mais ne releva pas les sous-entendus, aussi mesquins soient-ils.

Elle quitta la salle de réunion passablement déprimée. Pauline, le chef d'atelier avec qui elle entretenait des relations cordiales, la suivit dans le couloir et l'interpella :

— Viens, je t'offre un café.

Elles s'arrêtèrent devant le distributeur. Pauline fit couler deux espressos et tendit un gobelet à Diane.

— Ça va pas fort, on dirait ?

— Pas terrible… J'ai beau tourner la situation dans tous les sens, je ne m'en sors pas. Je me bats contre la montre comme une vraie malade ! Et malgré cela, je néglige ma fille et je ne suis pas capable d'arriver à l'heure… Je n'ai pas apprécié ces sous-entendus, tout à l'heure. C'est vrai que j'ai pris un peu de retard mais je me débrouille pour faire mon boulot quand même, et j'ai déjà montré de quoi j'étais capable, merde !

— Je ne comprends pas pourquoi tu t'entêtes à venir travailler en voiture. C'était bien avant, quand tu pouvais partir de chez toi aux aurores, et quitter Paris après l'heure de pointe. Tu devrais essayer les transports en commun. Je suis sûre que tu y gagnerais en temps et en fatigue.

Le soir même, Diane effectua des recherches sur internet. Elle s'aperçut qu'elle pouvait laisser sa voiture en gare de Massy-Verrières, prendre le RER puis le métro. Elle ferait peu d'économies, mais elle éviterait beaucoup de temps perdu. Elle peaufina son itinéraire.

Une semaine de transports publics confirma les prévisions de son amie Pauline. Chaque matin, Diane arrivait au bureau avant neuf heures. Fini le temps précieux gaspillé dans les embouteillages ! Et pendant les trajets, elle rédigeait ses mémos, étudiait des devis. Elle rattrapa ainsi une bonne partie de son retard et y gagna en sérénité. Le soir, elle consacrait du temps à Aude, elle lui lisait une histoire ou dessinait des robes pour ses poupées. La fillette endormie, elle s'installait dans le salon, sortait les dossiers de son attaché-case et se remettait au travail. La collection automne-hiver était à peine achevée, et déjà elle imaginait celle du printemps suivant. Elle avait toujours adoré son travail et, depuis la mort de Rémy, elle sentait confusément qu'il l'aidait à apprivoiser son chagrin.

Forte de cette meilleure organisation, Diane renoua avec le rituel du dimanche. Elle invita Élodie, une manière de compenser les occasions où elle mettait la maman de la petite fille à contribution pour garder Aude après les horaires de l'assistante maternelle. Elle accompagna les deux fillettes au cinéma, puis elles firent une longue promenade dans le parc.

En quelques jours Diane se sentit plus détendue. L'idée d'emprunter les transports en commun était si simple qu'elle se reprochait ne pas y avoir pensé elle-même.

Le répit fut bref. Mi-décembre, une grève des cheminots remit tout en question. Ce matin-là, Diane reprit sa voiture et se noya dans les centaines de kilomètres de bouchons qui ceinturaient la capitale. Lorsqu'elle comprit qu'elle avait presque deux heures de retard, elle tenta une percée et gagna quatre places, sous une huée de klaxons et d'injures. À bout de nerfs, elle s'effondra sur son volant avec la certitude qu'elle ne sortirait jamais de cet enfer.

La journée tout entière se déroula à l'instar de cette épouvantable matinée… Des rendez-vous reportés, des livraisons en retard, deux collaboratrices absentes. À 19 heures, elle était encore au bureau, et pas question de s'en aller. Elle téléphona à l'assistante maternelle ; avec la meilleure volonté du monde, madame Gouet ne pouvait pas garder Aude au-delà de 19 heures 30. Diane essaya désespérément de joindre la maman d'Élodie. Ses appels étaient aussitôt rejetés sur la messagerie vocale. Au bord de la crise de nerfs, elle se résigna à la pire des solutions et appela Cristelle à la rescousse. Elle prit sur elle pour ignorer ses récriminations… Toutefois en raccrochant, elle se rappela les mots de celle qu'elle considérait comme son amie, juste après le décès de Rémy : « N'hésite pas à faire appel à nous, tu sais que nous sommes là, tu peux compter sur nous ! » Elle avait reçu tellement d'appels bienveillants au cours de cette période. Mais elle avait vite compris que ce n'étaient que des mots. Les appels s'étaient espacés, puis ils avaient cessé, la laissant dans la solitude de son appartement avec parfois un affolement proche de la terreur. Combien de fois avait-elle refréné l'envie de hurler ? Mais à quoi bon, seul le vide lui renverrait l'écho de ses cris. La présence de Rémy s'imposait partout. Son imperméable et son parapluie dans l'entrée. Les clés de sa voiture sur la desserte, des Post-it, une ordonnance à renouveler toujours épinglés sur le mémo dans la cuisine. Était-elle en train de succomber à une dépression larvée ? Les signes l'inquiétaient, troubles du sommeil, angoisses répétitives, lassitude et accès de colère parfois.

Elle arriva enfin chez elle et s'apprêta à affronter la mauvaise humeur de Cristelle, mais c'était Paul qui l'attendait en compagnie d'Aude. D'autorité, il les suivit jusque dans l'appartement. Avec un peu plus de tact que sa femme, il expliqua à Diane les soucis qu'il rencontrait à l'agence, le handicap engendré par le décès de Rémy.

— De ton côté, tu ne peux pas continuer comme ça ! Tu t'es vue ? Tu es à faire peur, tu n'en peux plus et ça se voit. Je sais que Cristelle t'en a déjà parlé. Dans ta situation, tu devrais prendre la place de Rémy à l'agence. Ce serait d'autant plus logique que les actions qu'il possédait te reviennent.

— Je sais, Paul. Merci. Mais ce n'est pas vraiment ce à quoi j'aspire. J'ai prévu de faire autre chose de ma vie.

Il lui lança un regard pénétrant et prit la mouche.

— Il n'y a rien de déshonorant à être agent immobilier !

— Ce n'est pas ce que j'ai dit, se rebiffa-t-elle aussitôt, mais j'ai fait des sacrifices pour accéder au poste que j'occupe aujourd'hui. Par ailleurs, je ne connais rien à ton métier. Ce serait repartir de zéro et je ne sais même pas si j'en suis capable.

— Penses-y pourtant ! Rémy aménageait son planning de manière à s'occuper de la petite. Imagine le temps que tu passerais en sa compagnie si tu travaillais avec nous. Je ne veux pas te bousculer, mais prends le temps de réfléchir.

Il partit enfin. Il était 21 heures 30. Diane sentait poindre le début d'une migraine et Aude tombait de sommeil. Elle avait complètement omis de s'occuper du ravitaillement. Elle dénicha une boîte de raviolis au fond du placard de la cuisine.

— J'en ai mangé ce midi à la cantine ! se récria Aude, avec une grimace.

— Des œufs à la coque ?

— Pff… si tu veux.

Une heure plus tard, douchée et vêtue de son pyjama Reine des neiges, Aude dormait à poings fermés dans le lit de sa mère. Diane plaçait la vaisselle sale dans la machine lorsque le téléphone fixe résonna dans le silence de l'appartement. Elle décrocha et entendit la voix faussement enjouée de sa mère.

— Comment vont mes deux chéries ? Je pense tellement à vous !

Diane détestait quand sa mère faisait preuve d'une sollicitude exagérée et l'appelait chérie. En règle générale, une demande d'argent suivait presque aussitôt. Laurette, prévisible jusque dans l'intonation de sa voix.

— Tu ne me donnes pas beaucoup de nouvelles, reprit cette dernière, vous me manquez, tu sais.

Diane soupira. Puisque sa mère semblait dans de bonnes dispositions, elle se décida à raconter : Aude inconsolable, son travail les nerfs à fleur de peau, les collègues furieux après elle, la chaudière en panne, les embouteillages. Laurette trouva quelques mots de réconfort, lui assura qu'elle était à la hauteur, que c'était une battante. Cette avalanche de compliments troubla Diane à tel point qu'elle finit par se demander si elle n'avait pas là le début d'une solution. Elle s'enhardit :

— Pourquoi ne viendrais-tu pas quelques jours à la maison, maman ? Tu pourrais voir Aude, t'occuper d'elle, et j'avoue que ça m'aiderait beaucoup.

Au long silence qui suivit, Diane comprit que sa mère n'avait pas l'intention de s'impliquer dans ses soucis. Tout ce qu'elle venait de débiter n'était que des mots, pour l'amadouer sans doute.

— Je ne suis pas sûre de supporter le voyage. Tu sais, mon souffle au cœur ne s'arrange pas. C'est à peine si je tiens debout ! Je ne te serais d'aucune aide. Mais je suis certaine que tu t'en sortiras, tu es tellement forte, et tu es la meilleure des mamans pour Aude.

« Meilleure que toi », pensa Diane. Mais elle prit le parti de ne pas répondre, elle était trop lasse.

— Excuse-moi, maman, je suis épuisée et je me lève à 5 heures demain.

— Je comprends ma chérie… Euh… ça m'ennuie de te demander ça, mais tu ne pourrais pas me prêter un peu d'argent ? Juste une centaine d'euros. C'est le mois des échéances d'assurance et il me faudrait une petite rallonge pour mon loyer.

Diane promit de lui envoyer un chèque le lendemain. Elle écourta ses remerciements et raccrocha. Laurette avait bien fait de lui demander de l'argent. Une diversion qui avait permis à Diane de couper court à la conversation et d'endiguer le flot de reproches qu'elle sentait prêt à lui échapper. Sa mère était si égoïste qu'il ne lui venait pas à l'esprit que sa fille et sa petite-fille avaient besoin d'elle. Mais comme toujours, elle ne s'intéressait qu'à elle. Laurette et sa coiffure, son régime, Laurette et ses cours de danse, ses rendez-vous avec « un grand producteur », la chance de sa vie ! Qui ne s'était jamais réalisée.

Diane soupira. Combien de révoltes avait-elle refoulées ? D'envies d'injurier sa mère, comme en cet instant, et qu'elle avait de la peine à refréner. En aurait-elle jamais fini avec son enfance perdue ? Il y avait toujours tant de chagrin, tant de rage en elle. « Bien sûr que je m'en sortirai », se dit-elle en se remémorant les paroles de sa mère. Si elle avait survécu à tout ce qu'elle avait enduré enfant, elle surmonterait n'importe quelle épreuve.

Elle pensa au travail qui l'attendait le lendemain, aux propos de Paul. En dépit de cette tentative de diversion, les images de son enfance revinrent sans cesse la tourmenter.

Elle s'était élevée seule en apprenant à régler les aléas du quotidien avant même que sa mère en eût connaissance. Laurette oubliait de payer les factures, ou bien elle n'en avait pas les moyens parce qu'elle avait dépensé leurs maigres ressources en frivolités. On leur coupait l'électricité. Il fallait se débrouiller… À dix ans, Diane avait appris à se sortir des difficultés. C'était elle l'adulte. Pourtant, comme si Laurette en voulait à sa fille de ses propres faiblesses, elle était toujours prompte à s'emporter contre elle, pour un oui, pour un non, pour un rien. Laurette collectionnait les petits rôles insignifiants et les amants, les premiers ne perdurant guère plus que les seconds. En tournée, elles vivaient dans des hôtels ou des locations minables. Diane se rappelait les chambres meublées insalubres qu'elles occupaient. Et toutes les nuits où sa mère oubliait de rentrer. Diane écoutait les bruits suspects, roulée en boule dans le lit. Sa mère fuyait continuellement quelqu'un. Les hommes, et plus souvent les créanciers. Parfois, lorsqu'un d'entre eux les retrouvait, Laurette envoyait sa fille ouvrir la porte, invoquer quelque piètre excuse et quémander un délai. À peine le temps de s'échapper, encore et encore. Diane avait tout fait pour que ces années difficiles n'influent pas sur sa vie d'adulte. Rémy lui disait : « L'important, c'est de définir comment l'enfance modèle l'image de soi, en ne retenant que les bons côtés. »

Diane aurait pu devenir une femme perpétuellement en colère contre le monde entier. Mais elle avait choisi de se battre, d'être capable de tenir bon devant les défis de la vie. Cependant, elle découvrait que le destin pouvait infliger des épreuves insurmontables.

Diane acheva de mettre de l'ordre dans la cuisine tout en réfléchissant au moyen de gagner du temps. La grève des cheminots était reconduite, une nouvelle journée de galère l'attendait le lendemain. Elle sortit les tasses, le cacao et le paquet de céréales sur la table de la cuisine. Puis elle glissa un ticket de cantine et des biscuits dans le sac Hello Kitty de sa fille. En proie à un violent sentiment de découragement, elle fut tentée d'appeler Marthe. Sa belle-mère accepterait certainement de s'installer quelques jours chez elle, le temps qu'elle récupère un peu. Mais il n'y avait plus que deux semaines avant les congés de Noël. La maison Morani fermait traditionnellement ses portes du 22 décembre au 5 janvier. Elle préférait garder l'opportunité du séjour de Marthe pour les vacances de février. D'ici là et quel qu'en soit le prix, elle devait tenir.

Le 16 décembre, les créateurs et les commerciaux de la maison Morani se réunirent pour discuter de la participation de la société aux salons de prêt-à-porter étrangers qui se dérouleraient au cours du prochain semestre. Richard Morani fit un tour de table. Pour la première fois, Diane ne se porta pas volontaire et son manquement fut remarqué de tous. Embarrassée, elle sentit tous les regards converger vers elle. La réunion à peine achevée, elle quitta la salle et rejoignit son bureau. Elle avait programmé la répétition du défilé-test pour le 10 janvier et cette première occupait tout son temps. Comme à chaque fois, elle se sentait fébrile et terrifiée.

Soudain, la porte s'ouvrit à toute volée et Morani fit irruption dans la pièce. Une bouffée d'appréhension la saisit tandis que, sans préambule, il s'asseyait sur le coin de son bureau. Elle aurait presque pu le toucher en posant la main sur son bloc à dessin.

— Diane, non seulement j'admire la force créatrice de votre travail, mais j'ai toujours apprécié votre capacité à vous investir. Vous avez su former une bonne équipe de créateurs, vous avez l'énergie, l'initiative que j'attends d'un collaborateur. Mais ça ne peut pas continuer comme ça !

Il avait parlé sèchement. Il prit un stylo qu'il cogna machinalement sur le coin de la table.

— Je suis désolée, bredouilla-t-elle, c'est une mauvaise passe.

Même à ses oreilles, cette vaine tentative d'excuse tombait à plat. Elle frissonna avec la sensation absurde de manquer d'air.

— Soyez sûre que je compatis à votre peine et que je comprends vos difficultés, mais nous traversons une crise terrible. Je suis entrepreneur, Diane, pas mécène ! Je dois rendre des comptes à mes investisseurs, et nos ventes baissent dans tous les secteurs. Le marché français en tout premier lieu, mais plus encore l'Italie qui représente pourtant notre plus gros chiffre d'affaires à l'export. Depuis quelque temps, je sens qu'il y a un potentiel à développer en Allemagne. Je m'y emploie, mais je dois pouvoir compter sur l'implication totale de mon équipe. Et je me pose la question : êtes-vous encore capable de répondre à mes attentes ?

Diane se sentit prise au dépourvu. Que répondre ? Elle n'avait pas de solution miracle. Elle soutint le regard de son patron, et devina qu'il n'était pas au bout de sa tirade.

— Je sais, dit-elle, vous m'avez proposé de m'installer à Paris.

— Et apparemment cette idée ne vous séduit pas ?

— Je redoute d'imposer ce changement supplémentaire à ma fille.

Il marqua une pause. Le silence était à peine troublé par le brouhaha des ateliers.

— Pourquoi ne prenez-vous pas la place qui vous revient de droit dans l'agence de votre mari ? Vous passeriez beaucoup plus de temps avec votre fille, et vous y gagneriez en stress.

Diane eut l'impression de recevoir un coup. Elle ne s'attendait pas à ça. Incapable de dire un mot, surprise par la similitude des termes employés par Paul et Morani, elle se demanda s'ils ne s'étaient pas concertés.

— Nous pourrions trouver un compromis, poursuivait Morani. En cas de démission, je suis prêt à vous accorder des indemnités conséquentes qui vous permettront de voir venir.

Une nouvelle fois, elle planta son regard dans celui de son patron, puis lentement, elle détourna les yeux. Elle avait l'impression que tous ses rêves partaient à vau-l'eau. Voyant qu'elle ne disait mot, Morani quitta le coin de son bureau et lui fit face.

— Réfléchissez, Diane. Ce peut être une bonne solution.

Il fit quelques pas vers la porte et se retourna.

— Quoi qu'il en soit, je vous demande d'arrêter une décision au plus tard fin février.

Diane resta pétrifiée de longues minutes puis elle se rendit aux toilettes. Elle s'aspergea le visage d'un peu d'eau froide, se donna un coup de peigne et en dépit de ses mains tremblantes, elle parvint à mettre un peu de rouge à lèvres. Elle regagna son bureau et se laissa tomber dans son fauteuil. L'eau de toilette coûteuse de Morani flottait encore dans la pièce. Comment osait-il ? Après toutes ces années de travaux forcés, il envisageait de se débarrasser d'elle avec une facilité humiliante ! Emplie d'amertume, elle se prit à réfléchir. Que pouvait-elle faire ? Déménager à Paris, rejoindre l'agence immobilière ? Était-ce l'atmosphère de la réunion ou l'entretien avec Morani qui lui procurait ces pensées néfastes ? Elle eut la certitude que, quelle que soit sa décision, elle ne pourrait que se tromper. Elle n'y arriverait jamais…

Les jours suivants, Diane travailla d'arrache-pied et le 20 décembre, elle donna l'ultime touche à la première du défilé. Quelques recommandations à son équipe et elle rassembla ses dossiers à la hâte. Son amie Pauline la rattrapa au moment où elle entrait dans son bureau :

— Tu as un problème ?

— Entre… regarde ce que j'ai trouvé en arrivant ce matin.

Morani avait fait déposer un pli sur son sous-main. Une longue lettre dans laquelle il lui rappelait les termes de leur récente conversation. Il lui offrait une somme plutôt rondelette si elle décidait de démissionner. Et en guise de conclusion, il lui proposait de chaleureuses recommandations pour la soutenir dans sa quête d'un nouveau poste. En la lisant, elle avait cru entendre sa voix froide, sans âme.

— Tu as vu le montant ? C'est à croire qu'il a vraiment envie que je foute le camp.

— Tout s'explique ! s'écria Pauline, tu te souviens de Noémie ?

À l'issue de sa période d'essai, Diane avait été engagée chez Morani au détriment d'une autre styliste.

— Depuis, expliqua Pauline, Noémie Malar est partie en Italie où elle a travaillé chez Balenciaga. Il paraît qu'elle est en plein divorce et qu'elle revient s'installer à Paris. Morani l'a déjà reçue deux fois.

— Le salaud ! s'emporta Diane.

Elles furent interrompues par le téléphone portable de Pauline qui regarda le numéro s'afficher sur l'écran : « Je suis en retard, dit-elle, je file ! »

Calée au fond de son fauteuil, Diane relut le message de son patron. Il n'évoquait même plus son éventuel déménagement à Paris. Force était de constater qu'elle n'avait déjà plus sa place dans la société. Et elle avait du mal à encaisser le coup.

Par chance, dans trois jours elle partirait dans le Béarn avec Aude… Elle parlerait avec ses beaux-parents, leur demanderait conseil. Après tout, Morani lui accordait deux mois.

6

Diane et Aude préparaient leur voyage dans le Béarn. Elles en parlaient tous les soirs, en dressant d'interminables listes de choses à faire. Diane avait expliqué à Aude que le Père Noël ne distribuait pas de cadeaux aux adultes. Le dernier samedi avant les vacances, elles prirent ensemble le train pour Paris. Elles déjeunèrent dans une pizzeria et coururent les magasins à la recherche de présents pour Marthe et Guy. Et la veille du départ, Aude emplit une valise avec les paquets enrubannés et les décorations qu'elle avait choisies pour le sapin.

Le 23 décembre, elles prirent le TGV jusqu'à Bordeaux puis l'express pour rallier Pau. Le train était bondé. Diane se débattait entre les passagers et les valises, décidément trop nombreuses pour une semaine. Elle écrasait la main de sa fille dans la sienne tant elle redoutait de la perdre dans la cohue. Elle trouva enfin deux places libres et elles s'installèrent. Le train s'arrêta dans de nombreuses gares. Diane observait les voyageurs qui se hélaient, s'embrassaient. Il y avait quelque chose de réconfortant à pénétrer un peu de leur intimité. Puis le train repartait. Aude somnolait et Diane réfléchissait à ce séjour chez ses beaux-parents. Elle était venue une seule fois à Lhèze, et c'était pour son mariage. Pourtant, chaque année, Rémy et elle envisageaient de passer une semaine à la montagne. « À la belle saison », disait Rémy… Mais au dernier moment ils se laissaient séduire par d'autres opportunités ou d'autres destinations. Finalement, en dix ans, ils n'étaient jamais revenus dans le Béarn. Rémy préférait inviter ses parents à Paris en sachant combien sa mère aimait courir les boutiques avec sa belle-fille. Diane établissait une sélection de spectacles, de concerts. Ils y allaient tous les quatre et c'était l'occasion de dîner en ville.

Soudain, un téléphone sonna dans le compartiment, un air rapide, bruyant, une musique de film ou de série TV, peut-être. La personne mit du temps à répondre et la sonnerie retentit longtemps dans l'indifférence générale.

Le train s'arrêta enfin en gare de Pau. Diane avait refusé que Guy vienne les chercher, elle préférait louer une voiture. Les papiers remplis, elle chargea les valises, installa sa fille à l'arrière, entra l'adresse de ses beaux-parents dans le GPS et quitta la capitale béarnaise. Une demi-heure plus tard, elle abandonna l'autoroute et prit la direction de Lhèze. Encore une vingtaine de kilomètres. Les routes de campagne bordées d'immenses conifères étaient désertes. On distinguait une ferme, un chalet de-ci de-là. À 17 heures, la nuit tombait déjà. Les routes départementales n'étaient pas complètement dégagées et une épaisse couche de neige recouvrait les bas-côtés.

— Maman, c'est drôlement beau toute cette neige ! s'écria Aude.

Loin de partager l'enthousiasme de sa fille, Diane avait hâte d'arriver. Elle roulait lentement, regrettant de ne pas avoir choisi un véhicule équipé de pneus spéciaux. Elle suivait scrupuleusement les indications du GPS, envahie d'un sentiment d'appréhension difficile à contrôler. Lorsque l'appareil lui indiqua de prendre à droite, elle eut la certitude que c'était une erreur. Vingt minutes plus tard, elle errait sur une route isolée. La neige tombait en serpentins, et, en dépit du dégivreur et des essuie-glaces qui fonctionnaient au maximum, Diane devait se pencher sur le pare-brise pour distinguer la route. Elle conduisit encore un bon quart d'heure dans l'obscurité, le long de forêts enneigées, avant de repérer le lieu-dit où habitaient ses beaux-parents. Les branches des arbres ployaient sous la neige et un tapis blanc recouvrait les trois quarts de la petite route. Excitée, Aude battait des mains.

— Tu crois que Papy voudra faire un bonhomme de neige avec moi ?

— Je suis sûre qu'il sera ravi !

Diane découvrit enfin la grande maison de pierre et de bois ouvragé qui s'élevait au milieu d'une clairière, à l'orée de la forêt. Elle se gara devant le perron. Guy et Marthe sortirent, emmitouflés dans de grosses vestes, des écharpes nouées autour du cou.

— Enfin vous voilà, nous commencions à nous inquiéter ! s'écria Marthe, tandis que son mari avançait pour aider Diane à descendre les bagages de la voiture, entrez vite.

La brise soufflait des cimes et Diane pensa qu'en dépit de la tonne de bagages, elle n'avait sûrement pas pris les vêtements adaptés. Elles entrèrent dans le vestibule aux boiseries cossues. Une délicieuse odeur de gâteau encore tiède embaumait la pièce. Aude sauta au cou de ses grands-parents et partit à la découverte de la maison. Elle poussa des cris de joie devant le feu de cheminée dans la pièce à vivre, et constata que sa grand-mère avait tenu sa promesse. Un sapin était dressé dans un coin et les boîtes débordant de décorations attendaient à son pied. Elle voulut s'y mettre immédiatement, mais Diane refusa.

— Il est tard, ma puce. Nous avons besoin de nous reposer.

— Demain matin dès que tu seras réveillée, renchérit Marthe. Venez, je vais vous montrer vos chambres.

Au cours de leurs conversations téléphoniques, Diane avait confié à sa belle-mère qu'Aude dormait avec elle.

— C'est peut-être l'occasion de rétablir les choses, lui glissa-t-elle dans le creux de l'oreille, avant de s'écrier joyeusement : « Regarde Aude, vous avez chacune votre chambre et il y a une porte entre les deux. »

Diane croisa le regard inquiet de sa fille :

— Il ne faut pas faire de la peine à mamy, elle s'est donné beaucoup de mal pour tout préparer, nous laisserons la porte ouverte, d'accord ?

La fillette hocha la tête, visiblement satisfaite. Dans sa chambre, elle tomba sur le joli Père Noël en plâtre posé sur la commode, les guirlandes dorées entrelacées dans les barreaux du lit, des biscuits en forme de sapin dans une coupelle. Diane l'abandonna à sa joie et entra dans sa chambre. Elle promena un regard circulaire dans la pièce aux murs recouverts de toile joliment décorée de fleurs brodées, sur fond lilas. Elle admira la patine noble des meubles de chêne, les tentures et la courtepointe taillées dans le même tissu imprimé. Elle rangea le contenu des valises et se rafraîchit avant de descendre.

La pièce à vivre aux poutres apparentes et aux lambris clairs ouvrait d'un côté sur une immense cuisine et de l'autre sur une rotonde aménagée en bibliothèque. Des fauteuils, de petits tabourets recouverts de satin fleuri assorti aux rideaux étaient regroupés devant la cheminée.

— Que c'est beau cet assortiment de tissus ! s'extasia Diane. J'adore les tons lilas et bleu de ma chambre, et le camaïeu de rose dans celle d'Aude. C'est d'une élégance !

— C'est vrai que c'est joli, admit Marthe, c'est l'avantage d'être mariée à un fabricant de tissus. Je n'ai jamais acheté un rideau ou un drap de toute ma vie, je les ai confectionnés moi-même à partir des chutes de l'usine.

Le couvert était dressé sur une longue table en chêne clair drapée d'une nappe blanche. Au centre de la table, Marthe avait disposé un appareil à raclette. Aude s'amusa à regarder le fromage fondre, elle essaya d'éplucher ses pommes de terre et exigea de couper son jambon elle-même. Elle riait de tout et, pour la première fois depuis des semaines, elle avait retrouvé son enthousiasme d'enfant.

Le repas n'était pas terminé qu'elle s'écroula de sommeil sur la table. Diane la coucha et elle dormit d'une traite jusqu'au lendemain matin huit heures.

À peine éveillée, Aude vida ses bagages à la recherche des décorations qu'elle avait apportées de Paris et descendit rejoindre sa grand-mère.

En entendant des éclats de rire, Diane sursauta dans son lit. Elle s'étira longuement, un membre après l'autre avant de regarder l'heure – 8 heures 30 ! Elle n'avait pas dormi ainsi depuis une éternité ! Le soleil perçait à travers les volets et, de nouveau, le rire d'Aude retentit quelque part dans la maison. Elle se leva, ouvrit la fenêtre et, émerveillée, elle admira le paysage. Une fine couche de givre enrobait les arbres dépouillés. Les sommets dentelés recouverts de neige scintillante moutonnaient à l'infini dans un ciel d'azur. La beauté du panorama qui s'offrait à ses yeux la réconcilia avec cette montagne qui l'avait tellement effrayée la veille. Avant de refermer la fenêtre, Diane respira à pleins poumons l'air frais, l'odeur résineuse qui montait de la forêt. Elle se prépara rapidement et descendit, vêtue d'un pantalon de lainage bleu et d'un pull blanc. Une odeur de café et de pain grillé flottait dans tout le rez-de-chaussée. Marthe et Aude avaient éparpillé toutes les décorations sur le tapis du salon. Pour l'instant, la fillette était assise devant la cheminée, un plateau calé sur les genoux, et elle dévorait des tartines nappées de confiture accompagnées d'une grande tasse de lait. Guy buvait son café dans la cuisine. Un bol, du pain grillé et des pots de diverses confitures maison attendaient Diane. Guy lui demanda si elle avait bien dormi.

— Comme un loir ! Et ça ne m'était pas arrivé depuis bien longtemps.

Ils parlèrent du temps, de la journée qui s'annonçait magnifique malgré la neige prévue par la météo. Diane dévora une dernière tartine et but son café.

— Je vais à l'usine pour le traditionnel brunch avant les congés de Noël. Voulez-vous m'accompagner ? demanda Guy, je serais heureux de vous présenter au personnel.

— Oh oui ! Avec plaisir.

— Marthe va vous prêter des bottes fourrées, vous êtes à la montagne ! dit-il en jetant un regard amusé sur ses bottines en daim.

Une demi-heure plus tard, ils se garaient devant le siège de l'entreprise familiale. L'air était vif et le soleil d'hiver se reflétait sur l'applique de cuivre, à gauche de la porte d'entrée, où deux mots étaient gravés : *Béarn Tissus.* C'était une bâtisse tout en longueur, construite sur un vaste terrain entouré d'entrepôts. Guy fit le tour des locaux administratifs et présenta Diane à son équipe, fier d'annoncer qu'elle était styliste chez Morani. Dans le couloir, de grandes baies vitrées donnaient directement sur les ateliers où elle serra encore des mains. Elle s'arrêta devant les machines, regarda les fibres s'entrecroiser, le mouvement des fils métalliques qui sautaient dans un bruit d'enfer.

— Si vous voulez, suggéra Guy, je vous ferai une visite privée la semaine prochaine, quand le personnel sera en congés. Venez…

Il la guida dans les entrepôts où les rouleaux de tissus s'entassaient sur des rayonnages qui couraient jusqu'au plafond.

— Notre société est spécialisée dans le tissu d'ameublement, expliqua Guy.

— Vous ne produisez pas de tissu de confection ?

— Très peu et seulement à la demande, pour satisfaire quelques clients.

Diane découvrit les coupons de coton, de lin, de satin. Elle enroula les tissus sur ses mains, les caressa du bout des doigts, fascinée par le maillage des fils, la qualité des étoffes aux reflets chatoyants. Elle pensa à ses carnets de dessin qu'elle n'avait pu s'empêcher de glisser dans sa valise. Quel dommage de ne pas pouvoir réaliser ses modèles à partir d'une aussi belle matière ! Elle travaillait des tissus dont la majorité venait de Turquie ou d'Asie et qui étaient loin d'avoir un tel cachet. Elle imaginait les robes, les bustiers, les chemisiers.

Guy la tira de sa rêverie en lui prenant le bras.

— Le 24 décembre, tout le monde quitte son travail à onze heures trente, c'est une tradition. Et nous prenons un petit en-cas tous ensemble. Vous venez ?

Dans l'atelier de couture, des tables à tréteaux étaient dressées, recouvertes de nappes et garnies de plateaux avec des boissons chaudes ou froides, des viennoiseries et des sandwiches salés.

— Pourquoi un atelier de couture ? demanda Diane, je pensais que vous vendiez uniquement des tissus en gros.

— C'est une coutume régionale. De la société la plus prestigieuse comme les chocolateries Lindt ou les foies gras Labeyrie, jusqu'à la plus petite laiterie, toute entreprise se doit d'avoir son magasin d'usine !

Béarn Tissus confectionnait quelques sets de table, des coussins, des petites nappes brodées.

— C'est presque confidentiel, ajouta Guy, et essentiellement destiné à une clientèle de passage… Excusez-moi un instant.

Il l'abandonna pour s'adresser à l'homme d'entretien qui avait accepté d'enfiler un costume et faisait office d'extra. Il servait les jus de fruits, le café ou le vin de Jurançon. Diane repéra les couturières aux épingles agrafées sur le revers de leur blouse et au mètre ruban qui dépassait de leur poche. Deux femmes d'une quarantaine d'années qui se tenaient un peu à l'écart. Diane s'empara d'un plateau de canapés, s'avança vers elles et engagea la conversation. Elle les questionna à propos de leur travail et s'aperçut, avec une pointe d'amusement, qu'elle les intimidait.

Peu à peu le brouhaha des discussions s'intensifia, des rires fusèrent. Diane se retira à l'écart. Cette gaieté, ces rires autour d'elle l'attristaient. C'était Noël après tout ! Le premier Noël sans Rémy. C'est à peine si elle entendit son beau-père lorsqu'il l'interpella. Il était accompagné d'un homme plus grand que lui d'une tête, à la cinquantaine assurée.

— Diane, vous vous souvenez de Michael ? C'est mon neveu, mon filleul et depuis plus de vingt ans, mon bras droit au sein de l'entreprise.

Diane n'avait pas oublié le cousin de Rémy qu'elle avait rencontré le jour de son mariage. Il n'avait pas changé. Des cheveux blond cendré, ondulés sur la nuque, un visage anguleux, et de beaux yeux gris, presque sévères. Il était vêtu d'un col roulé en cachemire marron, d'un pantalon de velours et d'une veste en tweed assortie. Ils se serrèrent la main.

— Je suis ravie de vous revoir, dit Diane.

Rémy lui avait raconté l'histoire de Michael. En 1972 la sœur de Guy et son mari s'étaient accordé trois semaines de vacances pour visiter le Mexique. Leur avion s'était écrasé quelque part au milieu de l'Atlantique. Marthe et Guy avaient recueilli Michael chez eux. Il avait dix ans, quelques mois de moins que Rémy. À partir de ce tragique événement, ils avaient grandi ensemble.

— Je vais vous chercher à boire, dit Guy en s'éloignant.

— Nous allons avoir droit au Jurançon, annonça Michael en décochant un large sourire à Diane.

Elle voulut le lui rendre mais elle se contenta d'esquisser une vague mimique. C'était affreux, elle ne savait plus sourire ! Michael était sympathique, et fort bel homme de surcroît. Une pensée farfelue qu'elle réprima aussitôt.

— C'est une excellente initiative, cette petite réunion autour d'un verre la veille des fêtes, dit-elle pour se donner une contenance.

— C'est une idée de Guy, et même cette année où il aurait eu toutes les raisons d'annuler la fête, il a maintenu la tradition en mettant son chagrin de côté. Guy est un homme remarquable, honnête, aimé de tous. Que ce soient les employés ou les fournisseurs, il s'intéresse aux autres et répond toujours présent quand on a besoin de lui.

« Le contraire de mon patron », pensa Diane.

— C'est la première fois que je viens à la fabrique, dit-elle, je suis ébahie. Tous ces tissus sont magnifiques !

— Guy m'a dit que vous travailliez chez Morani.

— Oui, pour l'instant.

— Quel dommage que nous n'ayons pas de clients comme lui.

— Je croyais que le tissu de confection était une infime part de votre production ?

— La développer serait un bon moyen de donner un deuxième souffle à l'entreprise.

Diane s'apprêtait à l'interroger sur ce qu'il entendait par là, mais Michael fut abordé par l'homme que son beau-père lui avait présenté un peu plus tôt comme le contrôleur de gestion de la société.

— Nous nous verrons ce soir ! lui lança Michael en s'éloignant, je réveillonne chez Marthe et Guy.

— C'est génial, nous pourrons parler.

Tous les employés s'étaient regroupés autour de Guy. Les messages de condoléances n'avaient cessé d'affluer depuis le décès de Rémy. La voix légèrement tremblante, il exprima ses remerciements pour ces témoignages de sympathie, et il présenta ses vœux à tout le personnel. Chaque employé percevrait une prime de fin d'année. Toutefois, au cours du brunch, Guy remit un petit cadeau à tous, ainsi qu'à leurs enfants lorsqu'ils en avaient. La distribution dura plus d'une heure, puis les employés s'en allèrent, non sans avoir chaleureusement remercié leur patron.

— Ils ont l'air de vous adorer, fit remarquer Diane.

— Si vous traitez les gens avec dignité et respect, non seulement ils vous le rendent, mais ils donnent le meilleur d'eux-mêmes au quotidien.

Un peu plus tard, Guy vérifia la fermeture des portes, enclencha l'alarme et ils rejoignirent leur voiture. Le ciel s'était brusquement assombri et, conformément aux prévisions de la météo, la neige tombait de nouveau. Les flocons serrés fouettaient le pare-brise de plus en plus fort. Guy conduisait prudemment et Diane réfléchissait. Elle ne pouvait détacher ses pensées des somptueux tissus qu'elle venait de découvrir.

— Michael pense que vous devriez développer la production de tissu de confection, c'est aussi votre avis ? demanda-t-elle.

— Il m'en parle régulièrement, en effet. Mais c'est toute la stratégie de l'entreprise qu'il faudrait repenser. Et à mon âge…

— Vous n'êtes pas si vieux ! se récria-t-elle, bien au contraire. Rémy admirait votre dynamisme, il disait souvent qu'il espérait avoir hérité vos gènes d'éternelle jeunesse.

Sur le point d'ajouter « hélas ! », elle se tut et le silence dura. Un moment de nostalgie où ils sentirent la présence de Rémy entre eux. Puis Guy emprunta le chemin qui conduisait à la maison.

Dans la pièce commune, la table était déjà dressée pour sept personnes.

— Ce soir, nous attendons notre neveu et un couple d'amis, expliqua Marthe. À midi, on déjeunera dans la cuisine.

Aude attira sa mère vers le sapin qui brillait de mille feux près de la fenêtre du salon. Elle y avait accroché ses décorations et, parmi elles, le petit ange en pâte de sel qu'elle avait façonné au cours de sa première année de maternelle. Il lui manquait un petit morceau d'aile qui s'était brisé dans son cartable.

— C'est beau, hein, maman ? demanda-t-elle, les yeux étincelants de joie.

— C'est magnifique, ma chérie. Je suis sûre que le Père Noël va adorer ton arbre.

L'après-midi fila à toute vitesse, entre les préparatifs du dîner, le choix des fleurs et des bougies. Aude aida sa grand-mère à rouler la bûche de noël et à découper des étoiles dans de la pâte d'amandes. Marthe avait glissé un CD de chants de Noël dans la chaîne hi-fi. et Aude fredonnait. Ensuite, Guy invita la fillette à une partie de glissade sur la pente enneigée qui menait à la piscine. Diane et Marthe profitèrent de leur absence pour rassembler les cadeaux dans une chambre vide en attendant de les placer au pied du sapin, un peu plus tard. Marthe avait regroupé de nombreux cadres sur le manteau de la cheminée. Des portraits de Rémy à tous les âges.

— Je ne voulais pas que la petite les voit disséminés dans toutes les pièces du rez-de-chaussée.

Diane s'arrêta devant le bébé tout nu dans sa baignoire, le bambin qui montait seul sur sa bicyclette, l'enfant en tenue de communiant, l'adolescent tenant fièrement un diplôme devant l'objectif… et la photo de leur mariage. Un vent capricieux s'était engouffré sous son voile, libérant sa chevelure. Elle riait aux éclats. Toute une vie déclinée en quelques clichés. Diane s'appuya sur le manteau de la cheminée, luttant pour refouler son envie d'éclater en sanglots. Les larmes aux yeux, elle se tourna vers Marthe et elles tombèrent dans les bras l'une de l'autre.

— Je fais tout mon possible pour que ce Noël soit parfaitement normal pour la petite, murmura Marthe d'une voix brisée. Le plus dur est de s'habituer à l'absence. Attendre un coup de téléphone qui ne viendra pas, imaginer le prochain printemps et les premières fraises des bois qu'il adorait.

— Je sais, Marthe. Il faut que nous tenions le coup pour Aude, elle est déjà tellement perturbée.

— Je la sens un peu mieux, pourtant.

— Parce qu'elle est ici. Mais ce n'est pas le cas à Paris. Je crois que je vais prendre rendez-vous avec un psy en janvier.

— Si vous pensez que ça lui fera du bien, pourquoi pas ? Mais je me demande si vous ne devriez pas déménager et vous rapprocher de votre travail. Ou en changer ! En tout cas, vous pouvez compter sur moi, je viendrai m'occuper d'elle pendant les vacances de février.

Elles quittèrent la chambre et Marthe referma soigneusement la porte.

Diane succomba au raffinement du cachemire et de la soie, et revêtit une élégante robe noire, avec un petit haut ajusté et une jupe à plis serrés. Elle compléta sa tenue par une étole et rassembla ses cheveux en queue-de-cheval qu'elle attacha d'une barrette d'argent. Elle avait l'estomac noué à force de redouter l'ambiance de ce réveillon.

Cependant l'atmosphère s'avéra plus détendue qu'elle ne l'avait imaginé. Les amis de Marthe et Guy étaient charmants. Un couple d'une soixantaine d'années, d'une discrétion absolue. Marthe s'excusa, elle n'avait pas le cœur à sabler le champagne. Guy prépara des cocktails et tendit un verre aux reflets ambrés à Diane.

— Cognac, liqueur de café, une petite pointe de gingembre et du tonic !

Pour accompagner le foie gras, il servit un délicieux vin de Jurançon, légèrement moelleux. Aude ne bouda pas son plaisir de prendre place à la table des adultes. Diane fit plus ample connaissance avec Michael. Elle perçut la complicité entre Guy et lui. Il était clair que Guy considérait Michael comme son deuxième fils, et Diane se demanda si cela l'aidait à faire le deuil de Rémy. Marthe, quant à elle, semblait sur la défensive et Diane la comprenait. Elle vivait le pire drame que l'on puisse infliger à une femme. Et ce soir, elle devait donner le change devant ses invités et sa petite-fille.

Les amis présents ce soir-là venaient de prendre leur retraite. Ils vantaient leur bonheur de pouvoir enfin consacrer du temps à des activités artistiques, organiser les voyages qu'ils n'avaient jamais faits, s'occuper de leur famille.

—Je rêve que Guy s'arrête lui aussi, déclara Marthe. D'autant plus qu'il a eu une proposition de rachat inespérée pour son usine ! Mais il a préféré se lancer dans des investissements hasardeux…

Diane se demanda ce que sa belle-mère entendait par là. Elle surprit l'expression agacée qui passa sur le visage de son beau-père.

Guy regarda sa femme sans chercher à dissimuler sa contrariété. Il avait coupé une bouchée de dinde, mais il la reposa dans son assiette. Il avait toujours dirigé son entreprise avec probité et dévouement. Certes, il se sentait vieillir. Ce qu'il refusait obstinément de reconnaître pour ne pas apporter de l'eau au moulin de son épouse. Même si, au fond de lui, il savait que vendre n'était pas la pire des solutions. Il croisa le regard de Diane. Pourquoi avait-il l'impression qu'elle était de son côté ?

—C'est vrai que la vente résoudrait bien des problèmes, dit-il, mais je ne suis pas prêt à franchir le pas.

—J'en ai assez de te voir courir contre la montre toute la journée ! Tu ne te rends pas compte de ton surmenage, des risques que tu prends.

—Il ne faut rien exagérer ! Quels risques ?

Après une petite alerte en début d'année, Guy devait surveiller son cœur.

—Je sais que tu vas me contredire, reprit Marthe. Mais ton traitement et tes visites régulières chez le cardiologue ne sont pas un gage de bonne santé. Il est grand temps que tu t'arrêtes, maintenant. Et cette offre d'achat est providentielle ! Mais je connais ton entêtement, tu vas laisser passer une opportunité qui ne se représentera pas de sitôt…

Diane perçut une légère hésitation dans la posture de son beau-père. Il marqua une pause, fixa sa femme et reprit de sa voix basse :

— La fabrique est dans ma famille depuis quatre générations et j'ai une responsabilité vis-à-vis de mes employés.

— Les temps ont changé mon pauvre ami, le paternalisme n'est plus de mise en entreprise ! répliqua Marthe. Qu'est-ce que tu cherches, à la fin ? J'ai déjà perdu mon fils !

Elle avait élevé la voix, visiblement à cran. Soudain, elle éclata en sanglots, mais elle se reprit en quelques secondes en voyant la gêne qu'elle avait provoquée et les yeux de sa petite-fille levés vers elle. Ses magnifiques yeux noirs qui lui rappelaient tant ceux de Rémy.

— Je vous prie de m'excuser, je n'aurais jamais dû me laisser aller ainsi.

Michael prit la bouteille de vin dans le seau à glace et emplit les verres.

— Aude, raconte-moi ce que tu as commandé au Père Noël, demanda-t-il sur un ton un brin forcé, mais joyeux.

7

Depuis qu'elle était chez ses grands-parents, Aude irradiait la joie de vivre. Elle avait retrouvé son appétit et dormait de longues nuits sans interruption. Diane, hélas ! ne goûtait pas cette quiétude. Souvent, elle se réveillait en sursaut, surprise par le silence qui l'entourait. Elle se levait et passait dans la petite chambre mitoyenne. Elle s'asseyait au bord du lit et contemplait le visage paisible de sa fille, ses pommettes roses, ses boucles en bataille. Apaisée, Diane regagnait sa chambre et s'endormait.

Chaque jour qui passait rapprochait Aude de sa grand-mère, au grand bonheur de Marthe qui ne savait qu'inventer pour faire plaisir à sa petite-fille. Elle cuisinait des pâtisseries et tous les petits plats qu'elle aimait, organisait de longues promenades dans le parc de la ville. Mais ce qu'Aude appréciait par-dessus tout, c'était les courses à Pau. Elles partaient équipées comme pour une expédition polaire et revenaient les bras chargés de jouets, de vêtements, de friandises.

— Vous exagérez, Marthe ! protestait Diane gentiment, vous la gâtez trop.

— Laissez-moi le bonheur de m'occuper d'elle, répondait Marthe à sa belle-fille, et profitez-en pour vous détendre et vous reposer un peu.

Le soir, ils dînaient devant la cheminée, puis Diane lisait une histoire à Aude avant de rejoindre sa chambre où elle attendait le sommeil en écoutant l'appel plaintif du vent dans les arbres.

Diane éprouvait une infinie reconnaissance envers ses beaux-parents et, souvent, elle pensait à sa mère. La semaine précédant les fêtes, Laurette avait envoyé un colis avec une peluche pour Aude et un parfum acheté dans un supermarché pour elle. Diane n'était pas dupe, elle savait qu'une demande d'argent ne tarderait pas et qu'elle rembourserait les menus cadeaux au centuple. Laurette avait glissé une photo d'elle dans le paquet, un cliché pris au cours d'un repas du club du troisième âge. Où était la femme superbe qui voulait faire une grande carrière d'actrice ? Elle était méconnaissable ! Rongée par l'alcool et les nuits de débauche, elle avait perdu tout ce qui faisait son charme.

Choyée, entourée de l'affection de ses beaux-parents, Diane se rappelait les Noëls de son enfance. Une année en particulier… L'institutrice avait organisé un spectacle et elle avait décroché le premier rôle. Elle l'avait appris, répété encore et encore avec une rigueur qui n'avait d'égale que son impatience à voir sa mère assise au premier rang des spectateurs, l'applaudissant à tout rompre. Un peu avant la représentation, Laurette avait fait son apparition dans la salle des fêtes. Elle titubait, vêtue d'une robe rouge, trop courte et trop légère pour un 21 décembre. Diane avait ravalé sa honte mais, aujourd'hui encore, elle en avait le cœur serré.

Le mercredi matin, Marthe précipita le petit déjeuner, et Aude se prépara en un temps record. Tout y était, l'anorak, le bonnet, les gants et les petites bottes fourrées.

— Je suis prête, mamy. Je t'attends !

Marthe avait décidé de jeter aux orties ses règles de vie saine et promis à Aude qu'elles mangeraient chez McDo avant d'assister au spectacle de marionnettes organisé par le comité des fêtes de la ville. Guy parut ravi de cette initiative.

— Ce ne pouvait mieux tomber. Diane, voulez-vous que nous allions à l'usine ? Je vous avais promis une visite personnalisée. Et j'ai à vous parler.

Le parking de l'entreprise et les bâtiments étaient déserts. Guy remit les machines en route spécialement pour Diane et lui expliqua leur fonctionnement. Elle regarda les bobines dévidant les fils qui s'entrecroisaient.

— Il y a des fils disposés dans le sens de la machine qu'on appelle fils de chaîne, et ceux disposés perpendiculairement sont les fils de trame. Le liage des fils de chaîne et de trame s'appelle une armure.

Puis il montra les trois catégories d'armure, la toile, le sergé et le satin.

— La surface lisse et brillante du satin dissimule parfaitement les points de liage.

— Et la matière première ? demanda Diane.

— Nous travaillons le coton et le lin. La laine aussi, mais pour des demandes spécifiques. Très longtemps, nous avons été spécialisés dans la fabrication du métis, un mélange de lin et de coton. Mais son utilisation est en perte de vitesse.

Ils traversèrent les entrepôts. Comme lors de sa première visite, Diane retrouva le geste naturel de toucher, de caresser les tissus.

— Je suppose que vous sous-traitez la teinture ?

— Oui je travaille avec une entreprise située en Midi-Pyrénées. En ce qui concerne le jacquard, les motifs sont imprimés directement dans le tissu. Nous avons notre atelier d'impression sérigraphique, et chaque filature possède ses petits secrets de fabrication. Pendant des décennies, nous avons fabriqué des soies et des satins brodés... Bien que la broderie s'effectue à la machine, elle demande une main-d'œuvre conséquente. Aujourd'hui c'est devenu au-dessus de nos moyens. Ces précieux tissus sont importés d'Inde où la main-d'œuvre est beaucoup moins onéreuse.

Après la visite des ateliers, ils gagnèrent les locaux administratifs. Guy précéda Diane dans son bureau et la pria de prendre place.

— J'ai rencontré notre notaire avant votre arrivée. L'entreprise et tout ce que nous possédons auraient dû revenir à Rémy mais, dans la situation actuelle, Aude héritera de la totalité de nos biens, sous votre tutelle bien sûr.

Il se tut et Diane respecta son silence.

— J'avais toujours espéré que Rémy prendrait la suite, dit-il enfin.

— Il aimait beaucoup son travail d'agent immobilier, et il savait que vous aviez Michael à vos côtés.

Diane ne cessait d'imaginer ce que Rémy et elle n'avaient pas eu le temps de faire. La liste était si longue... Elle sentit les larmes se presser au coin de ses paupières.

— Il vous manque, n'est-ce pas ? demanda Guy.

— Énormément. Je crois que je n'ai pas encore pris conscience de la réalité. Tout s'est passé si vite. Si j'avais pu prévoir ce que l'avenir nous réservait, j'aurais...

— Ce n'est pas votre faute, mon petit. C'est ainsi, c'est le destin et nous n'y pouvons rien.

Il lui tapota la main par-dessus le bureau et elle perçut son léger tremblement.

— J'essaie de soutenir Marthe du mieux que je peux, en mettant mon propre chagrin de côté. C'est ce que vous faites avec Aude, et je sais à quel point c'est dur. Vous tiendrez le coup ?

Elle eut un mouvement de tête qui se voulait rassurant. Il lui proposa un café qu'elle accepta volontiers. Il lança la cafetière, sortit deux tasses et le sucrier.

— Il est temps que nous parlions affaires. Marthe vous a dit que j'avais reçu une excellente offre de rachat. Elle pense que c'est une chance et elle a sans doute raison. Trouver un acheteur en cette période de crise est une opportunité.

— C'est quelqu'un qui est dans le monde du tissage ?

— Pas du tout ! L'offre vient d'un promoteur, Jean-Claude Dumas. Il veut transformer les bâtiments et tous les terrains alentour en un grand complexe de loisirs, avec spa, parcours de golf, hôtel cinq étoiles et tutti quanti. À son actif, Dumas est un enfant du pays, il connaît bien la région. Son offre est alléchante et je reconnais que la tentation est grande, mais…

Il marqua une pause et Diane l'observa. Il paraissait si jeune en dépit de ses 73 ans. Svelte, mais robuste, une épaisse chevelure blanche qui rehaussait l'éclat de ses yeux sombres, et ce sourire chaleureux qu'il affichait en permanence.

— Marthe a évoqué vos problèmes de santé, c'est un bon argument pour vous arrêter, non ?

— Elle exagère toujours ! Faites-moi confiance, je suis suivi par un excellent praticien et je vais bien. Je comprends que Marthe aspire à me voir lâcher les rênes de cette entreprise qui aura occupé plus des trois quarts de ma vie. Mais je ne peux pas m'y résoudre. La fabrique appartient à ma famille depuis quatre générations. Mon arrière-grand-père est arrivé d'Espagne avec quelques moutons et ses effets entassés dans une charrette. Il a créé une petite filature de laine, l'ancêtre de Béarn Tissus, en quelque sorte. J'aurais du mal à voir le patrimoine familial réduit à un hôtel, fût-il de luxe.

Diane but son café en observant la tristesse qui assombrissait le visage de son beau-père.

— Je comprends ce que vous éprouvez, dit-elle, mais pourquoi vendre si vous ne le voulez pas ?

— Les machines que vous avez vues tout à l'heure ne sont pas assez performantes. Il faudrait investir dans du matériel plus moderne qui exige moins de main-d'œuvre. Nos coûts de production sont trop élevés, nous sommes débordés par la concurrence des pays émergents, la Chine notamment. L'environnement économique impose d'être plus agressif commercialement, plus exigeant avec les fournisseurs. Je n'ai jamais su travailler ainsi.

On avait beau lui répéter à l'envi qu'il ne faisait pas son âge, Guy se sentait vieillir malgré tout. Il jouait machinalement avec son stylo. Soudain, il poussa un long soupir et son visage se rembrunit.

— Au cours des trois dernières années, nous avons perdu de très gros clients, poursuivit-il, non seulement nous ne sommes plus assez compétitifs mais nos modèles de tissus sont surannés, et la création coûte cher.

Diane revoyait les tissus aux impressions démodées, feuillages, écossais un peu vieillots, cotonnades aux motifs d'une autre époque.

— J'ai toujours refusé de m'endetter pour acquérir de nouvelles machines, embaucher un créateur, reprit Guy. Le banquier réclamerait une hypothèque et ce serait prendre le risque de tout perdre, même nos biens propres. Cependant, je me pose des questions. Et il m'arrive de me sentir découragé. À quoi bon me battre, au fond ? Je me sens si seul depuis la mort de Rémy. Si j'avais su, je ne me serais pas lancé dans de nouveaux projets plus ou moins farfelus.

— Il s'agit des investissements que Marthe a évoqués le soir du réveillon ?

— Du délire quand j'y réfléchis sérieusement.

— Voulez-vous m'en dire un peu plus ? J'avoue que vous piquez ma curiosité.

— Venez, dit-il en se levant, je vais vous montrer.

Ils reprirent la voiture sur le parking et Guy longea la route qui bordait l'enceinte de l'usine. Ils débouchèrent sur un terre-plein où s'élevait un bâtiment de pierre grise, terni par des siècles d'intempéries. Un chemin de ronde l'entourait, délimité par une balustrade de métal rouillé. Au-delà, c'étaient le ravin et la montagne. La bâtisse, percée de quelques fenêtres à meneau, était recouverte d'un toit pentu.

— C'est le quartier Vauban, expliqua Guy. Il s'étend sur plus de quinze mille mètres carrés, avec une caserne militaire édifiée au XVIIIe siècle. En 2002, l'armée a cédé l'ensemble à la commune. Il y a quatre ans, sous l'ancienne municipalité, je me suis porté acquéreur des écuries qui jouxtent mon terrain. Neuf cents mètres carrés de bâtiments en excellent état. L'ancien maire et son équipe m'avaient accordé un protocole de rachat sur six ans.

Ils s'avancèrent, Guy sortit un trousseau de clés et ouvrit la porte principale. Le bâtiment construit en fer à cheval comportait une magnifique charpente en châtaignier et ouvrait sur plusieurs salles qui formaient un axe symétrique d'une architecture exceptionnelle. Les murs des différentes pièces étaient défraîchis, certes, mais le sol carrelé et les plafonds équipés de poutres de chêne étaient en parfait état.

—Je vous concède que c'est superbe, Guy, mais pourquoi cette acquisition ?

—Je vous l'ai dit, mon petit, une idée insensée, les divagations d'un vieux fou ! Je rêvais de construire un pôle d'activités artisanales… Réunir en un même lieu des ébénistes, des tapissiers, un atelier de broderie sur tissu pour faire revivre ce fabuleux métier et, pourquoi pas, des potiers, un souffleur de verre… La région regorge de précieux talents. J'avais déjà recensé une douzaine d'artisans prêts à me suivre. Nous avions même envisagé de créer une coopérative pour vendre nos produits, vous voyez ?

—Je crois que je vois très bien, murmura Diane, rêveuse. C'est une merveilleuse idée…

— Qui ne verra jamais le jour, hélas ! La crise est arrivée… Pour l'instant, je règle mes échéances à la commune, mais il m'est impossible d'envisager des investissements pour la rénovation des écuries. Les banques ne me suivront plus, maintenant. Dans le fond, Marthe a sans doute raison, il serait plus judicieux de vendre tout cela et de m'arrêter enfin. Que pourrais-je faire, de toute façon ?

La profonde tristesse mêlée d'amertume qui voila un instant son regard faisait peine à voir.

— Allons, dit-il, nous ferions mieux de rentrer…

Ils reprirent la voiture. Il neigeait de nouveau et les flocons volaient en spirales, portés par un vent glacial.

— Vous n'êtes pas déçue par votre séjour parmi nous ? Cette montagne, ce climat doivent vous changer de la capitale.

— C'est différent, certes.

— Mais croyez-moi, ma petite fille, quand vous vous attachez à ce pays, il reste gravé en vous à jamais. Je n'aurais pas pu vivre ailleurs et, dès que je m'éloigne, je sens qu'une part de moi demeure ici. J'ai toujours pensé que Rémy éprouvait cela aussi et qu'il reviendrait.

Diane regarda le paysage défiler. Le décor de neige fraîche, les chemins qui couraient le long des ruisseaux aux berges glacées. Rémy regrettait-il tout cela ? Pourquoi ne lui en avait-il jamais parlé ?

Ils s'arrêtèrent sur le parking de Béarn Tissus et Guy la précéda jusque dans son bureau. Entre-temps, Michael était arrivé. Il vint à leur rencontre et accueillit Diane chaleureusement en lui demandant des nouvelles de sa fille.

— Elle est en de bonnes mains ! Et vous, vous n'êtes pas en vacances ?

— Les bureaux sont déserts en ce moment, c'est l'ambiance idéale pour rattraper le travail en retard… je suis là, Guy, si tu as besoin de quelque chose.

Michael parti, Guy reprit le dossier du notaire qu'il avait laissé sur le coin de la table.

— J'ai besoin de vous, Diane.

— Bien sûr. Qu'attendez-vous de moi ? demanda-t-elle.

— Je voudrais que vous m'aidiez à prendre la bonne décision. Comme je vous l'ai dit tout à l'heure, vous êtes partie prenante maintenant que Rémy n'est plus là.

Diane ne répondit pas immédiatement, en proie à une vive émotion. Elle appréciait de plus en plus son beau-père. Il lui demandait son avis avec respect et déférence. A contrario de Paul ou de son patron qui pensaient et décidaient à sa place, comme si le deuil l'avait réduite à une forme d'incapacité. Toutefois, si elle était flattée de la confiance de Guy, elle ne put refouler l'inquiétude que provoquait cette responsabilité nouvelle.

— Avez-vous établi des prévisionnels, évalué toutes vos chances de pouvoir redresser votre entreprise ?

— Michael et notre contrôleur de gestion, que vous connaissez déjà, y ont travaillé. Ils sont parvenus à la même conclusion : rien n'est possible sans investissement. Par ailleurs, un plan de redressement passera inévitablement par une réduction du personnel et ce serait un crève-cœur pour moi. Certains employés travaillent à la fabrique depuis plus de vingt ans.

Il repoussa les papiers épars devant lui et se pencha en avant, les bras croisés sur le bureau.

— Et je pense à Aude aussi. Elle aura tous mes placements si je vends, mais je préférerais lui léguer l'entreprise et qu'elle soit rentable. C'est si important de transmettre aux enfants ce qu'on a reçu en héritage, d'être la mémoire de nos anciens, en quelque sorte.

Diane hésita un peu mais finit par demander s'il voulait bien lui confier les derniers bilans de la société.

— Je voudrais uniquement jeter un coup d'œil pour me rendre compte. Si vous me faites confiance, bien sûr.

— Quelle question ! Non seulement je vous fais confiance, Diane, mais j'ai hâte de connaître votre analyse.

Au-delà de la sympathie qu'elle ressentait pour son beau-père, elle eut l'impression qu'une véritable complicité s'instaurait entre eux. Mieux, de la tendresse. Par bien des côtés, il lui rappelait Rémy, sa gentillesse, son énergie. Et ce regard bienveillant teinté d'un soupçon d'admiration qu'il posait sur elle.

— Et si pouviez me donner la liste des clients qui vous ont lâché récemment, je vais tenter de dresser un bilan.

Il décrocha le téléphone et appela Michael qui les rejoignit aussitôt.

— Tu peux aller dans le bureau de Patrick et apporter nos trois derniers résultats d'exploitation pour Diane ?

La requête surprit Michael. Il se figea un instant avant d'acquiescer :

— Je t'apporte ça tout de suite.

— Merci ! répondit Guy, et puisque ma femme et ma petite-fille sont parties en balade pour la journée, je vous invite à déjeuner tous les deux.

Diane décida de prolonger leur séjour à Lhèze de quelques jours. Tandis que Marthe et Aude vaquaient à leurs occupations, Guy l'invita à visiter Pau et les vignobles de Jurançon alentour. Ils dénichèrent de petits domaines, dégustèrent les vins blancs secs ou moelleux, et firent provision de bonnes bouteilles.

— Je crois que je me laisse déborder par mon enthousiasme ! s'écria Diane devant la pile de cartons entassée dans le garage, comment vais-je faire pour ramener toutes ces bouteilles à Paris ?

— Vous pouvez les laisser ici, ma cave est assez grande. Vous les prendrez au fur et à mesure de vos besoins quand vous viendrez. Car vous viendrez plus souvent, n'est-ce pas ?

Diane perçut la pointe d'inquiétude dans la voix de son beau-père. « Je vous le promets, dit-elle.

— Merci Diane, merci pour tout. Avant votre départ je voudrais vous présenter un des artisans qui croyait sincèrement en mon pôle d'activités artisanales. C'est un tapissier-décorateur, un véritable artiste ! »

L'atelier du tapissier était situé sur la commune d'Auriac. On y accédait par une route départementale à flanc de coteau. Guy arrêta sa voiture près de la porte d'entrée et prit Diane par le bras.

— Vous allez voir, c'est quelqu'un de passionnant.

Il donna un léger coup sur la porte et ils entrèrent dans une immense pièce éclairée par des néons. Un homme d'une quarantaine d'années s'avança et les accueillit avec une vibrante poignée de main. Guy fit les présentations.

— Christophe Rivière... ma belle-fille.

Diane était intriguée par le désordre qui régnait dans la pièce. Un désordre qu'on sentait organisé. Des tables de travail occupaient tout un pan de mur, surmontées de panneaux garnis d'outils aux formes bizarres. Elle respira l'odeur spécifique du tissu neuf qu'elle connaissait bien, mais dans l'atelier, elle se mêlait aux fragrances du bois. Puis elle s'absorba dans la contemplation des échantillons et des coupons de tissu qui s'étalaient partout.

— Nous restaurons des meubles d'époque, expliqua Christophe Rivière, mais aussi des copies de style et même des meubles modernes.

Ils s'approchèrent d'une jeune fille qui tirait le rembourrage d'un fauteuil à l'aide d'un ciseau à dégarnir.

— C'est un authentique cabriolet Louis XV. Marie retire la garniture usagée que nous remplacerons par du crin de cheval.

Rivière commenta avec force détails la délicate opération de rembourrage que l'on resserrait à l'aide de corde enfilée sur de longues aiguilles.

— Ces aiguilles s'appellent des carrelets, précisa-t-il. La garniture et son capiton doivent épouser la forme du siège au millimètre près. Ils sont ensuite protégés par une toile de coton, avant la pose de l'étoffe, une soie brodée dans ce cas précis.

Il tendit le coupon de précieux tissu à Diane qui le palpa, le caressa longuement. C'était une magnifique soie bleu pastel, ornée de lys brodés en relief.

— Venez voir l'effet sur un fauteuil entièrement rénové, proposa Christophe Rivière en les guidant à l'autre bout de l'atelier où des sièges, des cabriolets, des bergères étaient alignés sur une estrade. Il leur montra un fauteuil Empire recouvert de soie ivoire aux rayures bordeaux. Un fin galon rouge et or parsemé de clous dorés entourait le tissu.

— Tout est fait à la main, et chaque ouvrage représente des heures et des heures de travail.

— C'est d'autant plus magnifique ! s'exclama Diane. Et tous ces tissus ? demanda-t-elle en désignant les bobineaux de coton, de lin, de satin entassés sur des étagères, vous les utilisez aussi pour recouvrir des sièges ?

— Oui, mais la restauration de meubles n'est pas notre seule activité, nous rénovons des pièces, comme des salons ou des chambres de style que nous habillons de tentures murales avec des rideaux assortis.

Il fut interrompu par le téléphone de Guy qui décrocha et se tourna vers Diane :

— Aude et Marthe sont rentrées de leur balade et elles s'impatientent ! Nous devons y aller, je suis désolé.

Christophe Rivière extirpa une carte de visite de sa poche et la tendit à Diane.

— Alors, j'espère que vous reviendrez, je vous montrerai d'autres facettes de notre travail.

— Promis, dit-elle en glissant la carte dans son sac.

La semaine s'écoula trop vite. Le 29 décembre, Diane boucla leurs valises au grand dam d'Aude qui pleura toutes les larmes de son corps en quittant ses grands-parents. Puis Diane prit la direction de Pau. Elle avait vécu ces quelques jours comme un merveilleux moment de répit. C'était terminé.

8

Le défilé se poursuivait depuis plus d'une heure. Richard Morani avait délaissé le fauteuil qui lui était réservé et seul, à l'écart de la foule, il guettait les réactions des invités triés sur le volet. Il n'avait même pas touché à la coupe de champagne qu'on lui avait servie. Il était impressionné par le caractère des modèles qu'il découvrait. La gamme des matières, l'explosion des couleurs… Diane s'était inspirée de la mode slave, de longues jupes de tissus colorés, des boléros brodés, des vestes de brocart aux manches ballon demi-longues, des pantacourts bouffants insérés dans des bottes de cuir… Du crêpe, du satin, du taffetas. Cette nouvelle collection était une jolie réussite. À l'instar de la robe de mariée qui clôturait le défilé. Sur fond de tulle doublé de dentelle, la jupe en corolle et le bustier, finement décolleté, étaient décorés de fleurs fraîches. Une pure merveille ! Diane n'avait pas sa pareille pour créer de nouvelles tendances, du classique revisité au moderne un brin provocant. La jeune Noémie qu'il avait pressentie pour la remplacer ne possédait pas la moitié de son talent. Il chercha la jeune fille dans la foule et la vit, flirtant ouvertement avec un photographe. Son regard se posa alors sur Diane. Sa tablette à la main, elle observait les tenues qui défilaient, prenait des notes. À quoi pensait-elle ? Il tentait d'imaginer ce qu'elle éprouvait à cause de l'ultimatum qu'il lui avait imposé. Avait-il commis une erreur ? Certes, il avait besoin d'une créatrice sur laquelle il pouvait compter et il n'avait pas pour habitude de s'apitoyer sur les problèmes personnels de ses collaborateurs. Toutefois, il sentait qu'il devait revenir sur sa décision, trouver un compromis. Après réflexion, il but son champagne et décida d'attendre. Il savait que plus il laisserait Diane dans l'expectative, plus elle serait encline à accepter une nouvelle proposition.

Après le défilé, Diane évita son patron et devina qu'il la fuyait aussi. Son air soucieux et renfrogné ne lui avait pas échappé. Elle n'en connaissait pas la raison, mais elle ne pouvait s'empêcher de s'en réjouir. La facilité avec laquelle il l'avait déjà remplacée réveillait en elle une froide colère.

Toute la semaine, elle travailla sans relâche aux ajustements de la collection et le vendredi, elle décida de s'accorder l'après-midi. Elle reprit sa voiture à la gare de Verrières et rentra directement chez elle. Elle disposait de quelques heures avant d'aller chercher Aude à la sortie de l'école. En découvrant l'appartement désert, elle se sentit d'humeur lugubre. Ces quelques jours dans le Béarn avaient tout changé. Les journées s'étaient succédé, emplies d'émotion, de petits bonheurs inattendus. Elle avait vu Aude sourire, jouer. Et depuis qu'elle était de retour, elle ne pouvait chasser cette sensation oppressante d'être engloutie dans un océan d'appréhension, de questionnement sans fin. Elle erra comme une étrangère dans le décor familier où le moindre geste était douloureux. Rémy… Dieu, que son absence était difficile à assumer ! Ses vêtements étaient toujours alignés dans la penderie, mais il manquait un couvert sur la table. Il manquerait toujours un peu de lui quelque part.

En quelques jours, Aude avait perdu sa mine enjouée. Elle dormait de nouveau avec elle et se réveillait plusieurs fois chaque nuit. Elle pleurait, réclamait son père, Diane la consolait. Elle ne se rendormait jamais après cet intermède, guettant le moindre soubresaut du petit corps serré contre le sien.

Ce matin, Aude avait pleuré à gros sanglots lorsqu'elle l'avait déposée chez la nourrice. Et cela se produisait presque tous les jours. Diane avait le cœur gros devant le spectacle de sa fille en pleurs qui la regardait monter dans sa voiture. Que pouvait-elle lui dire ? Chaque jour, elle prenait conscience de son incapacité à trouver les mots pour la réconforter. Ça ne pouvait plus continuer…

Diane fit un effort sur elle-même pour émerger de sa torpeur. Elle prit un sac poubelle dans la cuisine et, les mâchoires crispées, elle vida l'armoire à pharmacie et le placard de la salle de bain de tout ce qui appartenait à Rémy, les brosses à dents, les tubes de dentifrice et de crème à raser à moitié remplis, les eaux de toilette, l'après-rasage. Tôt ou tard, elle devrait faire de même avec les vêtements mais, pour l'instant, c'était au-dessus de ses forces. Elle jeta le sac poubelle dans le vide-ordures, puis elle sortit l'aspirateur et entreprit le grand ménage. En nettoyant la salle de bain, elle poussa le meuble à tiroirs près de la fenêtre et apprécia la place ainsi dégagée. Elle ressentit alors un brusque désir de changement. Dans sa chambre, elle déplaça la commode, fit glisser le lit du côté opposé de la pièce. Le fauteuil et le guéridon trouvèrent naturellement leur emplacement près de la baie. Puis elle s'attaqua au séjour. Une modification par-ci, un petit bouleversement par-là, et elle eut l'impression de se trouver dans un nouveau décor, plus spacieux, plus aéré. Elle anticipait déjà les questions d'Aude. Elle lui proposerait de déménager sa propre chambre pendant le week-end. Pourrait-elle, même un court instant, la distraire de son chagrin ?

Soudain, Diane regarda l'heure. Avant de ressortir, elle dressa la liste des courses et composa le numéro de téléphone du psychologue que lui avait recommandé l'institutrice de sa fille. L'assistante du docteur Marceau lui donna rendez-vous le vendredi suivant à 17 heures. Diane invoqua ses horaires, ses trajets, mais la secrétaire lui signala courtoisement que le cabinet fermait à 17 heures 30.

Les nerfs en capilotade, Diane affronta une nouvelle grève des chemins de fer. Elle subit des journées de galère, bloquée dans des encombrements sans fin, et lorsqu'un collègue lui demanda en plaisantant si elle soutenait les grévistes, elle se rendit compte qu'elle était à deux doigts de le frapper. Elle mesura alors son état de nervosité. Vendredi, elle frôla le burn-out. Elle avait suffisamment travaillé toute la semaine pour se réserver la fin de l'après-midi. Ignorant délibérément les réflexions désobligeantes, elle ferma son bureau et quitta Paris avant les bouchons du week-end.

Puis elle attendit Aude à la sortie de l'école et elle la conduisit au cabinet du psychologue. Une pluie fine tombait sur la ville. Diane tourna dix minutes avant de trouver une place libre. Finalement, elle se gara sur un emplacement réservé au personnel du cabinet médical. Tant pis… Le décor de la salle d'attente la surprit. Pas de journaux périmés ou de fauteuils en rotin délabrés. La pièce était claire, meublée de sièges en plexiglas dispersés autour d'une table basse où s'entassaient des bandes dessinées et des revues sur papier glacé invitant au voyage. Diane et Aude attendirent quelques minutes et la porte s'ouvrit sur une jeune femme. Diane se leva : « Nous avons rendez-vous avec madame Marceau.

— C'est moi.

Diane observa la jeune fille aux yeux candides cernés de lunettes noires griffées d'un grand couturier. Elle se demanda ce qu'elle pouvait connaître de la vie, d'un veuvage ou du traumatisme d'un enfant orphelin. La psychologue souhaita lui parler en privé et confia Aude à son assistante. Dans le cabinet, le blanc prédominait et la lumière du jour entrait par deux fenêtres en vis-à-vis, éclairant les lignes discrètes du mobilier contemporain. À la demande du médecin, Diane prit place et expliqua la mort de Rémy, la nécessité pour Aude de parler à quelqu'un.

— Et vous, éprouvez-vous le besoin de parler à quelqu'un ? demanda la jeune femme.

Diane resta interdite. Madame Marceau l'observa sans mot dire. Le silence se prolongea et devint pesant.

— Au risque de vous paraître impolie, je ne crois pas être la priorité, réfuta Diane, je suis parfaitement capable d'affronter la situation. C'est ma fille dont il s'agit.

Les doigts croisés, la jeune femme la fixait toujours.

— Je vois... Votre enfant est bouleversée par la mort de son père, d'autant plus que, si j'ai bien compris, elle était seule présente lors du décès. Elle a vécu un moment terrible où tous ses repères ont volé en éclats. L'enfance est une phase de construction de la personnalité et de dépendance affective. Dans l'équilibre d'Aude, un maillon de la chaîne est rompu. Votre rôle est devenu capital et votre capacité à gérer son mal-être primordiale. Nous en reparlerons un peu plus tard. En attendant, je vais recevoir votre fille.

Agacée, Diane se leva et sortit du cabinet au moment où Aude entrait.

— À tout de suite, ma puce. Je suis là, juste à côté.

Elle prit un siège dans la salle d'attente, ouvrit des magazines qu'elle referma brutalement. Elle gardait les yeux rivés sur la porte du cabinet. Aude ressortit vingt minutes plus tard et Diane devina qu'elle avait pleuré.

— Voyez avec mon assistante pour régler les formalités et fixer un autre rendez-vous, dit la psy sur un ton affecté.

Diane ne prit pas la peine de répondre et suivit la secrétaire dans le bureau annexe. Elle fournit les informations requises et s'accorda avec l'assistante sur un calendrier de rendez-vous, en se demandant par quel miracle elle pourrait le respecter. Elle sortit du cabinet médical profondément perturbée. Elle rejoignit sa voiture et installa Aude à l'arrière. Pendant le trajet, la fillette ne dit pas un mot, et Diane se garda bien de la questionner.

Dès qu'elles entrèrent dans l'appartement, Aude se pelotonna au milieu des coussins du canapé et se mit à pleurer.

— Je ne veux plus retourner chez la dame, maman.

— Elle n'est pas gentille ?

— Si, mais elle m'embête, elle me demande si on a des amis, je sais pas quoi répondre. Elle veut que je joue avec des cubes, et à l'école mes copines ont dit que c'était mal de jouer quand son papa est mort. Je veux plus y aller, maman. Je veux rester ici avec toi et je voudrais mon papa.

Diane la prit dans ses bras, elle posa sa joue sur ses cheveux et la berça jusqu'à ce que ses sanglots s'apaisent. Elle attendit longtemps avant de contempler son petit visage, redevenu paisible. Comment lui expliquer que son père ne reviendrait plus ? Elle la serra très fort, troublée par son odeur de bébé. Diane n'en finissait pas de lutter contre un immense sentiment de culpabilité. Aude n'était qu'un bébé et elle la traitait en adolescente ! N'était-ce pas ce qu'elle n'avait cessé de reprocher à sa propre mère ? De l'avoir poussée à grandir trop vite, de lui avoir fait endosser prématurément le rôle de l'adulte qu'elle n'avait jamais été elle-même. Le comble était que Laurette semblait toujours surprise, voire contrariée devant la maturité de Diane. « Je me demande si tu as jamais été jeune, ma pauvre fille ! » lui lançait-elle souvent. Il s'en fallait de peu que sa mère ne lui reproche de ne pas trouver en elle la bonne copine avec qui faire la fête. En grandissant, Diane était certainement passée à côté des multiples bonheurs de l'adolescence. Mais à qui la faute ? Une question qu'elle n'avait jamais posée. Connaissant le caractère prompt à s'emporter de sa mère, elle serrait les poings et ne répondait pas.

Diane refoula ses souvenirs et s'efforça de respirer lentement, étonnée de n'éprouver aucune envie de pleurer, aucun tremblement. Depuis quelques jours, la rage avait pris le pas sur son chagrin. En dépit des changements c'était toujours aussi difficile de vivre dans cet appartement où tout avait été amoureusement pensé pour trois. Elle y avait trop de souvenirs, et la présence de Rémy s'imposait partout. C'était aussi ce qu'Aude ressentait et elle était sans défense face au drame qu'elle vivait. C'était à elle de la protéger.

Au bureau, Diane ne laissa rien paraître de son désarroi. Elle rencontra des grossistes, assista à un défilé de la concurrence, sélectionna des tissus pour la prochaine collection printemps-été. Le jeudi, elle s'assura qu'Aude pourrait dormir chez la maman d'Élodie. Et à 19 heures, elle se rendit au cocktail organisé par l'Interprofession des métiers de la mode. Dans le somptueux décor du Plaza Athénée, les couturiers et les créateurs côtoyaient leurs clients français et étrangers. Comme à l'accoutumée dans ces réceptions, Diane échangea des poignées de main, des cartes de visite, mais les regards étaient différents, elle eut l'impression d'avoir déjà quitté la maison Morani.

Soudain, au détour du bar, elle tomba sur Hilde Dortman. Richard Morani multipliait les approches pour travailler avec cette importatrice qui gérait un réseau de boutiques haut de gamme en Allemagne. Morani avait toujours échoué. Diane convia l'acheteuse à prendre un verre et elles s'installèrent sur une table haute nappée de blanc. Des serveurs passaient parmi les invités avec des flûtes à champagne et des plateaux garnis de canapés.

— Que pensez-vous des nouvelles tendances ? demanda Diane.

— J'aime assez.

Diane avait pris soin d'emporter son *style book* et elle montra quelques croquis à Hilde Dortman. Celle-ci feuilleta les pages lentement, revint à la première et recommença.

— J'ai toujours apprécié ce que vous faites, Diane, mais c'est l'idée de travailler avec Morani qui ne m'enchante pas. J'ai entendu certains collègues se plaindre de fréquents retards de livraison, de délais de paiement trop courts. Et il refuse de s'adapter au marché.

— Pourriez-vous être plus précise ?

— Pour certaines de mes boutiques, j'ai besoin de modèles spécifiques et de séries limitées pour satisfaire une clientèle aisée et sensible à la *french touch*, dans un style haut de gamme. Pour une question de coûts, j'imagine, Morani refuse ce principe des petites séries.

Elle se détourna une minute et salua quelques personnes qui défilaient dans les allées.

— J'aime vos modèles, Diane, reprit-elle dès qu'elles se retrouvèrent seules, et je suis sûre que mes clientes les adoreraient aussi. Mais les importer coûte de plus en plus cher. Ce serait beaucoup plus rentable de les confectionner sur place.

— Les confectionner en Allemagne ? Je doute que ce soit aussi simple.

— J'ai un partenariat avec des ateliers de couture, expliqua Hilde Dortman en cueillant une coupe de champagne sur le plateau que leur présentait un maître d'hôtel. Nous pourrions nous associer, qu'en pensez-vous ?

— Pour l'instant, je travaille encore pour Morani…

— Pour l'instant ? Envisageriez-vous de le quitter ?

— Je ne sais pas encore… Et les tissus pour vos modèles ? ajouta Diane avec une arrière-pensée.

Elle évoqua l'usine de son beau-père.

— Je suis tout ouïe ! s'écria Hilde Dortman. Dites-moi tout !

Diane décrivit la qualité et la variété des étoffes, mais aussi l'obligation de renouveler la gamme, de rajeunir le style.

— Et vous vous chargeriez du design ?

— Peut-être, reconnut Diane.

— Dans ce cas, je suis doublement intéressée. J'ai un excellent créneau de distribution pour du tissu d'ameublement haut de gamme. Je ne sais pas si c'est le cas en France mais, en Allemagne, une mode est en train de prendre un essor incroyable, le *home made*.

Diane avait entendu parler de cette nouvelle tendance du « fait-maison ». Existait-il un marché à exploiter et était-elle en capacité d'aider Guy en rajeunissant sa gamme de tissus ? Il était temps qu'elle étudie avec attention les bilans de la société, comme elle le lui avait promis.

— Je suis ouverte à toute proposition venant de vous, conclut Hilde Dortman en levant sa coupe de champagne en direction de Diane.

— Laissez-moi un peu de temps, j'ai besoin d'y réfléchir.

Elles vidèrent leur coupe, grignotèrent quelques canapés, puis Hilde Dortman quitta son siège.

— Vous avez mes coordonnées, Diane. Restons en contact, d'accord ?

Elles se séparèrent sur une poignée de main et Diane suivit Hilde des yeux tandis qu'elle discutait en passant d'un groupe à un autre. Puis Diane l'imita, impatiente de recueillir d'autres renseignements. Elle rencontra des clients qui n'hésitèrent pas à lui confier leurs inquiétudes. La production française devenait trop chère, il y avait trop d'intermédiaires. Elle prit soin de noter ce florilège d'informations dans un coin de sa tête. En se promenant au milieu des invités, elle observait ce que portaient les femmes autour d'elle et elle sut d'instinct ce que serait la nouvelle mode.

Tout à coup, elle aperçut Morani à l'autre bout de la salle de réception, Noémie suspendue à son bras. Diane s'éclipsa, lasse de cette foule bruyante et de sa longue journée.

À peine installée dans le train, elle sortit un carnet de dessin et commença à tirer quelques traits, quelques courbes, et esquissa des motifs de tissu, un jeu subtil d'arabesques… Elle imaginait les nuances. En peu de temps, elle couvrit plusieurs feuilles de croquis et de notes.

La seconde visite chez la psychologue tourna au désastre. Diane attendit Aude à la sortie de l'école et lorsque la fillette comprit où elles allaient, elle piqua une colère :

— J'irai pas !

— Il le faut ma puce, nous avons rendez-vous.

— Je m'en fiche, je ne veux pas y aller.

Diane prit la direction du cabinet médical. De temps à autre, elle regardait le visage renfrogné de sa fille dans le rétroviseur. Au moment de descendre de voiture, Aude repoussa sa mère.

— Je veux pas, laisse moi ! T'es méchante avec moi.

— Mais non, mon cœur…

— Si ! Depuis que mon papa est mort, tout le monde est méchant avec moi. Je sais bien que Cristelle veut pas me garder le soir, et même Élodie, elle arrête pas de me dire que j'aurai plus jamais de père parce que c'est de ma faute si le mien est mort. Et toi, tu me forces à aller chez la nounou. J'en ai marre.

— Je ne peux pas faire autrement, ma puce. Je pars tôt le matin et je dois travailler.

— T'as qu'à faire un autre travail !

La fillette tapait du poing sur le siège de la voiture.

— J'irai plus chez la nounou, je la déteste… et toi aussi je te déteste !

Diane se mordit les lèvres jusqu'au sang. Le cœur serré, elle résista à l'envie d'annuler le rendez-vous et entraîna sa fille derrière elle, sa petite main pétrie dans la sienne.

À la fin de la consultation, madame Marceau reconduisit Aude dans la salle d'attente et demanda à s'entretenir avec Diane.

— Elle va bien ? demanda Diane avant même d'être assise en face de la thérapeute. J'ai eu toutes les peines du monde à la conduire jusqu'ici.

— Elle me l'a dit, en effet. Peut-être réagit-elle ainsi parce qu'elle devine votre réticence ?

— Je vous demande pardon ?

— Chez l'enfant, comme chez l'adulte, la disparition d'un proche est une épreuve difficile. L'acceptation est la première étape du deuil. Or, Aude est toujours dans le déni. Et l'enfant calque souvent son comportement sur celui des adultes qui l'entourent. Bien assisté, un jeune enfant arrive à comprendre que la mort fait partie de l'ordre naturel des choses.

Diane croisa les bras dans une attitude défensive. Pour qui se prenait-elle, cette gamine avec son air condescendant ?

— Madame Borie, je suis là pour vous aider, Aude et vous. Et j'avoue que je suis inquiète à votre sujet. Pour vous aussi le fardeau est lourd.

— Je vous remercie de ce que vous faites pour Aude, mais moi, je vais bien.

— Je n'en suis pas si sûre. La guérison de votre fille passe par l'aide dont vous avez besoin, vous aussi. Je peux vous proposer le nom de divers groupes de soutien et vous adresser à un confrère plus âgé, si vous pensez que vous vous sentirez plus à l'aise.

Diane se leva et se dirigea vers la porte. Soudain, elle fit volte-face, furieuse :

— Je n'ai pas été assez claire ? Je n'ai pas besoin de vous, et je vous interdis de vous mêler de ma vie.

Diane sortit en claquant la porte, bien résolue à trouver un autre thérapeute pour sa fille. Et en effet, plus âgé.

9

Diane ne sollicita pas de nouveau thérapeute. Les visites chez la psychologue ajoutées aux longues heures qu'Aude passait chez l'assistante maternelle, c'était trop exiger d'elle. Depuis leur retour du Béarn, elle parlait souvent de ses grands-parents avec une tristesse à fendre le cœur. Elle s'asseyait dans le salon où elle avait regroupé tous ses cadeaux de Noël. Elle les regardait, les déplaçait mais elle ne jouait plus. Ses nuits étaient peuplées de cauchemars, elle se réveillait en pleurs. Diane la consolait, lui préparait une tasse de lait. Aude rendormie, elle attendait le lever du jour, les yeux ouverts dans le noir. Le café l'aidait à tenir le coup, mais les après-midi lui paraissaient interminables.

Mi-janvier, les cheminots cessèrent leur mouvement de grève et le rythme de Diane s'allégea quelque peu. Elle arrivait au bureau à l'heure, partait suffisamment tôt le soir pour aller chercher Aude chez la nourrice. Le soulagement sur son petit visage en la voyant arriver la bouleversait. Elles allaient faire quelques courses, puis Diane tentait d'impliquer la fillette dans la préparation du dîner. Ensuite, dès qu'elle était couchée, Diane s'installait dans le salon et étudiait les bilans de Béarn Tissus. Elle analysa des colonnes de chiffres et établit des graphiques. Les résultats n'étaient pas si négatifs que cela, mais prisonnier d'une conjoncture quotidienne difficile, son beau-père ne raisonnait plus en termes de croissance et de développement. Elle l'appela afin d'obtenir de plus amples renseignements, il la mit en relation avec Patrick Extandi, le contrôleur de gestion de la société. Ce dernier tomba d'accord avec elle sur plusieurs points positifs. Elle le pria de chiffrer les économies possibles, de faire un état des lieux circonstancié de l'outil de travail et des investissements les plus urgents.

Le mardi suivant, Diane renonça à sa pause déjeuner. En décalant ses horaires de travail, elle put ainsi consacrer une heure et demie à des tâches personnelles. Elle appela d'anciens clients de Guy et se présenta comme un éventuel repreneur de la société. Tous lui opposèrent les mêmes arguments. Ils ne remettaient pas en cause la qualité des tissus, mais les marchés avaient changé, les modes aussi. La production de Béarn Tissus n'était plus adaptée à la nouvelle clientèle qui cherchait des tissus légers, élégants, à des prix abordables. Elle entendit certains grossistes évoquer le *home-made* cher à Hilde Dortman et découvrit que les français s'avéraient d'excellents bricoleurs, soucieux d'apporter leur touche personnelle à la décoration de leur intérieur. La confection des rideaux, des courtepointes, des coussins était devenue un véritable hobby.

Six autres jours s'écoulèrent. Chaque matin, Diane s'achetait un sandwich et, à l'heure du déjeuner, elle courait les magasins de tissus dans divers arrondissements de la capitale. Elle remarqua des jacquards, des velours de mohair, des collections de toiles de lin, de coton… des tissus d'ameublement aux coloris chatoyants, aux motifs tendance dans une gamme de prix répondant à tous les budgets. Et pourtant, peu de ces tissus possédaient les matières exceptionnelles produites par l'usine de son beau-père. Elle interrogeait les chefs de rayon à propos de leur approvisionnement. Ils lui citèrent plusieurs grossistes qui avaient pignon sur rue, mais ils lui apprirent aussi que les tisserands étaient de plus en plus enclins à les démarcher en direct pour des produits de qualité. Emportée dans son élan et sa curiosité, elle prit le temps de visiter plusieurs boutiques de linge de maison. Tulle, voilage, percale, elle admira les rideaux et s'attarda longtemps dans le rayon des nappes, des parures de lit en flanelle ou en satin. Tandis que les tissus lui glissaient entre les doigts, elle pensait à Guy. Et l'idée lui traversa l'esprit pour la première fois !

Le week-end suivant, Diane se montra d'une efficacité redoutable. Elle régla les factures en attente, mis sa messagerie électronique à jour, et fit des emplettes pour toute la semaine. La femme de ménage n'avait pas eu le temps de repasser le linge, elle s'y attela. Des bourrasques de vent et de grêle balayaient la région décourageant la moindre envie de mettre le nez dehors. Elle décida que ces deux jours seraient un précieux moment de *cocooning*.

— Et si on faisait des crêpes ?

— C'est moi qui mets le sucre ! s'écria Aude, ravie.

Diane prépara la pâte, sortit la poêle et le beurre et se lança avec un peu d'appréhension. C'était Rémy le spécialiste des crêpes et des gaufres. Comme c'était difficile d'apprendre à vivre sans lui ! Il lui manquait tellement, sa tendresse, leur complicité, l'intimité de leurs étreintes.

Diane surveillait sa fille du coin de l'œil.

— Tu vas te brûler les doigts, ma puce, attends que les crêpes refroidissent un peu avant de les sucrer et de les plier en quatre.

Elle essaya d'engager la conversation sur l'école, la sortie prévue la semaine prochaine, mais Aude restait sur la défensive et Diane n'insista pas. Dans le plat isotherme, les crêpes formaient une montagne de petits éventails saupoudrés de sucre.

— Maman, je voudrais bien en goûter une.

— Qu'est-ce qu'on dit ?

— S'il te plaît, maman.

Aude dégusta sa crêpe avec un plaisir manifeste qui donna à Diane l'envie de l'imiter. Lorsqu'elle eut terminé de cuire la pâte, elle nettoya la vaisselle et la plaque de cuisson. Ensuite, elle proposa à Aude d'appeler ses grands-parents. Les babillages durèrent presque une heure mais, en raccrochant, la fillette parut plus détendue. Elle regarda ses programmes favoris une bonne partie de l'après-midi et finit par s'endormir sur le canapé. Diane la laissa se reposer. C'était un crève-cœur de la tirer du lit tous les matins à cinq heures. Elle se prépara un thé et sa tasse à la main, elle rejoignit le bureau de Rémy. La veille, elle avait sorti tous les documents relatifs à la succession. La compagnie d'assurances lui avait versé le capital de l'assurance-vie et son banquier lui avait suggéré divers placements pour lesquels elle n'avait encore rien décidé. Elle nota le montant sur une feuille de papier, y porta le solde de ses économies et la somme avancée par Morani dans le cas où elle démissionnerait. En triant les papiers de Rémy, elle avait déniché le dossier financier de l'agence immobilière, le montant des parts de Rémy et leurs dividendes annuels. À cela s'ajoutait l'appartement dont elle était propriétaire à part entière, le reliquat des échéances ayant été pris en charge par la prévoyance décès contractée en même temps que les emprunts. Et la valeur locative de l'appartement n'était pas négligeable. Elle était à l'abri du besoin pendant une période confortable, et bénéficiait même d'une certaine marge de manœuvre si elle voulait investir.

Les idées tourbillonnaient dans sa tête. Elle se laissa guider par une vague d'espoir, de rêves, avec la tentation folle de les réaliser ! Quelque chose changeait en elle. Une page se tournait, imperceptiblement. Elle allait proposer à Guy de modifier la stratégie de commercialisation de Béarn Tissus, de s'employer à trouver de nouveaux marchés. Et pourquoi ne s'accorderait-elle pas une année sabbatique pour l'aider ? À peine formulée, cette idée lui plut car elle résolvait la plupart des difficultés dans lesquelles elle s'empêtrait depuis le décès de Rémy. Étape après étape, son plan prenait forme, et toutes sortes d'hypothèses lui venaient à l'esprit. Elle écarta les plus hasardeuses. Mais elle était certaine d'avoir un atout dans son jeu grâce à ses relations avec Hilde Dortman et le *home-made*. Entre autres…

Dimanche matin, elle se leva aussi tôt qu'un jour de semaine. Avant qu'Aude ne s'éveille, elle se replongea dans ses papiers et peu à peu une stratégie se profila. Elle ne cessait de penser à ses découvertes dans les boutiques de linge de maison… Les images tournaient en boucle. Elle fit une longue incursion dans ses armoires, sortit les nappes, les housses de couette, étudia les étiquettes. Et l'idée qui germait dans son esprit depuis quelque temps se précisa subitement. Et pourquoi pas ? En dépit de l'heure matinale, elle appela Guy et lui proposa de venir quelques mois à Lhèze pour l'aider à redresser l'entreprise.

— À mon avis, il est possible de donner une nouvelle tendance à la production. J'ai couru toutes les boutiques de tissus depuis une semaine, j'ai noté les styles, les prix… Et j'ai quelques idées pour rajeunir la gamme et changer l'approche de la clientèle.

Dans un premier temps, elle préféra ne pas aborder le deuxième volet de ses projets. Il n'était pas encore assez abouti.

— Mais Diane, et votre travail ?

— Je suis déjà sur un siège éjectable maintenant que je ne peux plus travailler dix heures par jour.

— Comment allons-nous nous y prendre ? demanda Guy.

— Voilà ce que je vous propose. Trouvez-moi une maison à louer et, de mon côté, je mets tout en place pour m'octroyer une année sabbatique.

— Et si ça ne marche pas ?

— J'aurai toujours la possibilité de prendre la place de Rémy à l'agence.

Au cours de ce long week-end de réflexions diverses, elle avait même étudié la profession d'agent immobilier. Elle ne doutait pas un seul instant qu'elle saurait s'y impliquer si ce moment venait. Et d'autant plus aisément qu'elle était, de fait, actionnaire de l'agence.

— Je ne sais que vous dire, mon petit, avoua Guy. Je suis tellement heureux… et quelque chose me dit que nous allons réussir !

Diane fut saisie d'un élan de tendresse pour son beau-père. Non seulement, il approuvait sa démarche, mais il croyait en elle. Elle reposa le combiné et demeura un instant perdue dans ses réflexions. Le projet était lancé. Et après ? Il était si vaste cet après qu'il prenait des allures d'abîme. Au lieu d'une simple détente, ses vacances de Noël en Béarn devenaient un véritable projet de vie.

La semaine suivante fut fertile en événements. Au bureau, Diane mena plusieurs réunions. Puis elle sollicita un entretien avec son patron. D'emblée, elle perçut un changement subtil dans son attitude. Elle lui annonça qu'elle donnait sa démission et qu'elle était prête à négocier. Elle s'attendait à devoir batailler mais, contre toute attente, Morani accepta ses conditions.

— Prenez-vous la place de votre mari ?

— Je ne sais pas encore, mais permettez-moi de vous dire que c'est mon affaire !

— Certes, répliqua Morani, quelque peu déconfit par sa réaction à la limite de l'agressivité. Mais je voulais vous proposer un compromis qui vous permettrait de garder vos marques dans la mode. J'ai toujours apprécié votre style et certaines de nos clientes ne jurent que par vos créations. Si vous travailliez à l'agence de votre mari, vous pourriez continuer à dessiner quelques modèles pour chacune de mes collections. Qu'en dites-vous ?

Elle n'en disait rien. Elle le regardait. Elle s'était crue liée à lui par des années de passion commune pour la mode. Au lieu de cela, elle n'éprouvait qu'une profonde répugnance. Elle promit de réfléchir cependant.

De retour dans son bureau, elle n'hésita pas une seconde à copier certains fichiers de clients et de fournisseurs sur une clé USB qu'elle glissa dans son sac. « À salaud, salaud et demi… »

Chaque soir elle vaquait à ses occupations, passait le plus de temps possible avec sa fille. Puis elle s'installait dans le bureau de Rémy et veillait jusqu'à ce qu'elle tombe de sommeil. Armée de marqueurs fluo, elle cochait, paraphait, dressait des budgets prévisionnels. Et peu à peu, elle sut ce qu'elle voulait. Une idée folle, peut-être, mais qui l'obnubilait… Monter une société parallèle à Béarn Tissus afin de créer une ligne de linge de maison haut de gamme. Une véritable exaltation s'empara d'elle mais elle ne pouvait pas s'empêcher de s'inquiéter. Faisait-elle le bon choix ? Elle n'avait jamais imaginé un seul instant de travailler à son compte. C'était l'entreprise qui venait à elle, qui s'imposait à elle jusqu'à la frénésie. Et si c'était une folie ? La première folie de sa vie… Pourtant, en y réfléchissant, elle avait la certitude que son projet était viable.

Malgré cela, des doutes subsistaient. Elle devait penser à Aude et à leur avenir. Elle prit alors rendez-vous avec un avocat. C'était un ami de Rémy qu'elle avait rencontré lors d'une soirée. Il sut la mettre en confiance, et elle exposa ses projets et les inquiétudes qui la taraudaient. La rupture de son contrat de travail, sa position vis-à-vis de l'agence immobilière. L'avocat lui apporta une lecture clairvoyante de la situation et des conseils judicieux. À tel point que Diane se promit de faire appel à lui plus tard, si elle rencontrait la moindre difficulté dans ses activités futures.

Un soir de cette même semaine, Diane rentra plus tôt et s'installa dans le bureau de Rémy. Les tiroirs étaient pleins de dossiers étiquetés avec précision et liés à l'activité de l'agence. Elle emplit trois boîtes à archives, enfila son manteau et traversa résolument la rue. L'accueil de Paul et Cristelle fut glacial. L'ambiance se dégrada encore lorsqu'elle annonça son intention de s'accorder une année sabbatique avant de prendre une décision.

— Dans un an, soit je vendrai les actions de Rémy soit je prendrai sa place.

— On ne va pas attendre un an, quand même ? s'exclama Cristelle.

Diane coupa court aux récriminations. Elle leur laissa entendre qu'ils n'avaient pas le choix. Elle leur suggéra d'embaucher un collaborateur sous contrat et s'engagea, pour aider au financement de cette charge, à renoncer aux dividendes des actions de Rémy pendant l'année à venir. Elle avança des chiffres en se gardant bien de préciser que son avocat avait consulté les derniers bilans de l'agence, largement excédentaires. Paul et Cristelle regimbèrent mais, face à sa détermination, ils acceptèrent le compromis. Diane quitta leur bureau sans un au revoir. Puis elle alla chercher Aude à la sortie de l'école. De retour à l'appartement, elle lança le sèche-linge, plia les draps et les serviettes en réfléchissant à la conversation qu'elle devait avoir avec sa fille. Puis elle prépara le dîner et dressa deux plateaux qu'elle emporta sur la table basse du salon.

— Super ! s'écria Aude, c'est comme chez mamy.

— Mais nous n'avons pas de cheminée. – Diane hésita un peu, chercha les mots qui pourraient toucher une enfant de cinq ans. – Au fait, je voulais te demander, ma puce : tu aimerais qu'on habite à côté de chez papy et mamy ? Je travaillerais avec papy et toi, tu irais à l'école là-bas.

— À la montagne ?

— Oui, qu'en penses-tu ?

— Je verrai plus Élodie ?

— On lui proposera de venir te rendre visite pendant les vacances. Elle sera sûrement ravie, c'est joli la montagne !

— Et tu me trouveras une autre nounou ?

— Non, je ne crois pas. J'aurai encore beaucoup de travail, mais je suis sûre que mamy acceptera de te garder après l'école.

Aude faillit renverser son plateau.

— Oh oui, oui ! s'écria-t-elle en battant des mains.

Un peu plus tard, Diane appela ses beaux-parents et demanda à Marthe de trouver une école pour Aude.

— Nous arriverons pour les vacances de février !

En raccrochant, elle s'appuya sur le dosseret de son fauteuil et ferma un instant les yeux. La perspective de tout recommencer l'excitait et la terrorisait en même temps. Mais elle sentait ce désir au fond d'elle, une soif impérieuse de prendre un nouveau départ.

Diane rencontra son patron une dernière fois. Ils arrêtèrent les dates de son préavis, largement compensé par tous les jours de congés qu'elle n'avait pas encore pris. Elle peaufina les détails de son départ et Morani accepta le protocole sans regimber. Toutefois, il renouvela sa proposition de collaborer avec la société en free-lance. Elle ne ferma pas cette porte, se gardant bien de préciser que Hilde Dortman, avec laquelle il rêvait de travailler depuis si longtemps, lui avait fait une proposition analogue.

Diane n'avait pas achevé son temps de travail réglementaire qu'elle aperçut la jeune et ravissante Noémie arpenter les bureaux et les ateliers en compagnie de Morani. Pauline proposa à Diane d'organiser un apéritif pour son départ, elle lui en sut gré mais refusa. Le dernier jour de la semaine, elle accomplit son travail jusqu'à l'ultime minute, salua quelques collègues, ignora les autres et passa devant le bureau de Morani sans s'arrêter.

Lorsqu'elle referma la porte de l'immeuble derrière elle, elle sentit qu'un long chapitre de sa vie s'achevait.

Le 28 février, toutes les valises étaient bouclées. Diane fit dix fois le tour de l'appartement pour être sûre de ne rien oublier. Ce n'était pas une mince affaire de préparer des bagages pour un séjour dont on ignorait la durée ! La voiture était pleine à craquer. Des vêtements, des livres, les papiers importants et tout son matériel de bureau. Elle prit son ordinateur et celui de Rémy. Aude s'amusa à caler ses jouets, ses DVD dans les interstices entre deux sacs ou deux cartons.

Diane coupa l'eau et le gaz dans l'appartement, enclencha l'alarme et ferma la porte à double tour. Aude était aux anges. Depuis qu'elle avait appris qu'elles partaient vivre chez ses grands-parents, elle ne tenait plus en place. Diane l'installa sur le siège enfant. Elle démarra enfin la voiture et programma le GPS. Un frisson la parcourut. Elle s'arrêta net le cœur battant. Pour la première fois depuis de longues semaines, elle eut l'impression de choisir son destin. Et elle était prête à assumer ce choix.

10

Après une halte à Bordeaux où elles visitèrent le village du meuble et de prestigieuses boutiques de tissus, Diane et sa fille arrivèrent à Lhèze le mardi en fin de journée. La voiture à peine arrêtée, Aude se précipita dans les bras de sa grand-mère tandis que Guy et Diane descendaient les bagages. Ils les entassèrent dans le réduit près de la cuisine.

— Montons l'essentiel dans vos chambres, dit Guy, vous verrez plus tard pour le reste.

Marthe avait proposé de les héberger, jusqu'à ce que Diane trouve un logement. Et Guy n'avait pas perdu son temps ! Il avait d'ores et déjà sélectionné deux maisons qui pourraient leur convenir.

— Nous irons les visiter quand vous voulez, dit-il, mais pour ce soir, vous allez vous reposer un peu toutes les deux.

Marthe avait mitonné un bon dîner. Un potage de légumes aux croûtons frits, du poulet accompagné d'une purée de pommes de terre et de carottes.

— Ce sont les légumes du jardin ! précisa-t-elle.

Elle avait prévu des crêpes en dessert pour la plus grande joie d'Aude. La fillette, les joues roses, les yeux pétillants, raconta leur départ de Paris, leur voyage et la halte dans la cafétéria.

— J'ai choisi les plats toute seule et maman les a mis dans mon plateau !

En revanche, leur arrêt à Bordeaux où elles avaient couru les magasins ne l'avait guère intéressée.

— C'était que du tissu, reprocha Aude, y avait même pas de jouets !

Après des heures de babillage, la fatigue eut raison d'elle et elle retrouva sa chambre avec des cris de joie. Diane et ses beaux-parents se réunirent devant la cheminée pour déguster un café et Guy ne put contenir son impatience plus longtemps.

— J'ai déjà organisé une réunion avec les employés jeudi, en fin de matinée. Ils savent que vous nous rejoignez, et comme je n'ai pas pu empêcher les rumeurs de vente de circuler, tout le monde se demande pourquoi vous êtes là !

— C'est parfait, mais au préalable, ce serait bien que nous ayons une discussion avec Michael et Patrick Extandi. C'est un bon gestionnaire que vous avez là, il a été très efficace pour m'aider à établir les prévisionnels.

En buvant son café, Diane croisa le regard de sa belle-mère et remarqua ses sourcils froncés. Désapprouvait-elle ses projets ? Marthe n'avait jamais caché sa préférence pour la vente de la société. Mais Béarn Tissus appartenait à Guy et elle ne pouvait pas l'obliger à s'en séparer. Diane lui adressa un sourire et proposa de leur resservir un peu de café.

— Vous êtes sûre de ce que vous faites ? demanda Marthe en ignorant sa proposition, je me méfie des décisions précipitées. En général elles n'amènent rien de bon.

Diane resta muette un court instant. C'était exactement ce que lui avait dit sa mère en apprenant qu'elle quittait la maison Morani. Laurette était pourtant mal placée pour lui donner des conseils de prudence et en appeler à son sens des responsabilités. Comme si elle n'avait pris que de sages décisions, elle ! Ce jour-là, Diane avait bien failli lui raccrocher au nez.

— J'ai pris toutes les précautions, croyez-moi, répondit-elle enfin à l'adresse de sa belle-mère. Je m'accorde un an, mais je crois qu'il faut tenter le coup.

— Diane a raison, renchérit Guy, d'autant plus qu'elle a tout prévu, y compris un retour en arrière si nous échouons.

Visiblement contrariée, les lèvres pincées en une ligne mince, Marthe rassembla les tasses vides sur le plateau.

— Mais à quoi bon t'entêter ? s'écria-elle en fixant son mari. Tu as fait une belle carrière, tu as réussi tout ce que tu voulais. Que te faut-il de plus ?

— Le tissage, c'est la vie que j'aime, Marthe. C'était le métier de mon père et celui de mon grand-père aussi, et…

— Et tu n'as plus personne à qui le léguer ! Tu ne peux pas te reposer un peu, maintenant ?

Guy avait subitement pâli.

— Mais il y a Diane et Aude.

— Je suis sûre que si tu vendais la fabrique, elles s'accommoderaient tout à fait d'une somme rondelette à faire fructifier.

— Et il y a Michael, objecta Guy, ça fait des décennies qu'il s'investit à mes côtés.

— Michael n'est pas notre fils !

Guy jeta un regard furieux à sa femme mais ne répondit pas. Diane ne laissa rien paraître de son étonnement, mais elle n'en pensa pas moins. Marthe ne l'avait pas habituée à une telle virulence. Elle eut le sentiment que depuis Noël dernier, la situation s'était dégradée entre ses beaux-parents. Elle prétexta la fatigue du voyage et monta se coucher.

Le lendemain matin, elle se leva de bonne heure et descendit, prête à accompagner Guy à l'usine. Elle trouva Marthe dans la cuisine. Elle s'affairait aux préparatifs du petit déjeuner et semblait plus détendue que la veille.

— Prenez votre temps, Diane, je m'occupe d'Aude!

Diane avala un café et rejoignit son beau-père qui l'attendait près de la voiture. En roulant vers la fabrique, elle retrouva tout le charme des routes qui serpentaient au milieu des vallées. Mais le paysage était différent. La neige avait presque disparu des bas-côtés, les conifères avaient retrouvé leur parure sombre. Des crêtes couvertes de forêts déferlaient jusqu'à se noyer dans le ciel traversé par de timides rayons de soleil. En cette fin d'hiver, les paysages s'enluminaient d'une palette de verts. Tout semblait paisible.

À 10 heures, Michael et Patrick Extandi retrouvèrent Guy et Diane dans la salle de réunion. Diane ébaucha les grandes lignes de ses projets et leur remit un dossier circonstancié, étoffé de chiffres, de prévisionnels. Tout était articulé autour d'un vaste plan de relance, et rien n'était laissé au hasard.

Depuis des jours, les idées foisonnaient dans son esprit à une allure telle qu'elle avait empli des carnets de croquis. Elle dressait des listes de matériaux, d'accessoires, s'absorbait dans des calculs. Elle éprouvait la même excitation qu'au début d'une collection.

— Vous êtes les premiers concernés, dit-elle à la fin de son exposé, Michael en tant que directeur adjoint et responsable de la commercialisation, et vous Patrick en tant que financier. Prenez connaissance du projet, examinez-le et nous en discuterons tous les quatre avant de le présenter au personnel.

Lorsqu'elle se tut, le silence s'abattit dans la pièce. Pendant une minute ou deux, personne n'osa le rompre comme si le moindre mot pouvait prendre une importance démesurée.

— Êtes-vous sûre que tout le personnel va adhérer à votre plan ? demanda enfin Michael.

— Je l'espère. Mais vous avez raison de soulever ce point. Il est primordial de recenser les personnes sur qui on peut compter. Par ailleurs, Guy et moi en avons parlé, pour motiver l'équipe nous pourrions envisager une participation aux bénéfices, au fur et à mesure de notre développement.

Patrick avait déjà ouvert le dossier que Diane lui avait remis, il parcourait les graphiques et les comptes rendus d'un œil exercé. Il leva la tête un instant pour approuver l'idée de la participation aux bénéfices. Michael se contenta d'un : « Pourquoi pas ? » laconique. Patrick referma le dossier.

— J'étudierai cela en profondeur après la réunion, mais de prime abord, je crois qu'il faut se lancer.

— Et vous, qu'en pensez-vous ? demanda Diane en se tournant vers Michael.

— Si je comprends bien, je vais devoir vous céder ma place de directeur adjoint ? répondit-il en riant.

Il y avait quelque chose de juvénile dans son rire, et Diane répliqua avec malice :

— Grand dieu non ! J'aurai bien assez de travail avec la création de nos nouvelles lignes sans usurper le vôtre.

Deux jours plus tard, le personnel de Béarn Tissus était rassemblé dans le hall d'entrée. La réunion avait été annoncée depuis quelques jours, et personne ne manquait à l'appel. L'inquiétude se lisait sur les visages. Depuis quelque temps, les rumeurs d'une cessation d'activité allaient bon train. Puis le bruit avait couru que la belle-fille allait reprendre l'affaire.

Dans son speech d'introduction, Guy ne chercha pas à dissimuler les problèmes de l'entreprise et sa tentation de vendre. Mais il réfutait l'idée de céder l'affaire à un promoteur qui transformerait l'usine en parc de loisirs. Diane l'écoutait avec une attention soutenue. Cet homme intelligent, généreux, sur qui le temps n'avait pas de prise, la fascinait.

—Je suis sûr que vous vous rappelez tous ma belle-fille que vous avez rencontrée en décembre, reprit-il…

Il résuma le parcours professionnel de Diane, et annonça qu'elle avait un projet à leur soumettre.

—J'espère que vous y adhérerez, conclut-il, c'est la dernière chance de Béarn Tissus.

Diane effaça les plis de son tailleur et rectifia sa coiffure du bout des doigts. Elle remercia son beau-père et jeta un coup d'œil sur les quelque quarante personnes qui l'entouraient. Elle examina les regards tournés vers elle, y décela des réticences, voire un soupçon d'antipathie chez les employés les plus âgés. En dépit de son âge, elle était la jeune qui avait l'outrecuidance de tout vouloir changer, et la belle-fille de surcroît. Mais la majorité des personnes présentes l'observait avec curiosité et un vague espoir au fond des yeux. Elle prit soudain conscience de ce qu'ils attendaient d'elle et du poids de ses responsabilités. Une vague appréhension lui bloqua la respiration. Allait-elle les décevoir ? Elle croisa le regard de Michael et crut y lire une lueur malicieuse, avec une pointe de provocation. Apparemment, il attendait sa prestation.

Elle s'efforça de refouler ses craintes et se concentra sur son exposé.

— J'ai effectivement étudié un projet qui pourrait être un réel plan de sauvetage, dit-elle.

Et elle appuya cette affirmation d'un sourire et d'un geste large.

— Nous devrons agir sur deux secteurs. D'abord, rajeunir la gamme de tissus d'ameublement. J'ai appelé les clients qui ont lâché Béarn Tissus pour en connaître les raisons, et j'ai visité des magasins spécialisés à Paris et à Bordeaux. Je crois qu'il faut toucher une clientèle plus jeune. Et la mode du *home-made* connaît un véritable engouement. Nous irons dans ce sens en proposant des tissus modernes, faciles à travailler, sans négliger l'élégance, ni la qualité pour autant. Béarn Tissus a déjà tous les atouts pour cela, le coton et le lin où vous excellez ! Outre ces fondamentaux, nous devrons affiner notre gamme en produisant de la percale, de l'étamine, du satin de coton et du linon qui n'est au fond que du lin travaillé et finement aéré. Tous ces tissus peuvent aussi bien servir la mode que l'ameublement.

Elle évoqua Hilde Dortman, l'importatrice allemande à qui elle espérait bien vendre des croquis de vêtements et le tissu pour les confectionner. En parlant, Diane croisa le regard de son beau-père. Il lui adressa un large sourire en hochant la tête. Leur connivence n'échappa pas aux employés. C'était clair, le patron s'appliquait à faciliter l'arrivée de sa belle-fille. Mais tant qu'il était là pour veiller au grain…

— Par ailleurs, reprit Diane, il faudra nous lancer dans la fabrication de tissus synthétiques, tels le polyester et la viscose. Ils sont indispensables pour le deuxième volet de notre projet. Avec mon beau-père, nous allons constituer une société en parallèle de Béarn Tissus, mais domiciliée ici. J'ai l'intention de créer une ligne de linge de maison, nappes, parures de lit, rideaux, linge de toilette et une gamme de vêtements d'intérieur. J'ai mené de sérieuses études pendant des semaines et je sais que ce marché existe. En revanche, il faudra changer les machines à coudre et investir dans du matériel spécifique.

— Alors, nous continuerons à produire des tissus d'ameublement ? demanda un homme à la droite de Diane.

— Bien sûr, mais en ce qui concerne le linge de maison et les tenues d'intérieur, il manquera d'autres matières premières, comme la soie, ou encore la dentelle. Je connais les fournisseurs chez qui nous pourrons nous approvisionner en belles matières, et avec un excellent rapport qualité-prix.

Elle marqua une pause et saisit un changement subtil chez ses auditeurs. Le groupe s'était resserré autour d'elle, elle surprit des sourires, des hochements de tête. Elle était en train de gagner la partie et, à présent, elle se sentait parfaitement à l'aise. Elle se tourna vers les couturières avec un geste délié, les paumes ouvertes.

— Ce projet va donner la part belle au travail des couturières. Pour ma part, je me chargerai du design et Guy va mettre en place les nouvelles techniques de fabrication dans les ateliers.

Diane chercha Michael du regard, il lui sourit avec un clin d'œil qu'elle prit pour un signe d'encouragement.

— Notre réussite repose sur Michael et son équipe de commerciaux. C'est bien de créer et de fabriquer, mais il faut vendre ! Démarcher les grossistes certes, mais j'ai découvert que de plus en plus de fabricants contactaient directement les magasins. En outre, le linge de maison et la ligne de vêtements d'intérieur toucheront une clientèle nouvelle. Michael a donc la mission délicate mais prépondérante de renforcer son équipe de représentants. Et la gamme de nouveaux modèles lancée, il faudra immédiatement s'attaquer au commerce en ligne.

— Est-ce que nous allons créer des emplois ? demanda une jeune femme.

— Il n'en est pas question pour l'instant. Avec Guy et Michael, nous allons étudier les ressources humaines de l'entreprise. Nos nouvelles activités exigeront des reconversions. C'est pourquoi nous avons besoin de connaître la position de chacun d'entre vous. Certains sont à quelques mois de la retraite et peuvent prétendre à un départ anticipé. Je comprendrais fort bien aussi que d'autres parmi vous n'aient pas envie de relever ce défi. Alors départ ? Reconversion ? C'est à vous de décider et de faire part de vos réflexions à Guy. En ce qui me concerne, je tiens à ce que vous puissiez suivre nos progrès pas à pas. Une réunion trimestrielle, par exemple, qu'en pensez-vous, Guy ?

Il acquiesça et le sourire qu'ils échangèrent ne passa pas inaperçu. Elle s'était discrètement rapprochée de Michael.

— Alors, ai-je bien passé mon examen ? lui glissa-t-elle à l'oreille.

Il sourit et lança un premier applaudissement, un autre suivit. Puis l'assemblée tout entière applaudit Diane. Le poids qui l'oppressait depuis le matin disparut d'un coup. Elle avait franchi le premier obstacle. Mais ce n'était que le premier.

— Pour conclure, je voudrais vous dire deux mots à propos d'un autre projet cher à mon beau-père. Nous reprendrons dès que possible son idée de pôle d'activités artisanales. Au final, ce sera excellent pour nous. Regrouper les compétences, les actions commerciales, le marketing, créer des partenariats pour vendre, exporter, participer à des salons professionnels. Croyez-moi, il y a beaucoup à faire. Nous aurons l'occasion d'en reparler. Mais pour l'heure, accordons-nous le prochain semestre pour relancer Béarn Tissus.

La semaine suivante, Patrick Extandi effectua une enquête discrète auprès du personnel. Puis il rendit compte à Diane :

— Vous les avez convaincus. Je pense que les trois quarts d'entre eux resteront. La plupart préfèrent une reconversion au licenciement. Pour les autres, je ne suis pas sûr...

Diane réclama une liste des employés à son beau-père et proposa d'étudier leurs qualifications en vue des reconversions.

— Surtout pas de licenciements ! s'écria Guy.

Certains membres du personnel travaillaient dans l'entreprise depuis des décennies et l'idée de les remercier lui répugnait.

— Derrière les tableaux d'effectifs se profilent des drames humains que nous n'avons pas le droit de négliger. Parmi ces hommes et ces femmes, certains ont signé des prêts pour acheter leur maison. Bien sûr, il y en a qui seront difficiles à recaser parce que leur niveau de qualification est assez bas.

— Quel est leur rôle dans l'entreprise ?

— Ils sont employés à la production. Nous aurons encore besoin d'eux, j'imagine.

Diane ne dit rien. Les salariés dont Guy avait évoqué l'absence de compétences comptaient parmi les plus âgés. Et ils avaient tous commencé leur carrière à dix-huit ans, voire plus tôt. Elle espérait qu'ils feraient valoir leurs droits à la retraite en lui économisant les désagréments d'une solution plus radicale. Pour les autres, elle étudia chaque cas et entrevit déjà les reconversions possibles.

11

Diane suivait l'agent immobilier sans prêter attention à ses commentaires. Elle n'appréciait pas sa façon désinvolte d'entrouvrir les volets, d'indiquer l'enfilade des pièces d'un geste las. Elles étaient trop grandes, chichement éclairées et l'isolation laissait à désirer. Diane était censée choisir le nouveau cadre de vie de sa fille, et cette maison ne faisait vraiment pas l'affaire.

La seconde demeure située à la sortie de Lhèze lui parut beaucoup plus conforme à ses attentes. Elle s'appelait *Les Chênes*. Le simple fait qu'elle soit baptisée montrait qu'on l'avait aimée, qu'on s'y était senti bien. C'était une jolie maison de caractère au toit pentu chapeauté de tuiles ocres, bien exposée au sud sud-ouest. Une allée bordée de camélias traversait le jardin planté de jeunes chênes qui avaient besoin d'être élagués. L'agent immobilier déverrouilla la porte et précéda Diane à l'intérieur. Une forte odeur de renfermé irritait la gorge et les narines. L'employée de l'agence ouvrit les fenêtres et Diane eut un véritable coup de cœur pour la grande pièce à vivre équipée d'une cheminée avec, de part et d'autre, de petites niches aménagées dans les murs de pierre. Une atmosphère douillette s'en dégageait. Sur la droite, la salle de séjour spacieuse ouvrait sur la cuisine et à gauche un bel escalier de bois poli menait à l'étage. La lumière entrait à flots par de larges baies équipées de double vitrage. Adossée à la façade qui donnait plein sud une véranda offrait un bel espace séparé en deux par une volée de marches. Diane entrevit immédiatement l'utilisation du lieu : un immense bureau avec un coin atelier qui lui permettrait de travailler chez elle le soir et le week-end. L'étage comportait des sanitaires et trois pièces. Diane repéra aussitôt les deux chambres accolées... sa fille et elle, côte à côte ! Une chambre d'amis aussi. Elle s'approcha de la fenêtre qui donnait sur l'arrière de la maison et découvrit la terrasse bordée de massifs et le garage accoté au mur d'enceinte. Elle tomba sous le charme, comme si ce havre de paix n'attendait qu'elle. Mais à en juger par les traces d'humidité et l'odeur persistante de moisi, la maison n'avait pas été occupée depuis des lustres. Les sanitaires étaient en mauvais état, visiblement mal entretenus par les locataires précédents. Une rénovation s'imposait. Avant d'arrêter sa décision, elle appela son beau-père et lui expliqua la situation.

—Je connais quelqu'un, répondit Guy, un petit artisan qui pourra assurer les peintures, les tapisseries et les carrelages. Il travaille vite et bien, et ses prix sont très raisonnables. Mais il n'empêche, mon petit, ça va vous occasionner encore des dépenses.

—Je gère, ne vous inquiétez pas.

Devant l'agent immobilier, Diane ne dit pas qu'elle était d'ores et déjà gagnante tant le prix du loyer paraissait modéré. Elle s'attendait à dépenser au moins le double. Et lorsque l'agent lui proposa de négocier une remise sur le montant des six premiers mois de location au prorata des travaux qu'elle effectuerait, Diane n'hésita pas une seconde de plus.

En fin de semaine, Guy présenta Jean Castéri à sa belle-fille. Un Béarnais à la carrure de rugbyman, la barbe et les cheveux hirsutes et la chemise débordant sur le pantalon. Il touchait à tous les métiers de l'habitat.

— Vous êtes un homme providentiel, dit-elle en lui tendant la main.

— Il suffit de me dire ce que vous voulez faire et je m'y colle, répondit-il en lui écrasant les phalanges.

Elle le guida à travers les pièces de la maison qu'elle venait de louer, et il nota soigneusement les travaux à réaliser. Il sortit une calculette, griffonna quelques chiffres dans un carnet et lui donna le montant des devis sur-le-champ. Guy avait raison, ses prix étaient très abordables. Comme pour le loyer, Diane gardait en mémoire les tarifs pratiqués dans la région parisienne.

— Je vous confirme tout ça par email ce soir, promit l'artisan en rangeant son carnet.

— Ça marche !

Diane choisit la couleur des peintures, le style des carrelages et donna le feu vert à Jean Castéri. Il promit de se mettre au travail dès le lundi suivant.

Pendant ce temps, Marthe et Aude ne se quittaient plus. Marthe montra à sa petite-fille l'école où elle était déjà inscrite pour la prochaine rentrée, mi-mars. Pour l'heure, le bâtiment était fermé, mais Aude aperçut la cour, l'espace de jeux, les fenêtres décorées de dessins. Elle paraissait enchantée.

— Et tu viendras me chercher quand maman travaillera ?

— Tous les soirs, c'est promis.

— Chouette !

À partir de cet instant, Aude ne parla plus beaucoup de sa vie à Paris et Marthe ne boudait pas son plaisir, savourant chaque instant de bonheur, chaque rire de sa petite-fille. C'était le portrait de Rémy jusque dans ses moindres mimiques. Un rayon de soleil était revenu dans sa vie. En cela, au moins, elle bénissait l'installation de Diane chez eux. Depuis son altercation avec Guy, elle s'était bien gardée d'évoquer la vente de la fabrique. Elle s'était rendu compte que ses remarques désobligeantes avaient choqué sa belle-fille. Elle le regrettait d'autant plus que, chaque jour, Guy lui donnait l'impression de rajeunir. Son visage rayonnait en présence de sa belle-fille. Dans ses yeux brillait une lueur affectueuse et quelque chose de plus intense que Marthe ne pouvait définir. Avait-il déjà fait le deuil de leur fils ? Était-ce seulement possible, alors qu'elle se débattait dans son chagrin, qu'elle n'en pouvait plus de pleurer son garçon en cachette ? La douleur jaillissait de ses tripes, traversait son corps avec une force fulgurante. Parfois, elle en perdait le souffle. Elle se rappelait son retour à Lhèze après le décès de Rémy. Guy était revenu deux semaines avant elle et, déjà, il avait repris ses habitudes : le bureau, la fabrique, les employés et les clients. Elle était rentrée chez elle un soir d'orage. Elle avait posé sa valise sur le seuil et elle avait attendu, pétrifiée. La pluie battait la façade de la maison. Dans sa tête, dans son cœur, elle n'avait jamais cessé de tomber depuis. Et pour ajouter encore à sa peine, elle ne pouvait pas se recueillir sur la tombe de son fils. Plus tard, Diane accepterait-elle de rapatrier le corps de Rémy dans le caveau familial de Lhèze ? Elle attendrait certainement la réussite de ses projets pour cela.

Le soir, à table, son mari et sa belle-fille ne parlaient que de travail. Marthe les écoutait discourir de leurs plans, détailler leurs tâches du jour, celles du lendemain. Elle ne disait rien. Pourtant, elle n'abandonnait pas l'idée que la vente demeurait la meilleure solution. Elle connaissait bien Jean-Claude Dumas, ce garçon timide qui assistait à ses leçons de catéchisme et qui était devenu promoteur ! Ses parents avaient un petit vignoble en Madiran où Guy s'approvisionnait autrefois.

Marthe soupira, tout cela était bien compliqué. Elle avait fini de mettre de l'ordre dans la cuisine. Elle grimpa dans les combles et fit le tour du grenier où s'entassaient meubles et vieilleries depuis des décennies. Elle repéra des tables, deux commodes et un buffet en très bon état. Une armoire, des chaises lui semblèrent aussi tout à fait présentables. Elle dressa une liste et, le soir, elle la soumit à Diane.

— Choisissez tout ce qui vous plaît pour votre nouvelle maison. J'ai acheté un stock de décapant et de cire d'abeille. Je remettrai tout en état !

Bien qu'un peu gênée par le travail que cela représentait, Diane accepta. Elle passa le samedi suivant à Pau avec Aude et elles choisirent le mobilier destiné à la chambre de la fillette, le canapé, les fauteuils. Puis Diane sélectionna l'équipement de la cuisine.

Le soir même, Guy les invita à dîner pour fêter leur installation à Lhèze.

— Nous allons au Manoir des Chaumes ! dit-il d'une voix enjouée.

Le manoir était situé sur la commune de Vivien, à une dizaine de kilomètres de Lhèze. Guy roula un bon quart d'heure sur une route bordée d'arbustes. Puis la forêt devint plus dense, des torrents surgirent au détour de virages en épingle à cheveux. La nuit tombait doucement sur des tapis de fougères et de somptueuses lueurs dorées s'attardaient sur les cimes des arbres. Soudain, un lac apparut en contrebas et Guy emprunta un chemin étroit qui frôlait un à-pic. À l'entrée d'une allée bordée de pins, une plaque discrète indiquait *Manoir des Chaumes*. Le chemin soigneusement dessiné serpentait à travers les plates-bandes et ouvrait sur un vaste terre-plein éclairé par des lampadaires. Le manoir, avec ses murs de pierre, ses tourelles, ses flèches et son toit conique en ardoise dominait de magnifiques jardins à l'anglaise. De larges fenêtres en saillie éclairaient la façade.

— C'est drôlement beau ! s'écria Aude. On dirait un château de princesse.

— Ça m'étonnerait, marmonna Marthe.

Une pancarte signalétique montrait la direction du parking. Guy s'y engagea et trouva une place libre. À l'arrière, une immense terrasse entourait la bâtisse, éclairée par des réverbères de bronze. Leur lumière révélait les pelouses arborées qui glissaient en pente douce vers le lac.

— C'est magnifique ! dit Diane. Le manoir date de quelle époque ? XVIIe ?

— Le corps principal remonte au XVIe, précisa Guy, et je crois que les ailes ont été ajoutées aux XVIIe et XVIIIe siècles.

Ils marchèrent jusqu'à l'entrée principale. Une femme avenante d'une soixantaine d'années les accueillit aussitôt. Elle affichait une beauté sobre et distinguée, rehaussée par ses yeux bleus, ses pommettes saillantes et un chignon de boucles blond cendré. Des rides marquées ne gâtaient rien à son port de tête. Elle portait à ravir une robe de satin damassé ocre, agrémentée d'une encolure de dentelle noire. C'était une création de Diane, mais celle-ci ne dit rien.

— Entrez, dit-elle, cette demeure est la vôtre !

Guy fit les présentations.

— Marjorie Leroy, la propriétaire des lieux, Diane, ma belle-fille.

— Je suis ravie de vous rencontrer, Diane ! Monsieur Borie m'a parlé de vous… et je suppose que c'est la petite Aude ?

Marjorie Leroy avait une voix bien plantée, légère et ferme à la fois. Elle salua Marthe qui se contenta d'un rapide « Bonsoir ». Puis leur hôtesse les guida à travers le hall. Une porte à fronton ouvrait sur la salle à manger traversée d'une douce lumière dispensée par des appliques murales. De superbes meubles d'époque et une cheminée de marbre surmontée d'un miroir vénitien ornaient les murs. Une douzaine de tables étaient regroupées autour d'une desserte de chêne sculpté, drapée de dentelle blanche. Les nappes glissaient jusque sur les tapis, et les chaises capitonnées, légèrement tournées vers l'extérieur, invitaient à y prendre place. La moitié des tables étaient occupées.

— Choisissez votre place, suggéra Marjorie, je vous apporte le menu.

Elle se dirigea vers un couple qui s'était levé.

— Vous avez terminé ? Tout s'est bien passé ? Suivez-moi… Le café est servi dans le salon.

Elle les précéda vers une porte moulurée à double battant. Un piano égrenait quelques notes en sourdine. Diane laissa à Guy le soin de choisir une table et il les guida près d'une fenêtre dont les rideaux étaient ouverts sur une nuit argentée. Elle installa Aude qui regardait autour d'elle, très intimidée.

Une certaine solennité émanait des lieux, un mariage harmonieux entre l'élégance raffinée de l'hôtesse et la structure ordonnée de la bâtisse. Un jeune homme en costume noir et nœud papillon leur présenta la carte. Il revint peu après avec trois coupes de champagne et un verre de jus de fruit frais.

— Nous vous souhaitons une belle soirée parmi nous.

Après son départ, ils consultèrent la carte. Diane observait discrètement sa belle-mère qui manipulait les couverts, tout en lisant le menu.

— Guy m'amène ici quelquefois, dit-elle, je ne parviens jamais à faire un choix. C'est trop sophistiqué pour moi.

Diane dut convenir qu'elle avait du mal à sélectionner un plat pour Aude.

— Je vais prendre de l'espadon pour moi, et peut-être une noix de rumsteck pour Aude avec un écrasé de pommes de terre.

— C'est quoi un écrasé de pommes de terre ? demanda la fillette.

— De la purée, tout bêtement, lança Marthe.

À cet instant, Marjorie Leroy se rapprocha de leur table.

— Vous avez choisi ? Puis-je vous aider ?

Guy énuméra les différents mets qu'elle nota sur un carnet. Dans le silence, le battement léger du cartel de bronze semblait marquer la mesure de ses doigts qui couraient sur le papier.

— Je vous laisse décider du vin pour nous, dit Guy en lui rendant les menus.

Elle le remercia d'un sourire et se tourna vers Diane :

— Ainsi, vous arrivez de la haute couture ?

— Du prêt-à-porter haut de gamme, rectifia Diane.

— Il n'empêche, j'adore ce que vous dessinez, vous avez un talent unique !

— Ne croyez pas cela. Paris regorge de talents, j'ai surtout beaucoup travaillé et j'ai eu la chance d'entrer chez Morani. Et voilà ! Tout a une fin.

— Mais l'expérience que vous avez acquise est précieuse. En réservant la table, monsieur Borie m'a dit que vous vous installiez ici et que vous aviez l'intention de créer une ligne de linge de maison. Je suis sûre que vous allez faire des merveilles !

— Merci, répliqua Diane, déconcertée par la gentillesse des propos de Marjorie et l'éclat perçant qu'elle vit brusquement passer dans son regard.

Elle irradiait la confiance, avec un certain charme nuancé d'autorité.

— Je reviens vers vous tout à l'heure, dit-elle, avant de se diriger vers un groupe qui pénétrait dans la salle à manger.

Après son départ, Marthe leva les yeux au ciel :

— Tu n'avais pas besoin de raconter notre vie à cette femme déguisée en campagnarde pour revue de mode ! s'écria-t-elle en prenant Diane à témoin.

Le repas se déroula dans une ambiance agréable. Les mets étaient délicieux, présentés avec beaucoup de goût dans une vaisselle ancienne. Diane se régala et Aude fit honneur à son écrasé de pommes de terre. Seule Marthe ne semblait rien apprécier. La viande était trop épicée, les légumes trop cuits. Et de temps à autre, faisant fi de toute discrétion, elle bâillait à s'en faire craquer les mâchoires.

Marjorie Leroy fit plusieurs incursions dans la salle, allant d'une table à l'autre, donnant l'impression que chaque client était un invité privilégié. Depuis sa place, Diane l'entendit évoquer un futur séminaire, une exposition.

— Le manoir est un héritage familial ? demanda-t-elle à Guy.

— Pas à ma connaissance, mais je crois…

— Pensez-vous ! coupa Marthe avec un regard peu amène en direction de la châtelaine. Ses parents ont acheté la propriété à la fin de la guerre. Moi, je me suis toujours méfiée de ces fortunes qui ont jailli d'on ne sait où après le départ des troupes allemandes.

À cet instant, le serveur leur présenta la carte des desserts et proposa à Aude de choisir entre une large gamme de glaces et une mousse au chocolat avec une crème fouettée à la vanille. Aude opta pour la mousse au chocolat et Guy recommanda à Diane de prendre la tarte aux pommes, nappée d'un caramel tiède. Elle reconnut qu'elle n'avait jamais rien goûté de tel… Une compotée de fruits parfumée d'une petite pointe de cannelle, glissée entre deux abaisses de pâte fondante, c'était divin ! Marthe mangea deux bouchées du bout des lèvres et reposa la cuillère et la fourchette à gâteau sur le bord de l'assiette.

Un peu plus tard, Marjorie les invita à prendre le café au salon, mais Marthe brisa net son élan de courtoisie :

— On a attendu trop longtemps entre les plats. Il est déjà onze heures, la petite tombe de sommeil.

Marjorie ignora le persiflage. Elle se contenta de les remercier en décochant un large sourire à Aude.

— J'espère que tu reviendras me voir ! Et la prochaine fois, je te ferai préparer un menu spécial.

Elle serra la main de Marthe et de Guy, et retint celle de Diane un peu plus longtemps dans la sienne :

— Tenez-moi au courant de la progression de vos projets, Diane. Il se pourrait que j'aie du travail pour vous. Il y a longtemps que j'envisage de renouveler le décor de certaines chambres du manoir.

En traversant le grand hall aux poutres de chêne, Diane pêcha des dépliants promotionnels sur une desserte. Elle admira le bonheur-du-jour et le vaisselier Louis XV dont la patine était rehaussée par la lumière mordorée des lampes.

— À l'avenir, tu nous conduiras dans un restaurant plus proche de Lhèze, maugréa Marthe en montant dans la voiture.

Guy coula un regard désolé vers Diane.

Une légère brume montait des vallées. La pleine lune resplendissait dans un ciel d'encre où se détachaient les cimes des conifères. C'était une nuit magnifique mais personne ne semblait l'apprécier. Perdu dans ses pensées, Guy roulait au pas. Marthe se rencogna dans son siège et ne dit plus un mot. En quelques minutes Aude s'endormit sur la banquette arrière, la tête posée sur les genoux de sa mère. Un silence pesant régna entre eux jusqu'à leur arrivée à destination.

12

Devant la glace du lavabo, Guy s'aspergea le visage d'eau froide et s'essuya avec soin. Il versa quelques gouttes d'after-shave dans le creux de sa paume et se frictionna les joues et le menton. Il se sentait en forme, ce matin, mais il avait hâte de voir le retour du printemps. Le cardiologue préconisait qu'il fasse régulièrement de l'exercice. Le dimanche matin, à la belle saison, il s'octroyait volontiers six à huit kilomètres de marche rapide. Michael l'accompagnait parfois, et il se demandait si Diane accepterait de se joindre à eux. Il enfila une chemise et noua sa cravate. Il entendait des portes claquer au rez-de-chaussée, et l'odeur du café frais venait lui chatouiller les narines jusque dans la salle de bain. Diane était sûrement prête à partir pour l'usine. Elle forçait vraiment son admiration. Il se remémorait souvent le jour où Rémy lui avait présenté la femme qu'il comptait épouser. Guy s'était rendu à Paris pour visiter un salon professionnel ; Rémy était venu l'attendre à Orly, Diane à son bras. Guy l'avait trouvée jolie, brillante. Mieux que cela, attachante. Aujourd'hui, il disait volontiers d'elle qu'elle était extraordinaire. Diane Créations, la nouvelle société, était constituée. Diane avait rédigé les statuts elle-même avant de les lui soumettre. Il avait acquis un certain nombre d'actions en sacrifiant une partie de son plan épargne retraite, au grand dam de Marthe. Elle n'avait rien dit mais il avait suffi qu'il croise son regard pour deviner sa contrariété. Michael et Patrick

Extandi avait également souscrit quelques parts. Diane avait reçu un appel de Marjorie Leroy, la propriétaire du Manoir des Chaumes. Elle avait tenu à investir une somme rondelette dans la nouvelle société, à la grande surprise de Diane. « Mais, lui avait répété Marjorie, je vous l'ai déjà dit, j'ai confiance en votre projet. Pour réussir une telle gageure, il faut du talent et vous en avez. » Ensuite, Guy s'était chargé des formalités avec Marjorie. Puis en trois semaines Diane avait transformé les deux entrepôts adossés au local de production en atelier de création. Elle avait demandé qu'on abatte la cloison qui séparait les deux parties du bâtiment, et aidée du personnel féminin de l'entreprise, elle avait extrait des stocks d'anciens coupons de tissu, parfois dépareillés. À présent, les murs de son futur atelier de couture étaient tendus d'un patchwork insolite. Le mélange des couleurs créait une impression d'espace, maîtrisée avec élégance et fonctionnalité. Diane avait commandé une moquette beige clair et elle avait puisé un assortiment de rideaux dans les invendus. Patrick Extandi, qui s'y connaissait en électricité, s'était chargé de l'éclairage. Ensuite, Diane avait convié tous les employés à contempler l'aménagement. Guy avait senti qu'ils étaient conquis Quelques jours s'écoulèrent et, après une nouvelle réunion avec Michael et Patrick Extandi, ils étaient convenus de préparer le dossier d'aménagement du pôle d'activités artisanales. « Nous le soumettrons aux conseils départemental et régional, avait dit Diane avec détermination, et s'il le faut, nous le présenterons à la communauté européenne. Tout le soutien et les fonds que nous récolterons seront bons à prendre. » Guy doutait qu'ils obtiennent quoi que ce soit. Sur le terrain, l'opposition de gens influents qui avaient d'autres desseins était très forte.

Sans perdre de temps, il avait formé une équipe technique qui avait adapté les machines à tisser. Il avait vu les matières premières se transformer, le coton finement travaillé devenir percale, le lin évoluer en étamine transparente comme du cristal. Puis ils avaient testé les tissus mélangés à partir de fibres synthétiques, et passé des heures à opérer des réglages, à faire des essais. Parfois, ils détruisaient leur travail et recommençaient. Mais cela en valait la peine. À présent, Diane disposait d'une belle gamme de tissus, à laquelle s'ajoutait tout le stock de la fabrique : coton, satin, sans omettre les complexages[1]. Tout ce à quoi elle aspirait était en train de se réaliser… Guy était heureux.

Il finit de s'habiller et descendit prendre son petit déjeuner. Un fabuleux enthousiasme l'animait quand il se rendait au bureau et il y avait bien longtemps que cela ne lui était pas arrivé. En quelques jours, l'usine s'était métamorphosée en une véritable ruche et, en dépit de son âge, il se sentait capable de relever tous les défis aux côtés de Diane. Il avait remarqué qu'elle s'entendait bien avec Michael. Ils se tutoyaient maintenant. Certes, c'était aussi le cas avec Patrick Extandi. Un sacré trio, ces trois-là !

Seule ombre au tableau, le nombre d'employés qui avaient préféré quitter l'entreprise à l'arrivée de sa belle-fille l'avait intrigué. L'équipe ne comptait plus que vingt-neuf personnes. Certains employés avaient fait valoir leur droit à la retraite, d'autres avaient opté pour un départ volontaire. C'en était presque anormal et il s'en inquiétait un peu. Même s'il était tenté de penser que c'était mieux ainsi. Quelques bonnes commandes et des rentrées d'argent suffiraient à payer les salaires et les charges sociales. Le spectre des licenciements s'éloignait un peu plus chaque jour.

---

1. Complexages : mélange de plusieurs fibres comme le coton et le lin.

Diane bataillait sur tous les fronts. Elle avait dessiné une nouvelle gamme de tissus d'ameublement et, ce matin, elle allait enfin découvrir les premiers échantillons. Elle priait pour que son talent de styliste, qui lui avait valu une certaine renommée, se retrouve dans ses croquis. Elle avait essayé de marier une impulsion novatrice et une touche de romantisme, et comme toujours, elle avait puisé l'inspiration dans le monde qui l'entourait. Lignes, coloris... Était-ce du bon travail ? Elle l'espérait. Elle sentait grandir en elle un besoin viscéral de création, de recherche.

Depuis le début de la semaine, elle consacrait deux heures par jour à recevoir chaque membre du personnel individuellement. Guy lui avait communiqué la liste des employés qui restaient fidèles à la société. La défection de certains d'entre eux permettrait de réaliser des économies substantielles mais elle avait deviné que Guy était peiné. Il avait proposé de se tenir à ses côtés pour chaque entretien, il avait même suggéré la présence de Michael. Avec tact, elle avait décliné son offre. Elle n'ignorait pas ce qu'il y avait d'intimidant à être reçu par plusieurs responsables de la direction lorsque se jouait votre avenir. Elle espérait convaincre ses futures collaboratrices en orientant l'entretien sur leur plan de carrière. D'expérience, elle savait qu'on s'attirait toujours la sympathie des gens en leur assurant qu'ils méritaient mieux que ce qu'ils avaient. Guy lui avait laissé carte blanche, d'autant plus volontiers que la reconversion de certaines employées était liée à la création d'une ligne de linge de maison et qu'il n'y connaissait rien.

Diane avait besoin d'une assistante personnelle, et elle comptait bien offrir la place à Louise, la standardiste dont elle appréciait l'énergie et la vivacité. Au cours des entretiens, elle avait remarqué un informaticien passionné et l'avait immédiatement chargé de créer le site internet de la nouvelle société.

Elle avait actualisé sa page Facebook, un lien qui lui avait permis de correspondre avec les clientes de Morani, impatientes de retrouver ses modèles. Diane annonça sa reconversion en Béarn et la création imminente d'une collection de linge de maison et de vêtements d'intérieur haut de gamme. Elle reçut de nombreux contacts de femmes enthousiastes et curieuses qui voulaient savoir où trouver les produits de sa future gamme. Ainsi était née l'idée de la vente par correspondance. Une visibilité sur internet était donc prépondérante.

Avant de se rendre au bureau ce matin-là, Diane fit un détour par l'école. Elle avait demandé à rencontrer la directrice avant la rentrée des classes, prévue le lendemain. La jeune femme qui la reçut était jolie, avenante et se présenta avec une poignée de main énergique : « Nathalie Extandi, bonjour madame Borie…

— Extandi… Vous êtes apparentée à Patrick Extandi ?

— Oh oui ! C'est mon mari.

— Nous travaillons ensemble chez Béarn Tissus.

— Oui, je suis au courant. Il est ravi de votre collaboration et il ne tarit pas d'éloges sur vous. Entrez… »

Elle guida Diane jusque dans son bureau et l'invita à s'asseoir. Diane raconta le décès de son mari, les raisons de son arrivée dans le Béarn. Nathalie Extandi promit de porter la plus grande attention au comportement d'Aude.

— J'avertirai l'enseignante de sa classe et au moindre doute, je vous appellerai. J'ai trois enfants et je n'ose pas imaginer ce que je ferais si pareil drame m'arrivait. Vous avez beaucoup de courage.

La jeune femme remarqua le trouble de Diane dont le regard s'était brusquement voilé.

— Ne vous inquiétez pas, je suis sûre que tout se passera bien pour Aude. Et dites-vous que vous n'êtes plus seule maintenant. Nous sommes tous là, avec vous.

Diane la remercia et, rassérénée, elle prit congé pour se rendre à la fabrique.

Les nouveaux ateliers prenaient une belle tournure, au grand bonheur de Diane. Elle en imaginait déjà l'agencement : tel meuble ici, les plans de travail le long des fenêtres... Elle avait dressé la liste du matériel nécessaire pour démarrer. Des machines à coudre plus performantes, des meubles de rangement équipés d'une multitude d'étagères et de tiroirs... Les portants, les *stockers*, de nombreux rouleaux de toile et papier à patron, et jusqu'aux plus petits instruments comme les épingles, les jeux de ciseaux, les outils de traçage. Elle vérifia une dernière fois et lança la commande. Puis elle chercha un grossiste dans les listings qu'elle avait subtilisés en quittant Morani, consulta son catalogue sur le net, et fit une première sélection de soie et de dentelle.

Elle avait eu la sagesse de chiffrer toutes les dépenses, qu'il fallait accorder avec les budgets prévisionnels. Un exercice délicat qu'elle partageait avec Patrick Extandi. Les fonds qu'elle avait investis dans le capital de la nouvelle société lui laissaient une certaine liberté d'action. Seul le matériel de production, trop obsolète, freinerait un peu leur essor. Mais si tout allait bien, ils pourraient investir dans une nouvelle machine à tisser d'ici à la fin de l'année. Et elle n'oubliait pas les anciennes écuries de la caserne. Elle avait ressenti un véritable coup de foudre pour l'une des salles et elle rêvait de l'aménager avant même la création du pôle d'activités artisanales. C'était une grande pièce édifiée en deux parties séparées par trois marches et éclairée par deux minuscules fenêtres et une verrière percée à même le toit. Elle imaginait non pas un magasin d'usine, comme c'était la coutume dans la région, mais un showroom, et elle en dessinait déjà les contours. D'abord, agrandir la porte et les fenêtres qui donnaient sur le versant des Pyrénées. La vue était magnifique ! Elle voyait déjà les murs peints en teintes pastel, les estrades et les vitrines. Et, surtout, un véritable espace d'accueil et de détente.

Elle était enchantée des travaux que Jean Castéri effectuait dans sa future maison. Pourquoi ne pas faire appel à lui pour les aménagements du showroom ? Le projet prenait clairement forme dans son esprit. Alors pourquoi attendre ? Tout pourrait être prêt pour la prochaine saison touristique. Jusqu'à maintenant, elle n'avait pas dévoilé son idée à qui que ce soit. Mais elle allait de ce pas en parler à Patrick et lui confier le dossier. Nul mieux que lui ne saurait préparer les plans et effectuer les démarches en mairie. Perdue dans ses pensées, elle sursauta en entendant la sonnerie de son portable. C'était Michael. Les échantillons de tissus d'ameublement étaient prêts. Elle le rejoignit dans l'entrepôt adjacent aux ateliers de production.

— Guy n'est pas là ? demanda-t-elle.

— Il avait un rendez-vous à l'extérieur, ce matin.

Guy ne lui avait pas parlé de cette rencontre, elle s'en inquiéta :

— Rien de grave ?

— Je ne pense pas, il ne m'a rien dit.

Elle l'aida à étaler les échantillons par terre. Des imprimés floraux, des matières fluides, amples, dans des tons gris perle et beige, des cretonnes unies anthracite, vert anis, bleu nuit ou rose pâle, de jolies fleurs stylisées turquoise et parme sur un fond de satin léger. Sur d'autres modèles, les motifs végétaux et l'harmonie des couleurs rappelaient la luminosité des fonds marins.

— C'est superbe ! s'écria Michael, tu as fait un boulot remarquable. À moi de jouer, maintenant.

— Tu crois que les commerciaux vont aimer ?

— Ils seraient difficiles ! C'est jeune, frais, tout à fait dans l'air du temps. Tu es vraiment douée…

Diane songea qu'avec quelques années de moins, elle aurait rougi sous le compliment. Elle se contenta de sourire.

— J'ai prévu une réunion commerciale demain, poursuivit Michael, je te transmettrai les premières réactions à chaud.

— Génial ! À présent j'ai hâte de voir les essais de tissus pour le linge de maison et la confection.

— Quand comptes-tu commencer la production ?

— Le plus tôt possible. J'ai dressé la liste de tout le matériel et j'ai passé la commande des matériaux que nous ne fabriquons pas.

Michael ne se lassait pas de toucher les spécimens de tissus d'ameublement, passant d'un coupon à un autre, revenant en arrière.

— C'est ravissant, répéta-t-il.

Diane était ravie. Récemment, elle s'était attelée à de nouveaux croquis de mode et les avait envoyés à Hilde Dortman par mail. Les premières pièces d'une collection de tailleurs-pantalons, de jupes amples assorties de caracos et de corsages aux manches délicatement plissées et de tenues à l'allure sportive. La collection était complétée par quelques robes du soir. Pour chaque pièce, Diane conseillait la matière première adéquate et proposait de la fournir. L'importatrice allemande lui avait demandé de lui expédier des échantillons le plus rapidement possible.

Soudain, elle croisa le regard de Michael. Ils étaient accroupis au milieu des coupons de tissu et semblaient surpris, comme s'il y avait quelque chose qu'ils ne disaient pas. Michael se retourna et saisit un autre carré de toile.

— Tu penses à te reposer un peu ? demanda-t-il. Je m'inquiète pour toi. Tu donnes l'impression d'avoir pris le poids de tous nos soucis sur tes épaules.

Diane ne répondit pas tout de suite. Jusqu'ici, ils n'avaient échangé que des propos anodins, commentant leur travail, les plans de financement de leurs projets, les rendez-vous, toujours interrompus par un coup de fil ou une incursion dans leur bureau.

— Ça va, dit-elle enfin, inutile de t'inquiéter, j'ai des réserves d'énergie.

— Et tu as aussi cinquante ans.

— Sympa de me le rappeler ! Tu sais parler aux femmes, toi.

Il ne la suivit pas dans sa tentative de plaisanterie.

— Je suis sérieux, tu as une petite fille à élever.

Diane se figea et planta son regard dans celui de Michael. C'était gentil de sa part de se faire du souci pour elle, et elle le devinait sincère. Il émanait de lui une impression de force, de sécurité. Mais elle n'appréciait pas cette intrusion dans sa vie privée.

— Je suis parfaitement consciente de ma situation. Je puis t'assurer qu'Aude est mon unique préoccupation et désormais le seul but de ma vie.

Une larme se forma au coin de sa paupière. Comme elle tentait de l'essuyer discrètement, Michael posa la main sur son bras :

— Tu as le droit de pleurer tu sais, mais il faut aussi penser à faire ton deuil. Excuse-moi, se ravisa-t-il aussitôt, je ne voulais pas te froisser.

— Ce n'est rien, répliqua Diane en se relevant brusquement.

Dans sa précipitation, une mèche de ses cheveux s'accrocha au bouton de la veste de Michael. Elle se recula d'un geste vif et quelques cheveux restèrent enroulés autour du bouton. Ils se mirent à rire, doucement d'abord, puis de plus en plus fort, et un véritable fou rire les gagna tandis qu'ils rangeaient les coupons.

Le lendemain matin, Diane conduisit Aude à l'école. Elle avait accepté de lui acheter un nouveau sac à l'effigie de la *Reine des neiges.* Aude le portait fièrement à son bras. Nathalie Extandi accueillait les élèves à la porte. Ils passaient devant elle en la saluant, les visages rougis sous l'effet du vent frais.

— Ah ! voici notre petite Aude, s'écria-t-elle, enjouée… Regarde ! Il y a déjà plein d'amis qui t'attendent.

Diane se pencha, prit sa fille dans ses bras, l'embrassa.

— Mamy viendra te chercher ce soir.

— Je sais, elle me l'a dit ce matin. C'est chouette, maman. On n'a plus besoin de nounou.

Diane sentit la paume de Nathalie peser sur son épaule.

— Ça va aller…

Dans la cour de récréation, des groupes se formaient d'où jaillissaient des cris et des rires d'enfants heureux. Nathalie tendit la main et entraîna Aude à l'intérieur. Diane resta près de la grille, guettant un geste, un regard de sa fille. Mais la fillette se dirigea vers un groupe d'enfants sans se retourner.

À 20 heures, Diane prit conscience qu'elle était très en retard. Elle envoya un sms à Marthe : Désolée ! je n'ai pas vu le temps passer, je pars.

Elle fouillait son sac à la recherche de ses clés lorsqu'elle entendit la sonnette de la porte d'entrée. Elle jeta un coup d'œil par la fenêtre qui donnait sur le parking. Un 4 x 4 était arrêté près de sa voiture. Elle quitta son bureau et rejoignit le hall ; deux hommes se tenaient sur le seuil. Le plus âgé, sobrement vêtu d'un pantalon gris et d'une veste pied-de-poule lui tendit la main.

— Diane Borie ! On ne parle que de vous en ville, chère madame ! Philippe Renan, je suis le maire de la commune.

L'homme qui l'accompagnait avait à peu près l'âge de Diane. Grand, mince, le teint hâlé et un visage aux traits carrés qui retenait aussitôt l'attention. Il lui tendit la main.

— Jean-Claude Dumas, je suis le P-DG de la société d'investissement *J.C. International Développement*, dit-il en esquissant un pas en avant, mes amis m'appellent J.C.

— Nous ne sommes pas amis, monsieur Dumas, répliqua Diane en lui rendant sa poignée de main.

— Alors j'aimerais que nous le devenions !

Diane s'écarta, les laissa pénétrer dans le hall et leur désigna la vieille banquette de cuir usé, tandis qu'elle prenait place dans un petit fauteuil d'osier. Une manière claire de laisser entendre qu'ils n'entreraient pas dans les bureaux. À contrecœur, Dumas s'assit sur le bord de la banquette, le maire à son côté.

— J'ai bien connu votre mari, commença Dumas, nous étions au collège ensemble et nous avons longtemps joué dans la même équipe de rugby.

Il essayait de créer un lien affectif entre eux. Un procédé tellement usé qu'il en devenait grotesque.

—Je suppose que vous êtes venu pour autre chose qu'évoquer vos souvenirs d'ado ?

—J'ai fait une proposition d'achat à votre beau-père. Monsieur le maire et moi, travaillons à un grand projet pour la région, une affaire colossale ! Un complexe de détente et d'attractions de grand standing… Un gigantesque parc de loisirs avec golf, spa… L'entreprise de votre beau-père et les bâtiments qu'il a achetés à l'armée m'intéressent. Je lui en donnerai le prix qu'il en voudra. Notre projet fait l'unanimité, vous savez. Il y a beaucoup d'argent en jeu et 250 emplois à la clé.

— Et les employés de Béarn Tissus, vous leur avez demandé ce qu'ils pensent à l'idée de perdre leur emploi, eux ?

— Une reconversion est toujours possible…

Diane en était convaincue mais se garda bien de l'admettre.

— Comme J.C. vous l'a dit, il a grandi dans notre Sud-Ouest, crut bon d'intervenir le maire. Il n'a rien d'un promoteur venu d'on ne sait où pour faire de l'argent et disparaître ensuite. Et pensez aux 250 emplois, ce n'est pas rien tout de même !

— Dont une majorité d'emplois saisonniers, j'imagine, le coupa-t-elle.

Philippe Renan piqua un fard.

— On voit bien que vous ne connaissez pas notre région, chère madame. Ici nous accueillons des touristes toute l'année. C'est une de nos nombreuses richesses.

— Justement… La région est vaste. Je suppose que vous pourriez implanter votre parc de loisirs n'importe où ailleurs. Alors pourquoi justement ici ?

— La proximité de l'autoroute et d'une grande ville comme Pau, expliqua le promoteur. Et croyez-moi, les propriétaires des terrains voisins semblent d'accord pour vendre, trop heureux de trouver acquéreur par les temps qui courent !

— Dans ce cas, pourquoi venir m'en parler à moi ? C'est à mon beau-père de prendre la décision.

Dumas se pencha vers Diane et son genou heurta le coin du fauteuil.

— On m'a dit qu'il vous écoutait et…

— Qui vous a dit ça ?

Le promoteur se troubla de nouveau et le maire vola à son secours.

— Même vous, chère madame…

Il l'agaçait avec ses « chère madame » !

— … vous y trouveriez votre intérêt.

— Vraiment ? Expliquez-moi ça.

— En acceptant de vendre, votre beau-père réalisera une plus-value très appréciable, juteuse même, et vous êtes la veuve de Rémy, donc sa légataire.

— Vous voyez loin ! s'exclama-t-elle.

Pendant son échange avec le maire, elle remarqua l'hostilité dans le regard de Dumas, mais il se contenta de lui sourire avec un hochement de tête.

— Je vous suggère de vous entretenir avec mon beau-père. Quant à moi, je mentirais en disant que votre proposition m'intéresse.

— Réfléchissez quand même, reprit Dumas d'une voix mielleuse, ce n'est pas comme si nous condamnions une maison de retraite en jetant les pensionnaires à la rue. Nous voulons racheter une usine au bord de la faillite. Regardez autour de vous ! On dirait que le temps s'est arrêté il y a vingt ans, ici !

— Peut-être, mais il se trouve que nous avons prévu de relancer l'activité de Béarn Tissus, le coupa-t-elle, irritée par son ton méprisant.

— Et vous croyez que c'est possible ? demanda le maire avec un soupçon d'ironie dans la voix.

— Je m'y emploie, répliqua-t-elle sur le même ton.

— On m'a dit que vous aviez créé une petite entreprise pour fabriquer des vêtements ?

— On vous a mal informé. J'ai créé une société pour confectionner du linge de maison haut de gamme.

— Haut de gamme ou pas, chère madame, ricana le maire, trois entreprises sur cinq mettent la clé sous la porte en moins de deux ans.

— Eh bien, cher monsieur, j'espère faire partie des deux entreprises qui passent le cap !

Le promoteur s'avança encore un peu sur son siège.

— Je me suis laissé dire que vous aviez beaucoup de talent, madame Borie. Ne pensez-vous pas que vous allez le gaspiller en fabriquant des draps et des serviettes ?

Diane ignora la pique.

— C'est beaucoup plus gratifiant que vous ne pouvez l'imaginer.

— Et si je vous proposais un poste à la hauteur de vos capacités ? Parmi les nombreux actionnaires de ma société multinationale, je compte deux prestigieuses maisons de haute couture.

Il avait détaché chaque mot, puis il baissa la voix et la fixa fermement, comme pour l'encourager à considérer le caractère exceptionnel de sa proposition. Le pouls de Diane s'emballa. La haute couture... Mais elle sut freiner son émotion et afficha sa désinvolture d'un léger mouvement de tête.

— J'ai déjà fait mon choix. Et je crois en ce que j'ai entrepris aujourd'hui.

— N'en soyez pas si sûre ! Il y a tant de facteurs qui font capoter un projet...

— Est-ce une menace ?

Dumas se leva, aussitôt imité par le maire.

— Je n'étais rien quand je suis parti d'ici, lança Dumas. Maintenant, je suis revenu et je vais imprimer ma marque dans cette région, quel qu'en soit le prix. Parce qu'il y a toujours un prix.

— Et qu'adviendra-t-il de ceux qui ne partagent pas vos ambitions ?

— Tant pis pour eux.

Diane perçut la contradiction presque inquiétante entre le sourire qu'il affichait et le cynisme de ses propos. Soudain, le bruit de la porte coulissante qui menait aux ateliers la fit sursauter. Michael fit brusquement irruption dans le hall.

— Dehors ! s'écria-t-il, foutez-moi le camp d'ici tout de suite ou c'est moi qui vous sors !

Les deux hommes quittèrent les lieux sans protester. Diane n'avait pas bougé, les yeux rivés sur la banquette qu'ils occupaient un instant auparavant.

— Je te croyais parti, dit-elle.

— Je l'étais, mais je suis revenu prendre un dossier sur lequel je voulais travailler ce soir. On dirait que j'ai bien fait. Ça va aller ? Tu as l'air toute chamboulée.

Face aux deux hommes, à leur condescendance et à leurs menaces à peine voilées, elle était inquiète.

— J'ai l'impression que nous nous sommes fait de sérieux ennemis.

— On s'en fait toujours quand on a l'intention d'œuvrer hors des sentiers battus. Et c'est ton cas, non ?

Elle sourit.

— Je suis sûr que Marthe et Guy se feront un plaisir de garder Aude, reprit Michael, je t'invite à dîner ?

Il était presque neuf heures et elle était épuisée.

— Une autre fois, Michael, ce sera avec plaisir. Mais ce soir, j'ai hâte de rentrer, je suis crevée.

13

Lorsqu'il apprit la visite du maire et du promoteur à la fabrique, Guy s'emporta.

— J'appellerai Dumas demain matin, déclara-t-il, furieux. Et croyez-moi, il va m'entendre ! Je vais lui faire comprendre que ma réponse est un non définitif.

Marthe apportait le poulet rôti sur la table, et le plat heurta violemment le pichet d'eau.

— Tu n'as même pas écouté ce qu'il avait à te proposer.

— Bien sûr que si ! Et il faut qu'il comprenne que je ne suis pas intéressé.

— Je ne doute pas un seul instant que la participation de Marjorie Leroy à votre entreprise t'intéresse davantage.

Diane avait deviné que Marthe n'acceptait pas l'entrée de Marjorie dans le capital de la nouvelle société.

— Elle y trouvera bien quelque chose à gagner, maugréa Marthe en choisissant un blanc de volaille pour Aude. Elle est douée pour flairer les bonnes affaires !

— Tu te méprends sur les objectifs de Marjorie, répliqua Guy. C'est une femme intelligente qui s'intéresse à tout.

— Surtout à elle-même ! l'interrompit Marthe d'une voix aiguë.

Guy ne releva pas la dernière remarque de sa femme, il détourna la conversation et ils dînèrent en parlant de choses et d'autres. Mais lorsqu'un peu plus tard, Marthe proposa d'aller coucher Aude, il se rapprocha de Diane et parla à voix basse :

— Ne prenez pas au sérieux l'agressivité de Marthe envers Marjorie. Il y a un contentieux immobilier entre leurs deux familles, qui date de la fin de la guerre.

Malgré son ton rassurant, Diane ne put se départir d'un doute. Elle avait le sentiment confus d'être au cœur d'intérêts divergents, de vieilles rancunes, et cela ne cessait de l'inquiéter. Elle eut du mal à s'endormir, alors qu'elle escomptait une bonne nuit de sommeil avant d'affronter une fin de semaine chargée.

Le lendemain, elle fit un crochet par sa future demeure avant de se rendre au bureau. Les travaux étaient presque terminés. En dépit de l'accueil affectueux de ses beaux-parents, elle rêvait d'un peu de liberté et elle avait hâte d'emménager chez elle. Toutefois, elle appréhendait le moment où elle se retrouverait seule avec Aude. La fillette appréciait tellement le cocon douillet de la maison de ses grands-parents.

Perplexe, elle reprit sa voiture et se rendit à la fabrique. Elle commençait invariablement sa journée par un coup d'œil à ses messages électroniques. Mais en arrivant ce matin-là, elle découvrit un pli sur son clavier d'ordinateur. Dans l'enveloppe de papier kraft, elle trouva une lettre de Jean-Claude Dumas. En termes alambiqués, le promoteur regrettait son intrusion de l'autre soir et la priait d'accepter ses excuses. Il l'invitait à reconsidérer sa proposition d'offre de travail. Il lui avait trouvé un poste de styliste à Paris et la maison de haute couture qu'il avançait laissa Diane rêveuse. Il avait joint à son courrier une luxueuse plaquette sur papier glacé dévoilant toutes les activités du groupe *JC International Développement*.

Diane déchira le tout et jeta les morceaux dans la corbeille à papiers.

Les bases de sa ligne de vêtements d'intérieur se précisaient. Elle découvrait un autre aspect de la création, le bonheur d'inventer des tenues légères pour la nuit, ou pour se sentir à l'aise chez soi. Dès qu'elle s'installait à sa table à dessin, une sensation d'allégresse l'animait, elle se sentait en harmonie avec la nature qui s'éveillait. Les bourgeons éclataient, l'herbe verdissait sur le bord des routes. Et l'eau coulait dans les ravins, tumultueuse, gorgée de la fonte des neiges.

Elle utilisa un logiciel spécial, agrandit ses croquis, et lança l'imprimante. Puis elle se rendit dans l'atelier de création. Tout était prêt, il ne manquait plus que les meubles et le matériel. Elle avait demandé aux ouvriers de fixer des panneaux de bois clair sur tous les murs de la pièce. Elle y accrocha une vingtaine de dessins en les classant par catégorie, pyjamas corsaires, nuisettes, chemises de nuit coordonnées aux déshabillés. Sur d'autres panneaux, elle afficha les croquis des robes et des tailleurs qu'elle avait dessinés pour Hilde Dortman. À présent, elle pouvait établir une première sélection de tissus. Elle fit un détour par la salle de repos et glissa une capsule dans la cafetière. Sa tasse à la main, elle gagna les entrepôts. Elle était toujours fascinée par les dizaines de rouleaux de tissu soigneusement répertoriés, alignés sur des rayonnages qui grimpaient jusqu'au plafond. Elle fit un tour, nota sur une feuille les références des coupons qui l'intéressaient. Sa commande de soie et de dentelle était arrivée la veille.

Diane passa un temps fou à choisir les matières, elle déroulait les bobineaux, soupesait, comparait, et ne vit pas le temps passer jusqu'à ce qu'elle entende des voix dans le couloir. Elle rejoignit la salle de repos où les couturières et d'autres employées administratives prenaient leur pause.

— Bonjour mesdames, lança-t-elle, vous tombez à pic ! Prenez votre tasse et rejoignez-moi dans l'entrepôt central, j'ai besoin de votre avis.

Elle pria Louise, son assistante, de les rejoindre et elles se regroupèrent devant les coupons de tissu étalés partout.

— Aidez-moi à transporter ces rouleaux dans l'atelier. Je voudrais faire des essais et vous allez me dire ce que vous en pensez.

Elle désigna plusieurs bobineaux et s'empara d'un coupon de calicot :

— Cette cretonne, ce lin turquoise… Ah ! et prenez ce modal aussi.

Dans l'atelier de création, elle demanda à Louise d'étaler les coupons par terre. Intriguées, les couturières observaient Diane qui découpait des petits carrés de tissu qu'elle épinglait sur les croquis fixés au mur. Diane posa une fine bande de dentelle ivoire sur le bustier d'une chemise de nuit et un morceau de satin pêche sur le tombé large et souple. Elle recula pour mesurer l'effet.

Personne ne dit mot. Diane se retourna. Les employées avaient les yeux rivés sur elle, très impressionnées.

— Dites-moi sincèrement ce que vous en pensez, insista-t-elle.

Marianne, la secrétaire de Guy, s'enhardit :

— Même en rêve, je ne porterai jamais une chemise de nuit comme ça, dit-elle en tapant du plat de la main sur ses hanches.

— Je sais, répondit Diane en souriant, c'est frustrant. On dessine tous nos modèles en taille 34 ou 36… Soixante centimètres de tour de taille maximum et pas plus de quatre-vingt-huit de tour de hanches. Mais croyez-en mon expérience, ensuite on adapte les formes, sinon on ne vendrait pas un seul vêtement !

Rosie, une des deux couturières expérimentées s'approcha du croquis :

— Le satin se prête bien à la confection de ce modèle, mais pourquoi ne pas prévoir une légère fente sur le côté ?

Rosie manipulait la matière avec soin et dextérité. Diane approuva sa remarque.

— Nous pourrons commencer la création sous peu, dit-elle.

— Et si nous n'y arrivons pas ? demanda Muriel, la seconde couturière, nous n'avons jamais fait cela avant.

Diane les sentit anxieuses et elle prit conscience de leur appréhension envers ce travail qui lui semblait tellement facile, à elle !

— Nous commencerons par des modèles simples, et vous serez beaucoup plus à l'aise avec le linge de maison, ne vous inquiétez pas.

Le lendemain, Diane arriva à 7 heures 30 et trouva Rosie dans l'atelier. Penchée sur son plan de travail, le front et les sourcils plissés, elle découpait le patron d'un pyjama corsaire. Elle leva les yeux un instant et salua Diane.

— J'ai eu envie de m'y mettre sans attendre et à la première heure, on est au calme.

— Je vais vous chercher un café, proposa Diane.

Au cours des entretiens avec le personnel, elle avait remarqué la personnalité de Rosie. Calme, discrète, méticuleuse, elle avait l'étoffe d'une première d'atelier.

Elles travaillèrent d'arrache-pied toute la semaine. Les deux ouvrières du tissage qui avaient accepté leur reconversion dans la confection les rejoignirent. Chaque matin, Diane chargeait Louise d'acheter des croissants ou des petits pains au lait. Elle partageait leur pause-café, leur posait des questions sur leur vie, parlait d'Aude.

Et depuis peu, elle comptait une apprentie dans l'équipe en la personne de Jessica Castéri. Diane avait ébauché un plan d'aménagement de la grande salle des anciennes écuries militaires et demandé des devis à Jean Castéri. Au cours de leur conversation, il avait avoué à Diane que sa fille cadette était fascinée par le monde de la mode et qu'elle était à la recherche d'un travail.

— Nous avons un poste de couturière à pourvoir, Jean, et une formation pour adulte est toujours possible. Si cela intéresse votre fille, qu'elle vienne me voir.

Le lendemain, Diane recevait Jessica, une ravissante jeune fille de vingt ans, aux allures d'adolescente. Un long entretien avec elle permit à Diane de déceler certaines dispositions. Pourtant elle lui dressa un tableau sans concession de ce monde qui l'éblouissait et lui fit comprendre qu'il fallait travailler dur.

Lorsqu'elle les informa de cette création de poste, Patrick approuva sa décision, mais Michael resta sur la défensive. Il se demandait s'il était bien raisonnable d'embaucher une autre couturière, alors qu'il était déjà à la recherche d'un nouvel agent commercial.

— Ne t'affole pas, lui avait-elle dit. Patrick a trouvé un contrat de formation sur deux ans, avec un allègement conséquent des charges sociales. Si dans deux ans nous ne sommes pas en mesure d'assumer un salaire à taux plein à notre nouvelle recrue, c'est que nous ne serons pas loin de baisser le rideau !

En disant cela, elle avait croisé les doigts. Pour l'instant tout se déroulait selon ses plans, mais elle savait que la situation de l'entreprise était fragile. Elle aurait voulu avancer plus vite, brûler les étapes. Elle promena un regard circulaire dans la pièce. Les idées se bousculaient dans sa tête. L'aménagement de la salle principale des anciennes écuries par exemple, et notamment l'agrandissement des fenêtres. Mais pour commencer les travaux, elle devait attendre l'autorisation préalable légale.

La maison de Diane était enfin prête. Guy avait fait nettoyer le jardin, élaguer les jeunes chênes et repeindre la balustrade de bois dentelé. À l'intérieur, Jean Castéri avait réalisé des merveilles. Les murs de la pièce à vivre blanc cassé, assortis à la moquette gris perle, reflétaient la lumière largement diffusée par les hautes fenêtres. Dans la cuisine, le vert d'eau dominait, rehaussé par les carrelages bruns. Grâce aux tapisseries claires, les chambres semblaient plus spacieuses. Diane avait fait livrer l'électroménager et les meubles de la chambre d'Aude.

Et le dernier samedi d'avril, Guy prit lui-même le volant de la fourgonnette de l'entreprise. Michael et Patrick lui prêtèrent main-forte et en deux allers et retours, ils chargèrent les meubles décapés et encaustiqués que Marthe avaient offerts à Diane. Marthe avait posé des rideaux dans toutes les pièces. Et peu à peu, chaque meuble trouva sa place et la maison se remplit, accueillante et lumineuse.

Nathalie Extandi avait prévenu Diane : « Je ne pourrai pas aider au déménagement avec mes trois loustics, mais je me charge du déjeuner... C'est la coutume, avait-elle insisté devant l'embarras de Diane. Quand un ami ou un voisin déménage, il y a toujours quelqu'un pour assurer la pitance à midi ! »

Diane devina qu'elle était flattée de la recevoir en compagnie de ses beaux-parents. Et à treize heures, ils se retrouvèrent au domicile de Patrick et Nathalie. C'était une jolie demeure de montagne rénovée, entourée d'un magnifique jardin. Des bouquets de fleurs dans de grands vases, les aquarelles suspendues dans le séjour et les photos d'enfants sur les meubles, toute la maison reflétait la joie de vivre d'une famille heureuse. Diane admira cette ambiance douillette et chaleureuse. Nathalie avait dressé la table dans la véranda qui longeait la façade sud de la bâtisse. Diane fit la connaissance des trois enfants qui prirent place en bout de table et invitèrent Aude à se joindre à eux. Elle ne se fit pas prier. Diane s'assit près de son beau-père et Michael se glissa à côté d'elle. Il lui servit un verre de vin blanc frais en lui recommandant de décompresser un peu.

— Merci Michael, mais je ne m'inquiétais pas du tout pour la maison. J'ai suivi le travail de Castéri et vous aviez raison, Guy, ajouta-t-elle en se tournant vers son beau-père, il a de l'or dans les mains, ce type ! L'idée de lui confier la réfection des écuries m'enchante au plus haut point.

Le repas se déroula dans l'agitation et la bonne humeur. Nathalie avait simplifié le menu avec un plat unique, un excellent pot-au-feu qu'elle avait mitonné toute la matinée. Patrick ne manqua pas l'occasion de déboucher une bouteille de madiran rouge. La viande était tendre, goûteuse, et les légumes fondants à souhait. Diane se régala en écoutant son beau-père qui vantait les nombreuses occasions où il avait fait travailler Castéri. Aude babillait et riait. Julie Extandi avait son âge, et les deux garçons plus vieux de quelques années faisaient les pitres pour amuser les filles. Et apparemment, ça marchait ! Diane se surprit à envier Nathalie. L'ambiance du repas la renforçait dans sa conviction que la famille était un cadeau du ciel qui rendait la vie magnifique. Elle coula un regard vers sa fille.

Qu'avaient-elles fait pour mériter qu'on leur reprenne ce cadeau ? Pourquoi Diane avait-elle parfois l'impression de vivre son veuvage comme une punition ?

À côté d'elle, Michael observait son visage attendri lorsqu'elle contemplait sa fille. Il admira un instant ses yeux d'un vert exceptionnel, ses cheveux bouclés maintenus en arrière par une pince de nacre. Soudain, il surprit l'expression sombre qui passa furtivement dans le regard de Marthe assise juste en face de lui. Il se détourna de Diane et proposa à Patrick de servir le vin.

Diane consacra l'après-midi à transporter le linge, les vêtements et tout ce qu'elle avait rapporté de Paris et entreposé chez ses beaux-parents. Peu à peu, chaque objet se fondit dans le décor de la maison. Aude rangea ses jeux, ses poupées et tous ses livres dans sa petite armoire rose et blanc aux couleurs de *Hello Kitty*. Marthe les invita à dîner toutes les deux et Diane accepta. À vingt-deux heures, elle prit congé et, émue, elle remercia ses beaux-parents de leur hospitalité. Puis elle saisit la main d'Aude et elles rentrèrent chez elles, pour la première nuit dans leur nouvelle demeure.

— Elle est belle, notre maison, dit Aude en rejoignant sa chambre.

Elle se laissa déshabiller, câliner. Puis elle glissa sous la couette et s'endormit aussitôt.

Diane prit tout son temps pour se dévêtir, retirer son maquillage. Après une douche chaude, elle enfila un pyjama. Au moment de se coucher dans son nouveau lit, elle se sentit perdue. Elle avait du mal à accepter l'idée qu'elle était chez elle. Chez elle, c'était l'appartement de Verrières-le-Buisson. Elle ne pouvait pas avoir perdu tous ses repères, toutes les traces de dix ans de mariage en quelques mois ! Et pourtant le temps passait, à la fois rapide et confus, comme les images saccadées d'un vieux film muet. Elle se rappelait les dernières heures près de Rémy, la soirée de ses cinquante ans, le départ des invités, leur bonheur de se retrouver seuls, de faire l'amour. De quoi avaient-ils parlé ensuite ? De tout et de rien sans doute, avec la légèreté des gens heureux qui pensent avoir tout le temps devant eux.

Elle referma la porte de la chambre et revint dans le séjour. Une atmosphère paisible baignait la pièce plongée dans la pénombre. Guy avait poussé la gentillesse jusqu'à déposer du bois dans la cheminée. Elle craqua une allumette, regarda le papier s'enflammer et elle s'installa sur le canapé. Accotée aux coussins, elle écouta vivre sa demeure. Le bois de l'escalier crissait doucement, le vent sifflait dans les persiennes. Tapie au creux du canapé, elle repensa à son trouble, confrontée au bonheur de Nathalie. Le cœur serré, elle sentit remonter de sa mémoire des images de son enfance. Elle n'avait pas connu les joies simples d'une vie de famille. Naïvement, elle espérait trouver un père dans chaque amant de sa mère. À chaque nouvelle rencontre, le même scénario se reproduisait. Laurette débordait de gaieté et d'enthousiasme. Cette fois c'était le bon ! Elle entrait alors en scène, se donnait le beau rôle, celui de la mère célibataire courageuse et aimante. Mais il ne lui fallait jamais bien longtemps pour dévoiler sa personnalité colérique et narcissique. Le masque tombait et l'élu s'en allait… Si bien que sur les rares photos que possédait Laurette, Diane semblait toujours attendre quelqu'un qui ne venait pas.

Rémy lui avait offert l'équilibre d'une existence stable et heureuse. Un bonheur qui n'était plus. Que dirait-il de sa nouvelle vie aujourd'hui ? Il lui manquait toujours, et le poids des souvenirs était toujours là, quelque part au fond d'elle. Malgré cela, elle avait relevé le défi, apprivoisé sa douleur jusqu'à la rendre supportable. Chaque jour, elle apprenait à se diriger vers un futur sans Rémy. Désormais, elle se sentait assez forte pour affronter sa nouvelle existence, sans s'apitoyer sur son sort. Et cette maison faisait désormais partie de sa vie. Demain, elle prendrait des photos d'Aude dans sa chambre, dans le jardin, et elle les enverrait à sa mère. Laurette ne lui avait pas donné signe de vie depuis qu'elle lui avait envoyé leur nouvelle adresse à Lhèze. C'était sa façon à elle d'exprimer sa désapprobation. Diane ne s'en était pas offusquée, elle ne s'inquiétait pas non plus. Sa mère se manifesterait à plus ou moins brève échéance, quand elle aurait besoin d'elle.

Elle allongea les jambes sur le canapé, enfouit son visage dans les coussins qui sentaient bon le cuir neuf et sombra dans un profond sommeil après une pensée fugace pour Michael. En la quittant cet après-midi, il lui avait offert un joli bouquet de fleurs. « Pour inaugurer ta nouvelle maison, avait-il dit, et qu'il vous porte bonheur à toutes les deux. » Il lui avait proposé de revenir le lendemain dans le cas où elle aurait encore besoin de lui pour déplacer quelques meubles ou accrocher des tableaux. À cet instant, elle avait croisé le regard de Marthe et elle n'avait pas répondu à Michael.

14

Lorsque le camion approcha du quai de livraison, Louise se précipita dans le bureau de Diane.

— Ça y est, Diane, on nous livre le matériel !

— Appelez Rosie et Muriel, et dites-leur de nous rejoindre.

Diane passa en revue les bons de livraison tandis que ses collègues déballaient les cartons dans l'excitation générale. Elles appelèrent les ouvriers de la production à la rescousse pour disposer les plans de travail en tenant compte de l'éclairage. Elles garnirent les étagères et les tiroirs du petit matériel.

Désormais, la confection du linge de maison pouvait débuter. Diane avait dessiné une ligne composée de parures de lit en coton léger, en satin ou en flanelle. Les différents modèles offraient un large choix de tons unis, corail, pistache, noisette, bleu océan. Les imprimés floraux classiques s'opposaient aux motifs géométriques plus contemporains.

Le moment était venu de se confronter au marché. Diane tourna, et retourna quelques feuilles du dossier posé devant elle, compara des colonnes de chiffres. Avec l'aide de Patrick Extandi, elle avait étudié les coûts de revient, et ils étaient convenus d'imposer quand même une quantité minimale pour chaque commande. Tout bien réfléchi, elle était prête à envoyer les échantillons à Hilde Dortman et s'y attela séance tenante. Elle prépara un catalogue avec les croquis de la ligne de vêtements que Hilde avait sélectionnée parmi ses récents modèles, elle épingla les échantillons des tissus spécifiquement adaptés à chaque référence. Puis elle ajouta des coupons de la nouvelle gamme de tissus d'ameublement, les esquisses de la collection de linge de maison, des tarifs et des offres exclusives. Le dossier enfin bouclé, Diane le confia à Louise qui l'expédia en Allemagne par DHL.

Trois jours plus tard, Hilde Dortman appela Diane. Elle ne tarissait pas d'éloges et le concept des exclusivités l'enchantait. Elle plaça une première option sur plusieurs tissus d'ameublement, des parures de lit, du linge de table et une série de vêtements qu'elle allait, sans tarder, soumettre aux gérantes de ses propres boutiques. Par ailleurs, Hilde demanda à Diane de lui envoyer des photos de ses créations et pourquoi pas un petit film sur l'activité de la fabrique. Elle l'insérerait en bonne place sur son site interactif, sous la dénomination « Diane Créations ». Ce site était largement consulté par les professionnels de la mode dans toute l'Allemagne et en Autriche. « En attendant que vous ayez votre propre site web, ce que je vous recommande vivement », précisait Hilde. Son appel s'acheva par une invitation à l'inauguration d'un salon de la mode le 10 juin à Paris.

Avant de quitter Bordeaux, Michael invita Diane à déjeuner. Ils dénichèrent un restaurant sur les quais, près de la place des Quinconces. Le quai donnait sur le port de la Lune et la courbe de la Garonne. C'était une splendide journée de fin avril. L'air était vif et sec, et quelques bouffées de vent frais remontaient du fleuve.

Ils s'installèrent en terrasse couverte et le garçon leur proposa la carte.

— Choisis pour moi, dit Diane

Elle prit la sacoche qu'elle gardait serrée entre le pied de la table et celui de sa chaise et en sortit une liasse de feuillets. Elle essaya tant bien que mal de les étaler sur un coin de la nappe. Michael lui tendit le verre de vin blanc que le garçon venait de servir. À la seconde gorgée, le rouge lui monta aux joues.

— Tu as renoncé au jurançon ? demanda-t-elle, amusée.

— Je sais que tu préfères le bordeaux. C'est un graves, j'espère que tu aimes ?

Elle acquiesça. « À quoi trinquons-nous ?

— À ton succès, Diane. »

C'était leur troisième jour de démarchage auprès des responsables de magasin. Diane avait sélectionné une douzaine de boutiques de luxe à Pau, sur la Côte basque et à Bordeaux. Elle avait montré ses créations et exposé son concept de ventes en petites séries, directement aux magasins. Sa longue expérience dans le prêt-à-porter haut de gamme était un atout. Elle sut mettre en valeur la réactivité, l'efficacité d'une petite entreprise et son partenariat avec Guy Borie, le fabricant de tissus. Dans l'ensemble, les acheteurs s'étaient montrés réceptifs et les premières commandes étaient tombées. Pas très importantes, certes, mais suffisantes pour déclencher l'enthousiasme de Diane.

Le garçon déposa une assiette de fruits de mer devant eux.

— J'adore ! s'écria Diane, il y a une éternité que je n'en ai pas mangé.

Elle beurra généreusement une tartine de pain de seigle et dévora ses huîtres. Michael l'observait en souriant.

— Tu as l'air d'aller beaucoup mieux qu'avant-hier lorsque nous avons débuté notre périple.

— Reconnais que nous nous en sommes bien sortis ! L'intérêt des boutiques est plus important que je ne l'avais imaginé.

Elle n'oserait jamais lui avouer la nuit blanche qui avait précédé leur départ. La vente n'était pas son métier, et elle avait abordé cette démarche la peur au ventre. Elle n'oublierait pas de sitôt le moment où elle était entrée dans la première boutique à Pau, le cœur battant, les jambes flageolantes. La propriétaire était charmante, mais un peu distante. D'un goût très sûr, elle avait consulté le *style book* de Diane et avait écouté celle-ci avec intérêt. Elle connaissait bien sa clientèle et, d'emblée, elle déclina certains tissus. Mais finalement, elle passa une petite commande. « Pour essayer, avait-elle dit, nous verrons ensuite. »

— Nous avons atteint la première partie de nos objectifs et c'est un soulagement, dit-elle, tandis que le garçon leur servait une assiette garnie de thon frais au beurre orangé. C'était primordial de tester notre production directement auprès des boutiques. Apparemment, ça marche !

— Tu en doutais ?

— Je n'ai jamais cessé d'en douter, et je douterai toujours. Je me suis jetée dans cette aventure comme une damnée, ça m'aide sûrement à ne pas trop m'apitoyer sur mon sort, mais je ne peux pas m'empêcher de penser au nombre de personnes que j'entraîne avec moi. Si ça tourne mal…

— Je suis sûr que tout se passera bien, dit Michael en lui prenant la main par-dessus la table.

Il avait lancé son équipe de commerciaux auprès des grossistes et dans l'ensemble, ils appréciaient la nouvelle gamme de tissus d'ameublement. Les agents avaient enregistré quelques commandes. Encore modestes, mais c'était un début.

— Et maintenant ? demanda-t-il en attaquant son poisson.

— J'ai sélectionné des boutiques à Toulouse et à Montpellier. Tu crois que tu pourras assurer la tournée avec un de tes agents ?

Il avait remarqué que la majorité des responsables de boutique étaient des femmes. Elles avaient une manière bien à elles de parler « chiffons ». Embarrassé, il avait choisi de rester en retrait et de laisser Diane aux commandes. Les clientes regardaient les modèles, Diane louait la trame des tissus, les effets des imprimés… Les discussions s'animaient. Il écoutait et se contentait de hocher la tête de temps à autre. Il portait le *style book* de Diane qu'il persistait à appeler *portfolio*. Et il avait pris le temps de l'observer. Ce qu'il avait appris d'elle en la regardant travailler au quotidien s'était confirmé. Elle savait enrober chacun de ses ordres de courtoisie. On la disait aimable, humaine. Elle l'était, sans aucun doute. Mais il avait découvert qu'elle pouvait être une femme d'affaires redoutable.

Soudain, il s'aperçut qu'elle le fixait en silence.

— Je pensais à ta proposition de démarchage avec mes agents, expliqua-t-il, je crois qu'il nous manque un commercial. Tu serais d'accord pour qu'on recrute une femme de préférence ?

— Pourquoi spécialement une femme ? s'étonna Diane.

— Je t'ai vue à l'œuvre et j'en conclus que les femmes sont quand même plus à l'aise pour vendre du linge et des vêtements de nuit.

— Et sexiste, en plus ! s'écria Diane en riant.

Ils levèrent leur verre et trinquèrent. Les yeux dans les yeux, ils s'arrêtèrent un instant sans rien dire. Un court moment d'intimité… et le trouble se dissipa. Ils se concentrèrent sur le thon délicieusement fondant, laissant le brouhaha de la salle les entourer. Le garçon s'approcha, emplit de nouveau les verres. Ils éprouvèrent un certain soulagement au fur et à mesure que la conversation s'orientait de nouveau sur leur travail.

De concert, ils refusèrent la carte des desserts et se contentèrent d'un café. Diane regarda discrètement sa montre, elle pensait à tous ces kilomètres qui la séparaient de Lhèze. Elle avait hâte de rentrer. Au début de leur tournée, Michael avait proposé de réserver un hôtel pour limiter les kilomètres. Diane avait refusé. Elle savait l'importance de retrouver Aude le soir, quelle que soit l'heure, en espérant que ses longues journées d'absence ne la perturberaient pas.

Souvent, en déposant la fillette à l'école, Diane échangeait quelques mots avec Nathalie Extandi qui avait toujours à cœur de la réconforter. Selon elle, Aude allait bien. Elle participait aux activités de la classe, se dépensait pendant les récréations et se liait volontiers avec les autres enfants « avec un petit côté espiègle qui fait tout son charme », avait-elle ajouté. Le soir, tandis que Diane préparait le dîner, la fillette expliquait sa journée. Elle évoquait madame Tellier, sa maîtresse, commentait le repas de midi, les jeux. Des noms d'enfants revenaient souvent, Kevin, Vincent, Mélanie.

En apprenant que Diane s'absentait, Nathalie avait proposé d'inviter Aude à jouer avec ses enfants le mercredi après-midi. Aude, qui s'était liée d'amitié avec la petite Julie, accepta joyeusement.

— Nous repartons ? suggéra Diane en se levant. Nous avons encore deux boutiques à démarcher cet après-midi. Et je suis impatiente de retrouver ma fille !

Michael s'installa au volant mais au lieu de démarrer, il se pencha vers Diane et planta un baiser sur sa joue.

— Je suis là si tu as besoin d'aide, d'accord ?

Elle le remercia d'un sourire et se plongea dans les dossiers étalés sur ses genoux. Michael se concentra sur la route et garda le silence. Était-il en train de tomber amoureux d'elle ? Elle l'attirait, c'était indéniable. Elle était bouleversante dans son deuil. Il aimait son sourire, ses haussements de sourcils lorsqu'elle était attentive, sa voix grave. Dimanche dernier, elle l'avait convié au déjeuner de Pâques avec Guy et Marthe, et le couple Extandi. Elle lui avait demandé s'il voulait bien servir les vins. Une mission qui incombait généralement au maître de maison.

Soudain, le téléphone de Diane résonna et les tira de leurs réflexions. Elle décrocha et resta immobile quelques secondes, le téléphone à la main.

— C'était Guy, dit-elle en raccrochant, l'autorisation préalable de rénovation des écuries a été refusée.

15

Ce matin, Diane goûtait le calme de son bureau. Pas un cri, pas un bruit de sirène ou de klaxon sous ses fenêtres. Cette tranquillité était propice à la réflexion. Elle devait dessiner de nouveaux modèles de linge de table et lancer la production sans plus attendre. L'engouement de Hilde Dortman avait soulevé une vague de fébrilité dans l'atelier de confection. Sous l'égide de Rosie, les couturières mettaient les bouchées doubles et, pour l'heure, tout se passait bien. Diane devait engager un photographe pour créer les bases du film promotionnel demandé par l'acheteuse allemande et qui serait fort utile pour le site internet Diane Créations qui prenait forme aussi.

Chaque jour c'étaient de nouveaux défis à relever. Pensive, elle prit conscience qu'elle avait choisi une voie radicalement nouvelle où les actes quotidiens devenaient autant de gageures. Elle essayait de faire bonne figure devant Guy, mais au fond, elle s'inquiétait.

Il était presque deux heures et elle n'avait pas vu le temps passer. Elle sortait le sandwich enfoui au fond de son sac lorsqu'un voyant rouge clignota sur le poste téléphonique. Diane décrocha. L'appel venait de Louise.

— Diane ? On me signale qu'il y a un livreur à l'accueil. Il doit vous remettre quelque chose en mains propres.

Intriguée, Diane rejoignit le hall où un énorme bouquet de fleurs l'attendait, accompagné d'un paquet et d'une carte à l'en-tête de JC International Développement. «J'aimerais m'entretenir avec vous, chère madame. S'il vous plaît, appelez-moi. En attendant, faites-moi l'honneur d'accepter ce témoignage de ma sympathie et quelques douceurs pour votre petite fille.»

Diane s'empara du bouquet et du paquet estampillé du nom d'un célèbre chocolatier, et elle se rua vers sa voiture. Elle arriva à la mairie en moins de cinq minutes. La bâtisse flambant neuve s'élevait sur la place centrale de la commune, avec une vue imprenable sur la vallée et les Pyrénées à l'horizon. Elle se gara devant le perron et fila à l'intérieur, directement vers le bureau du maire. L'hôtesse tenta en vain de l'arrêter: «Madame! Je vous en prie, attendez... Monsieur le maire est occupé.»

Diane longea le couloir et découvrit le maire en conversation avec deux employés en tenue de jardinier. Il ne parut pas surpris de la voir.

— J'imagine que vous êtes un homme très occupé, monsieur le maire, mais je suis sûre que vous aurez tout de même deux minutes à m'accorder.

— Avec plaisir, suivez-moi, madame Borie.

Philippe Renan la guida jusque dans son bureau et, en cours de route, il s'arrêta à deux reprises pour signer un registre. La pièce était claire, meublée et décorée avec beaucoup de goût. Il lui désigna le fauteuil le plus éloigné de son magnifique bureau ancien. Mais elle refusa de s'asseoir.

— Que puis-je faire pour vous? demanda-t-il.

Elle jeta les fleurs et les chocolats sur les papiers étalés devant lui.

— Dites à votre acolyte que je ne suis pas à vendre!

— Vous vous trompez sur les intentions de monsieur Dumas, je vous assure. Il ne pense qu'à votre intérêt.

— Vraiment ? Et ma demande de travaux refusée sans aucune explication, c'est l'intérêt de qui ? Le mien ou le sien ?

— Vous me voyez navré de cette décision ! Mais elle n'est pas du fait de la mairie, cela passe aussi par la préfecture et la Direction départementale de l'aménagement des territoires. Je comprends votre déception, mais pourquoi vous entêter ?

— Parce que je crois en mon projet. Béarn Tissus a encore un avenir, ne vous en déplaise... cher monsieur.

Le maire en doutait et sa grimace en disait long.

— Vous êtes une citadine, vous ne comprenez pas que l'emploi est ma première préoccupation. C'est une question fondamentale. Et il y a trop peu d'opportunités pour nos jeunes ici. Le complexe de loisirs que nous avons l'intention d'implanter est bon pour notre région. Nous ne vous laisserons pas tout gâcher.

— Si j'ai bien compris, nous allons nous opposer, projet contre projet. Soyez sûr que je ne baisserai pas les bras ! lança-t-elle avec véhémence. On m'empêche de créer des ouvertures dans les écuries, soit ! Je m'en accommoderai. Vos manigances ne peuvent pas m'interdire de peindre, de décorer, de planter des arbres. J'utiliserai les bâtiments comme bon me semble, et j'irai au bout de mes plans.

Renan avait perdu de sa superbe. Son style affecté disparut pour laisser place à une franche colère.

— Réfléchissez bien, madame Borie. Vous n'êtes pas de taille ! Nous avons des ressources, croyez-moi. Ce bâtiment a été cédé à votre beau-père par l'ancienne municipalité. La majorité du nouveau conseil peut annuler la vente, un litige sur une petite parcelle de terrain, un désaccord de bornage suffira.

Diane accusa le coup mais n'en laissa rien paraître.

— Vos menaces ne m'effraient pas, je suis peut-être beaucoup plus « de taille » que vous ne le pensez !

Sur ces mots, elle sortit du bureau en laissant la porte grande ouverte, et entendit le maire crier dans son dos : « Pour qui vous prenez-vous ? Vous n'êtes qu'un grain de sable dans l'engrenage, et un grain de sable, ça se balaye d'une pichenette.

— Connard ! » répliqua-t-elle sous le regard outré de l'hôtesse d'accueil.

En traversant le hall, elle remarqua une maquette posée sur une immense table à tréteaux. Le futur complexe touristique, un aggloméré de verre et d'acier, particulièrement compliqué. L'ensemble, qui évoquait vaguement un sous-marin jailli des profondeurs, témoignait de l'esprit mégalomane de son créateur.

Diane reprit sa voiture et respira profondément, comme pour se libérer d'un malaise. Dans une rue adjacente à la mairie, elle remarqua l'enseigne lumineuse d'une pharmacie et s'arrêta. Aude était légèrement enrhumée après une sortie scolaire à la piscine et elle n'avait pas le moindre médicament pour la soigner. Elle entra dans l'officine et prit place dans la file d'attente. Lorsque vint son tour, elle demanda au pharmacien de lui donner du sirop et des sachets de paracétamol pour enfant. Pendant qu'il cherchait les médicaments à l'arrière de l'officine, elle s'approcha du présentoir des crèmes de soin. Cela faisait une éternité qu'elle n'avait pas pris rendez-vous chez une esthéticienne. Elle pouvait au moins s'acheter une bonne crème antirides. Elle repéra le rayon des produits destinés aux femmes de cinquante ans et plus.

— J'ai peur de ne pas pouvoir vous aider…

Elle se retourna vers le pharmacien qui l'observait.

— Oh, ça ne fait rien, dit-elle, je crois que je pourrai me débrouiller !

Elle choisit une crème de jour à effet lissant et un baume de nuit restructurant. Elle régla ses achats et sortit. Sur le seuil de l'officine, elle croisa Christophe Rivière. Le tapissier-décorateur lui serra chaleureusement la main.

— J'ai appris qu'on vous avait refusé l'autorisation d'aménager les anciennes écuries ?

— Oui, apparemment mes projets ne sont pas du goût de tout le monde. Comment êtes-vous au courant ?

— Je suis conseiller municipal d'opposition et pour vous mettre un peu de baume au cœur, sachez que les délires du maire et de son compère ne font pas l'unanimité.

— Ce n'est pas ce qu'affirme votre maire ! Et je comprends que la création de 250 emplois recueille une large approbation.

— Il y a aussi ceux qui ne tiennent pas à défigurer le paysage. Le maire précédent a toujours eu du respect pour ses administrés. Au début de son mandat, Renan nous a paru honnête et compétent. L'appétit du pouvoir lui est venu au contact de Dumas.

— Je ne comprends pas pourquoi ils s'entêtent à vouloir construire leur complexe sur les terrains de mon beau-père. La place ne manque pas !

— À vrai dire, ce n'est pas très clair. Au cours d'une première réunion du conseil municipal, le maire nous a dit que Dumas voulait acheter le domaine militaire hors acquisition de votre beau-père. Mais dans un deuxième temps, on a compris qu'il ne ferait rien sans la totalité du terrain y compris les écuries et l'emplacement de votre usine…

— D'où son empressement à la racheter à n'importe quel prix. Vous avez raison, c'est bizarre.

Christophe Rivière tendit de nouveau la main à Diane.

— Faites-moi confiance, je vais surveiller ça de l'intérieur !

Diane rentra à l'usine sans être parvenue à calmer sa colère. Sa rencontre avec le maire l'avait déçue. Elle avait imaginé pouvoir au moins discuter, défendre sa cause, voire présenter un recours. C'était clair, la municipalité et le promoteur étaient bien déterminés à lui mettre des bâtons dans les roues…

À sa demande, Guy rassembla les documents relatifs à l'acquisition des anciennes écuries et ils se rendirent sur place. Ils firent le tour des bâtiments et Diane désigna les quelques ares qui séparaient les écuries du reste de la caserne.

— Où s'arrête votre parcelle ? demanda-t-elle à Guy.

— En principe ici, répondit-il en pointant des piquets jaunes, profondément enfoncés dans le sol. Le géomètre a borné le terrain.

— Et il a travaillé à partir de quels documents ?

— Je ne sais pas, d'après le plan cadastral certainement…

— … Et ce n'est pas à la mairie que nous pourrons demander la conformité du bornage, compléta Diane en soupirant.

— Non, mais à l'armée ! Je suis sûr qu'ils ont des relevés cadastraux aussi fiables que ceux de la commune. Il y a une antenne du Sirpa[1] à Pau, rattachée à la caserne Bernadotte.

---

1. Sirpa : service d'information et de relations publiques des armées.

Tandis qu'ils rebroussaient chemin, Diane jeta un dernier regard en direction des écuries. Elle avait vraiment à cœur d'y réaliser son showroom. Un petit calepin la suivait partout dans lequel elle consignait ses idées. Elle avait observé la façon dont la lumière changeait suivant l'orientation du soleil, et elle avait pensé la décoration dans des tons clairs : bleu, parme, et le vert tendre des feuilles de chêne au printemps. L'intérêt des boutiques et celui de Hilde Dortman lui laissaient imaginer un lieu d'exposition doublé d'un centre d'affaires, beaucoup plus grand, beaucoup plus luxueux qu'elle ne l'avait conçu au départ. Elle se voyait déjà inviter ses clients deux fois par an pour présenter la nouvelle collection de tissus, de linge. Et pourquoi ne pas convier des acheteurs européens ? Des plans absolument parfaits !

Elle devait arrêter de divaguer. Inutile de lancer les travaux, s'il y avait le risque, aussi infime soit-il, que la vente du terrain soit caduque.

Lorsqu'elle rejoignit sa voiture, un vent léger chassait les fleurs des pommiers sauvages en une écume blanche qui vola autour d'elle.

16

Le bureau du Sirpa était situé dans le centre de Pau. Diane suivit les indications du GPS et déboucha place Gramont. Elle fit rapidement le tour du rond-point et s'aperçut qu'elle avait manqué la rue. Une fois dans la bonne direction, elle tourna encore un quart d'heure avant de trouver une place de stationnement libre. Elle avait dix minutes de retard lorsqu'elle pénétra dans le bâtiment. Elle se précipita dans les escaliers en suivant les indications Permanence-Sirpa, et s'arrêta au troisième étage sur un palier étroit muni d'une seule porte. Elle posa la main sur la poignée, mais le battant s'ouvrit à l'improviste devant elle. Elle trébucha. Et sans le secours d'un homme qui la rattrapa fermement par le coude, elle se serait étalée de tout son long.

— Je me demandais si j'allais tomber sur quelqu'un capable de me renseigner, dit-elle, mais je ne pensais pas que ce serait au sens littéral du terme !

Elle se présenta, puis il lui tendit la main : « Lieutenant-colonel Laurent Vignaud. »

Ils pénétrèrent dans une petite pièce sombre qui faisait irrésistiblement penser à une salle de classe, avec des tables aux pieds métalliques, de vieux casiers de rangement et des tableaux fixés aux murs.

— Que puis-je faire pour vous ? demanda l'officier en lui avançant une chaise.

C'était un homme d'une bonne cinquantaine d'années, les cheveux châtain foncé taillés en brosse, légèrement argentés sur les tempes. Il portait le treillis aux couleurs de l'armée de terre décoré d'insignes et de galons.

— Mon beau-père a acquis une partie des bâtiments militaires désaffectés de l'armée sur la commune de Lhèze, expliqua Diane. Ce terrain est adjacent à son usine de textiles. Et… – elle s'interrompit, soudain dubitative – j'imagine que le Sirpa s'occupe essentiellement de recrutement ou quelque chose comme ça. Je ne sais pas si vous allez pouvoir m'aider.

L'officier afficha un grand sourire et s'inclina vers elle, attentif.

— Je vais essayer ! Et dans le cas contraire, je pourrai sans doute vous orienter vers la bonne personne.

— Je crois que nous nous dirigeons vers un conflit avec le maire de la commune et un promoteur qui se porte acquéreur des autres bâtiments…

Il prit un cahier, un crayon et nota ce qu'elle disait.

— J'ai gardé un réflexe d'écolier, je note tout sur un cahier.

— Ça correspond au décor, répliqua Diane, avec un regard amusé autour d'elle.

Elle sourit. Il remarqua de petites rides de part et d'autre de ses lèvres. Et deux jolies fossettes.

— Que pouvez-vous me dire de plus ?

Diane dressa un bilan circonstancié des derniers événements. Il l'écouta en continuant à prendre des notes dans son cahier. Son écriture était fluide et il avait de belles mains, robustes, avec un peu de duvet sur les phalanges.

— Je vais me renseigner, dit-il lorsqu'elle se tut. Je pense que le plus facile sera de consulter nos archives et de retrouver l'acte de cession. Je m'en occupe dès mon retour à la caserne.

— Vous pensez qu'il est possible de consulter des archives ?

— Je crois que ce sera dans mes cordes ! Je suis attaché à la direction de la base de défense de Pau-Bayonne-Tarbes. Je remplace au pied levé le collègue qui devait tenir cette permanence aujourd'hui.

Après quoi, ils échangèrent leurs cartes de visite et se levèrent d'un même mouvement. Il la raccompagna jusque sur le palier et lui souhaita bon courage.

Diane avait l'impression d'avoir effectué cette démarche pour rien. Finalement, elle n'avait pas appris grand-chose. Elle hâta le pas jusqu'au parking mais, arrivée devant sa voiture, elle marqua un temps d'arrêt en voyant les quatre roues à plat.

Elle regarda les autres véhicules et ne vit rien d'anormal. Apparemment, seule sa voiture avait été vandalisée. Comment était-ce possible ? Les quatre pneus, ce ne pouvait être qu'un acte délibéré qui la visait, elle. Mais qui savait qu'elle serait au Sirpa de Pau aujourd'hui ? Instinctivement, elle regarda autour d'elle. Puis, sans réfléchir, elle fit demi-tour et rejoignit le bureau du lieutenant Vignaud. Il était seul, son téléphone à la main. En la voyant entrer en coup de vent, il raccrocha.

— Je viens de trouver les quatre pneus de ma voiture crevés ! Savez-vous où est le garage le plus proche ? Je vous avoue que je ne connais pas très bien la ville.

Il regarda sa montre.

— De toute façon, à dix minutes près, je partais, dit-il en bouclant son attaché-case. Allons voir cela de plus près.

Il la suivit jusque sur le parking et resta un instant stupéfait en découvrant l'état des roues.

— C'est sans doute un coup de petits voyous qui n'ont rien de plus intelligent à faire. Je vais appeler une dépanneuse.

Diane essaya de prendre son avis en compte. Elle aurait bien voulu se rassurer, mais elle n'y parvint pas. Elle ne croyait pas une seule seconde à l'acte de petits voyous. Elle se sentait personnellement visée, et cela voulait dire qu'on la surveillait.

— Vous croyez que des gamins s'amuseraient à crever les quatre pneus d'une seule voiture ? La mienne est la seule à avoir été touchée.

Il avait déjà noté le fait mais il ne trouva rien de plus rassurant à lui dire.

— Est-ce que cela veut dire qu'on me surveille ? Je n'arrive pas à croire qu'on m'a suivie jusqu'ici.

Il ne répondit pas mais cela eut l'air de lui paraître évident. Ajouté au conflit qu'elle venait d'évoquer, il redoutait, en effet, que cet acte de malveillance lui soit personnellement destiné. Vingt minutes plus tard, la voiture de Diane était arrimée sur une dépanneuse et le garagiste promit de la ramener à son domicile le lendemain matin. Le lieutenant-colonel Vignaud proposa de la raccompagner chez elle. Elle pensa au travail qui s'amoncelait à la fabrique, à Aude qui l'attendait chez sa grand-mère, elle accepta.

Il la guida jusqu'à son véhicule et lui ouvrit la portière. Elle se laissa tomber sur le siège. Elle ne cessait de penser à sa fille, elle l'imaginait déjà courant un danger et une boule se forma au fond de sa gorge. Elle sentit la peur la gagner, nouer son ventre.

Bon observateur, Vignaud comprit qu'elle était bouleversée.

— Ça va aller ? demanda-t-il.

Elle acquiesça d'un mouvement de tête.

— Je n'ai pas l'intention de me laisser intimider, mais c'est tout de même flippant de me savoir épiée comme ça ! J'ai une petite fille de cinq ans…

Sa voix basse, tendue, laissait percer son immense inquiétude.

— Et qu'en pense votre mari ?

— Mon mari ?

Elle se tourna vers lui et suivit son regard en direction de l'alliance qu'elle portait toujours à l'annuaire.

— Mon mari est décédé l'année dernière, dit-elle.

— Oh ! Je… je suis désolé, excusez-moi.

— Ne vous excusez pas, vous ne pouviez pas deviner.

Machinalement, elle jeta un coup d'œil sur l'anneau qu'il portait aussi à son doigt.

— Il faut prendre la première à droite, dit-elle, et c'est la troisième maison.

Il se gara dans l'allée et remarqua la demeure isolée. Ils descendirent de la voiture et il sortit une autre carte de visite de la poche intérieure de son uniforme.

— Allez à la gendarmerie dès aujourd'hui. Que ce soit un acte délibéré à votre encontre ou pas, il n'en reste pas moins que c'est du vandalisme. Remettez ma carte au gendarme qui vous recevra et dites-lui de m'appeler.

Elle prit la carte et le remercia.

— Dès que j'ai du nouveau à propos de votre affaire de terrain, je vous téléphone.

Il lui tendit la main.

— Soyez prudente et prenez soin de vous.

17

Diane effleurait les petits morceaux de tissu avec un délicieux frisson d'excitation. Elle tâtait, soupesait de ses doigts la soie, la dentelle, le coton. Il y avait longtemps qu'elle n'avait pas éprouvé une telle joie à l'idée de créer des modèles. Tout se présentait à elle sous une nouvelle perspective et l'émotion était si forte qu'elle sentait son cœur battre plus vite. Guy lui avait offert les mille premières étiquettes à coudre sur chaque pièce de son linge de maison. De fines bandelettes de satin noir brodées de caractères gris argent : « Diane Créations ». Elle n'aurait jamais imaginé vivre un tel moment ! Les couturières, l'entouraient, la félicitaient, visiblement fébriles elles aussi. Rosie paraissait la plus émue : « C'est merveilleux, Diane. Vous avez réussi…

— C'est la réussite de notre travail à toutes », rectifia Diane.

Soudain, Michael entra avec une bouteille de champagne et des verres.

« Ça s'arrose, mesdames ! »

Guy, Patrick et les agents commerciaux les rejoignirent pour partager leur enthousiasme. Les premières parures de lit et les services de table s'alignaient sur les rayonnages des ateliers. Il ne manquait plus que la petite étiquette, signature du créateur.

La production était prête.

Tous les soirs, Diane restait à l'usine longtemps après le départ des couturières. Elle faisait un tour de l'atelier, vérifiait, notait ses idées… Puis elle se retirait dans son bureau et s'attelait au travail administratif en retard.

Une fois encore, elle passa les différents devis en revue. Les photos et le film promotionnel destinés à Hilde Dortman, et la création d'un site web n'entraient pas dans les dépenses qu'elle avait envisagées dans l'immédiat. Elle planchait sur des devis, lorsque Nathalie Extandi entrebâilla la porte.

— Coucou ! On peut entrer un instant ? Je te ramène ta fille.

Aude avait joué avec Julie tout l'après-midi. Penaude, la fillette montra la manche de son pull entièrement déchirée : « C'est pas trop grave, maman ? »

Diane ne put s'empêcher de rire « Non, ce n'est rien mon cœur.

— Je pourrai quand même retourner jouer chez Nathalie mercredi prochain ?

— Il ne faudrait pas abuser quand même ! »

En quelques semaines, Diane et Nathalie étaient devenues amies et se tutoyaient. Nathalie invitait Aude presque tous les mercredis après-midi. Elle avait toujours un programme de réjouissances en réserve et l'enthousiasme d'Aude faisait plaisir à voir. Elle rentrait fourbue, ses vêtements en piteux état mais débordante de joie. Aude adorait jouer avec Julie, et les garçons s'étaient attachés à elle comme à une petite jumelle de leur sœur cadette.

Diane n'avait pas encore eu le temps de rendre l'invitation aux enfants Extandi et elle culpabilisait un peu. Nathalie chassa ses scrupules d'un grand sourire.

— T'inquiète pas, tu te rattraperas plus tard. J'ai la chance de rester à la maison le mercredi. Ta belle-mère garde Aude tous les soirs, je suis persuadée que c'est bon pour son équilibre de côtoyer des enfants de son âge de temps en temps.

— Tu es adorable, Nat, répliqua Diane en repoussant le dossier posé devant elle.

Elle ouvrit le tiroir de son bureau et sortit un paquet de biscuits fourrés au chocolat qu'elle offrit aux enfants.

— Tu étais dans les comptes ? demanda Nathalie.

Diane expliqua les frais imprévus.

— Tu n'as aucune idée des tarifs pour louer les services d'un photographe ! Je dois engager un mannequin pour présenter les nuisettes, les robes d'intérieur et trouver un cadre agréable pour prendre les photos. Le photographe m'a proposé son studio mais là, je ne te dis pas. Ça va me coûter un bras !

— Pourquoi ne demandes-tu pas à Marjorie Leroy, la propriétaire du Manoir des Chaumes ? Tu ne pourrais pas rêver d'un plus beau cadre.

À vrai dire, Diane n'avait pas revu la châtelaine depuis leur dîner au Manoir des Chaumes. Lorsque Marjorie Leroy avait manifesté le désir d'investir dans la nouvelle société, leurs entretiens s'étaient déroulés au téléphone. Ensuite, Guy s'était chargé des détails avec un plaisir manifeste. Diane s'était contentée d'envoyer une carte de remerciements à Marjorie.

— Je ne sais pas trop, dit Diane, songeuse. Ma belle-mère n'aime pas Marjorie Leroy, je crois même qu'elle s'en méfie.

— Tu sais, les vieilles histoires de famille, parfois il vaut mieux ne pas s'en mêler.

Le lendemain, Diane appela Marjorie Leroy qui accepta sa requête avec enthousiasme.

— J'aime les nouveaux départs, dit-elle, les défis gigantesques auxquels personne ne croit. Vous pouvez compter sur mon soutien. Venez me voir demain en début d'après-midi, nous prendrons le thé et vous m'expliquerez ce que nous pouvons faire ensemble.

En passant prendre Aude chez ses beaux-parents, Diane évoqua l'aide de Marjorie et sa gentillesse.

— Soyez prudente vis-à-vis de cette femme, répliqua Marthe. À mon avis, vous devriez garder vos distances. Elle est dangereuse.

— Je la trouve charmante, protesta Diane. C'est le genre de femme qui donne envie de mieux la connaître.

— Eh bien ce que vous découvririez risquerait de ne pas être joli, joli... Il y a des rumeurs qui circulent sur l'origine plus ou moins douteuse de sa richesse. Ces fortunes qui sont nées miraculeusement à la fin de la guerre, ça cache souvent des saletés. Et c'était facile de collaborer avec les Boches pendant que d'autres risquaient leur peau.

Un peu plus tard, Marthe sortit sur la terrasse et rassembla les jouets d'Aude. Guy remarqua l'air déconcerté de Diane.

— Ne prenez pas les propos de Marthe au premier degré, mon petit. Marjorie est quelqu'un de bien. Mais comme toutes les femmes indépendantes et solitaires, elle est entourée d'une aura de mystère qui suscite toujours la jalousie et l'animosité.

Vendredi, Diane quitta Béarn Tissus en début d'après-midi pour se rendre à Vivien. Au moment de monter en voiture, elle jeta un coup d'œil alentour. Depuis le vandalisme de sa voiture, elle restait sur ses gardes, mais elle n'avait jamais rien remarqué d'anormal. Les gendarmes de Lhèze pensaient que ses pneus crevés étaient l'acte de gamins désœuvrés.

Elle glissa un CD de Lara Fabian dans le lecteur et se laissa bercer par la voix sensuelle et pure de l'artiste. *Addio del Passato,* la première scène de l'acte III de *La Traviata*... Il fallait oser ! pensa Diane, admirative. Elle conduisait lentement en contemplant le paysage. La température grimpait de quelques degrés chaque jour. Les arbres accrochaient la lumière qui glissait des sommets, les fougères et les plantes sauvages jaillissaient de toutes parts dans une palette de verts, de jaunes, de rouges. Un monde d'une splendeur naturelle qui, parfois, donnait le frisson. Diane emprunta la route qui menait au manoir et se gara sur le parking réservé aux visiteurs. À l'accueil, une jeune fille lui indiqua que madame Leroy l'attendait dans le salon de musique. À son entrée, Marjorie s'avança vers elle, les mains tendues. Elle portait un chemisier de soie bleu azur et un pantalon ivoire. Diane trouva ces tons clairs particulièrement seyants sur elle.

— Diane, je suis heureuse de vous revoir, merci d'être venue.

Elles s'installèrent de part et d'autre d'une table basse recouverte de marbre.

— J'ai demandé qu'on nous apporte du thé.

Et sans plus attendre, elle aborda le sujet de leur rencontre :

— Je serais ravie que vous utilisiez le manoir pour vos séances photo. Si vous êtes d'accord, nous pourrons dresser les tables avec vos nappes et présenter les parures de lit dans les chambres, qu'en pensez-vous ?

— C'est une excellente idée !

La jeune fille qui officiait à l'accueil entra, elle déposa un plateau sur la table basse et se retira aussitôt.

— J'ai appris qu'on vous avait refusé l'autorisation de rénover la caserne désaffectée, reprit Marjorie. Je trouve que c'est injuste ! Expliquez-moi ce que vous vouliez en faire.

Diane évoqua le showroom, tandis que Marjorie faisait tourner le couvercle de la théière de porcelaine, en suivant du bout des doigts le fin tracé d'un pétale de rose. Elle emplit les tasses. Diane trempa les lèvres dans le thé. Il était fort et brûlant comme elle l'aimait, avec une base de thé noir, mais elle était incapable d'en définir le mélange.

— Je voudrais créer un espace de présentation accompagné d'un centre d'affaires, expliqua-t-elle en reposant la tasse sur le plateau. Le but étant d'y inviter nos clients à l'occasion de chaque nouvelle collection.

— C'est un concept très intéressant ! s'écria Marjorie, en accentuant son intérêt d'un mouvement de tête.

Elle avait la faculté d'accorder une extrême attention à ses interlocuteurs. Elle écoutait, la tête penchée sur le côté, tandis que Diane exposait toutes les folles idées qui lui venaient à l'esprit depuis des semaines.

— J'ai une proposition à vous faire, suggéra Marjorie lorsque, à bout de souffle, Diane se tut. Pourquoi ne pas utiliser le manoir pour vos manifestations ? Vous l'ignorez peut-être mais notre activité ne se limite pas au restaurant. Nous avons une vingtaine de très jolies chambres, un compromis entre hôtel et chambres d'hôtes de grand standing. En dehors de la saison touristique, j'accueille des séminaires, des concerts, des conférences. Je serais ravie de développer ma clientèle business grâce à des conventions d'affaires et des expositions dans un autre domaine que l'art.

Le visage de Diane s'éclaira « Ce serait magnifique !

— Venez, je vais vous faire visiter. »

Elles terminèrent leur tasse de thé, et Marjorie entraîna Diane à travers les salons du rez-de-chaussée. Les pièces aux parquets recouverts de tapis précieux étaient agrémentées de superbes boiseries qui recouvraient les soubassements muraux. Les meubles de style étaient savamment disposés pour donner à l'ensemble une impression de luxe confortable, de calme. Elles gagnèrent le hall et empruntèrent l'escalier de chêne qui conduisait à la galerie du premier étage, entourée d'une balustrade de bois poli. De part et d'autre, les portes ouvraient sur des chambres de dimensions moyennes. Les murs patinés de gris, de lilas ou de vert tendre abritaient des lits de style parés de linge brodé, et protégés de longs pans de toile de Jouy, ou habillés de cotonnades fleuries. Les salles de bain attenantes, décorées dans les mêmes tons étaient aménagées dans un subtil mélange de moderne et d'ancien. Diane ne tarissait pas d'éloges. Tout était si parfaitement harmonieux.

— Certes, dit Marjorie. Néanmoins, j'envisage de refaire la décoration d'un tiers des chambres cette année. Je voudrais quelque chose de plus frais, de plus moderne. Ce sont vos tissus et vos parures qui m'en ont donné l'idée, et c'est devenu une obsession ! Il faut que je trouve un tapissier.

— Vous devriez contacter Christophe Rivière, à Auriac. C'est un ami de mon beau-père. Si le projet de pôle artisanal avait vu le jour, il aurait été le premier à s'y installer. Je vous donnerai ses coordonnées.

Tandis qu'elles longeaient la galerie, Diane s'arrêta devant une armoire ancienne.

— Le travail du bois est remarquable, mais je ne parviens pas à définir son style.

— Ce n'est pas une armoire de style, c'est une armoire de noces. Mon père était ébéniste et j'ai été élevée dans un monde un peu particulier, la coupe des bois, l'assemblage, les teintures, les vernis... Mon père avait déjà choisi le chêne de ce meuble alors que j'étais encore une enfant. Tandis que ma mère concevait mon trousseau, il a commencé la fabrication de l'armoire. Les fleurs et les fruits sculptés sont le symbole de l'amour et de la fécondité. La coutume voulait que quelques jours avant la noce, on installe l'armoire emplie de linge dans la maison des futurs mariés, et tous les invités venaient l'admirer.

Diane se garda bien de demander si le mariage avait eu lieu, et Marjorie ne dit rien. Elles redescendirent au rez-de-chaussée. Marjorie proposa une autre tasse de thé à Diane qui accepta volontiers. Parce que le thé était délicieux, le manoir somptueux et l'intérêt de Marjorie sincère, Diane se détendit. L'avenir lui parut un peu plus serein. Elle avait envie d'y croire.

— Pour votre présentation et la réception de vos clients, reprit Marjorie, je pense que l'orangerie ferait parfaitement l'affaire. Allons la voir dès que nous aurons fini notre thé.

Un peu plus tard, elles quittèrent le manoir par la façade ouest qui donnait sur le jardin d'hiver. L'abondance des plantes offrait de petits coins de détente, moitié ombre, moitié lumière. Des pergolas en enfilade menaient à l'orangerie. Un chant d'oiseau fusa à travers le feuillage des camélias.

— L'orangerie a été ajoutée à la bâtisse au XIXe siècle, à la place d'une bergerie, expliqua Marjorie.

L'édifice de style victorien était construit tout en longueur avec une toiture bombée recouverte d'ardoises. Des rocailles l'entouraient, agrémentées de bassins où flottaient des nénuphars. Pour l'instant, des échafaudages occupaient une partie de la façade. À l'intérieur, le sol présentait de nombreuses traces d'humidité et les soubassements des verrières étaient habillés de bois patiné, écaillé et taché par endroits. L'élégante structure d'acier peinte en vert occitan était percée de hautes fenêtres qui invitaient la lumière. Mais certaines vitres étaient fêlées.

— La tempête de novembre dernier a emporté une partie du toit et les travaux ne sont pas terminés. Mais imaginez toutes vos créations exposées ici, Diane. On pourrait également prévoir une tente de réception à l'extérieur, aménagée en espace d'affaires. Qu'en pensez-vous ?

Diane regardait autour d'elle, émerveillée. Elle ne pouvait rêver d'un plus beau showroom.

— Je ne sais que dire, tellement cela me paraît inespéré ! Mais quelles seraient vos conditions ?

— Nous pourrions considérer ça comme un partenariat. Vos manifestations attireront une nouvelle clientèle chez moi. Et je vous l'ai dit, je crois en vous. Nous étions faites pour nous rencontrer… Peut-être que rien n'arrive par hasard. Et désormais, je suis votre actionnaire, ne l'oubliez pas, il est normal que je m'investisse aussi dans l'aventure !

Elles quittèrent l'orangerie et longèrent les allées bordées de rhododendrons, de rosiers en fleurs. Marjorie raccompagna Diane jusqu'au parking.

— Réfléchissez à ma proposition, dit-elle.

— Je crois que je n'ai pas besoin de réfléchir, j'accepte volontiers !

— Dans ce cas, dès que vous serez prête, faites-moi signe.

Diane lui tendit la main, mais Marjorie l'attira à elle et l'embrassa sur les joues.

— Nous allons nous voir souvent maintenant, alors soyons amies.

Diane remonta l'allée principale au volant de sa voiture et, juste avant le tournant, elle adressa un signe de la main à Marjorie qui la regardait depuis le perron.

Marjorie rejoignit le hall et devant l'imposte transformée en miroir, elle ôta ses lunettes, se regarda et murmura doucement « Diane… »

Après sa rencontre avec Marjorie Leroy et la visite du manoir, Diane reprit la route de Lhèze, transportée. Une bouffée d'optimisme s'empara d'elle. À présent elle pouvait relancer tous ses projets. Elle voyait déjà la présentation de ses collections, l'accueil des clientes, les dîners dans ce cadre mirifique d'une autre époque. Elle tirait toujours des plans sur la comète, lorsqu'elle regarda l'heure. Elle laissa échapper un juron. Elle devait faire un crochet chez Marthe avant d'aller chercher Aude chez Nathalie.

Marthe avait farci des petits légumes et elle avait préparé un plat supplémentaire pour le dîner de Diane et d'Aude. Quand Diane arriva, elle garnissait deux boîtes hermétiques d'un assortiment de tomates, de courgettes et de champignons.

— Vous pourrez en conserver une au congélateur pour un prochain repas. J'ai également fait des crêpes pour votre dessert. Je sais qu'Aude les adore et comme elle ne vient plus le mercredi…

Diane ne releva pas le reproche sous-jacent. Elle avait deviné que Marthe n'appréciait pas le temps que sa petite-fille passait chez Nathalie Extandi. Elle devait imaginer les jeux, les promenades, les rires dont elle était, de fait, exclue. Diane souligna avec gentillesse qu'Aude venait chez sa grand-mère tous les soirs.

— Merci pour les farcis, dit-elle, vous nous gâtez. Et Aude va apprécier les crêpes.

— Je pourrai l'emmener à Pau demain, après l'école ? Je lui ai promis d'aller voir le nouveau magasin de jouets dans la rue piétonne. Bien sûr, ce serait mieux un mercredi après-midi.

Décidément, elle n'était pas disposée à lâcher prise. Diane préféra changer de sujet.

— J'ai visité le Manoir des Chaumes cet après-midi. Marjorie m'a proposé de le mettre à ma disposition pour mes futures expositions.

Marthe la dévisagea d'un air désolé.

— Oh Diane ! Je vous croyais plus maligne. Cette femme est malsaine. Je suis sûre qu'elle a une idée derrière la tête.

— Je n'ai guère le choix, je dois trouver une solution. Le maire s'est arrangé pour m'empêcher d'exploiter le bâtiment militaire, et cela sert les objectifs de son copain promoteur, bien sûr !

— Et qui vous dit que ce refus vient de la mairie ? s'emporta Marthe. Je connais Jean-Claude Dumas depuis quarante ans, c'est un homme bien.

Diane eut une mimique dubitative. « Ce n'est pas l'impression qu'il m'a donnée. Il a avoué qu'il ferait tout pour me contrer. Ils ont d'autres projets avec le maire et je les dérange, c'est clair ! Mais je n'ai pas l'intention de baisser les bras. Ces sales types ne me font pas peur.

— À votre place, c'est la châtelaine dont j'aurais peur. Êtes-vous sûre qu'elle n'a rien à se reprocher ? »

La voix de Marthe tremblait de colère. Ses yeux lançaient des éclairs derrière ses lunettes sans monture. Diane resta un moment interdite avant de demander :

— Que voulez-vous dire ?

— Marjorie est conseillère départementale, et tout le monde sait qu'elle est en bons termes avec le préfet… Enfin, en bons termes, façon de parler. Vous voyez ce que je veux dire ! Votre dossier est bien passé entre leurs mains, non ? Si elle avait vraiment voulu vous soutenir…

— Je ne vois pas en quoi le refus des travaux servirait ses intérêts.

— Eh bien elle, elle le sait, croyez-moi ! La preuve, elle vous offre une solution miraculeuse, une manière de vous attirer dans ses rets, et vous vous y précipitez ! Vous êtes bien naïve.

Le téléphone portable de Diane résonna dans son sac. Elle décrocha et lança : « Oui ma puce ! en regardant sa belle-mère droit dans les yeux, j'arrive dans cinq minutes. »

L'appel d'Aude tombait à point nommé. Diane prit congé de Marthe avec un soupir de soulagement.

18

Au cours de la dernière semaine de mai, le printemps céda définitivement le pas aux prémices de l'été. Le temps était superbe, les soirées douces et, en fin de journée, le soleil n'en finissait pas de jouer à cache-cache avec les montagnes. Souvent, Diane et Aude se promenaient après le dîner. Elles empruntaient de petits chemins bordés de genêts en fleurs qui serpentaient le long des contreforts des Pyrénées. Les branches des chênes s'emmêlaient et formaient une voûte au-dessus des sentiers. Aude cueillait des fleurs et composait des bouquets pour sa mère et sa grand-mère.

— Et n'oubliez pas le cocktail à Paris, le 10 juin, au Hilton !

Diane raccrocha. Elle venait de passer une heure au téléphone avec Hilde Dortman. L'importatrice allemande avait inséré plusieurs modèles de la collection « Diane Créations » sur son site web. Elle attendait les retombées. Par ailleurs, elle avait acquis la plupart des croquis de Diane pour sa propre marque de vêtements, et adoré la sélection de tissus fabriqués par Béarn Tissus.

À présent, Diane passait en revue les commandes de soie et de galons. Elle réfléchissait aux possibilités de se rendre à Paris la semaine suivante. Elle connaissait l'importance de ces salons professionnels. Et il était capital qu'elle rencontre Hilde. De beaux contrats étaient en jeu. Mais l'idée de laisser Aude à sa belle-mère pendant son absence ne l'enchantait pas. Marthe s'était montrée pressante, attirant Aude avec la promesse de courses dans les magasins de jouets, coupant l'herbe sous le pied de Nathalie Extandi qui avait déjà prévu d'inviter la petite chez elle.

Diane se dirigea vers l'atelier et se remit au travail en essayant de chasser ses idées noires. La journée lui parut interminable. Les menaces à peine voilées du maire continuaient de l'obséder. Pourtant, elle admettait qu'il avait soulevé des points sensibles. Elle avait cinquante ans et elle était seule avec sa petite fille. Bien sûr, elle avait fixé des limites et s'était ménagé un possible retour en arrière grâce à l'agence de Rémy. Cependant, il lui arrivait souvent de redouter les lendemains, de se poser des questions. Elle s'était lancée dans une incroyable aventure ! Et si elle s'était trompée ? Certes, les premiers résultats étaient encourageants, mais c'était loin d'être gagné.

Elle était si profondément plongée dans ses pensées, qu'elle n'entendit pas la porte s'ouvrir. Elle s'aperçut de la présence de Michael lorsqu'il l'interpella :

— Tu es bien songeuse ! Je peux quand même te déranger cinq minutes ?

— Bien sûr, assieds-toi, dit-elle en lui désignant un tabouret.

— Je voulais juste t'annoncer que je pense avoir trouvé la nouvelle commerciale dont nous avons besoin.

— Vraiment ? Alors ça, c'est une bonne nouvelle.

— Pourquoi, il y en a de mauvaises ?

Diane le mit au courant des propositions de Marjorie Leroy et de la colère de Marthe qui était revenue deux fois à la charge.

— Je t'avoue que je ne sais plus que penser.

— Et si tu commençais par envisager un bon dîner ? Je connais un petit restaurent très sympa à côté de Jurançon.

— Non, merci. Je n'ai pas très envie de sortir ce soir.

— Ça fait quatre ou cinq fois que tu déclines mon invitation. Je vais finir par croire que tu as peur de moi. Je ne te demande pas un week-end en amoureux, seulement un dîner.

— Je sais mais...

— Je suis juste un type simple qui n'aime pas manger seul, la coupa-t-il, et qui en a assez de s'ennuyer à mourir. Parfois j'ai envie d'ennuyer quelqu'un d'autre.

— Et tout naturellement, tu as pensé à moi ?

— Bien sûr, dit-il en riant. À qui d'autre ?

Il admira son mouvement de tête lorsqu'elle accepta son invitation. Elle appela Marthe qui se réjouit à l'idée de garder Aude à dîner.

— Euh... vous pourriez la coucher aussi ? Michael m'a invitée à dîner, il est possible que je rentre un peu trop tard.

Diane perçut un long silence et la respiration de Marthe se fit plus marquée.

— Très bien, Diane, dit-elle enfin, je m'occupe de la petite.

— Dites-lui que je viendrai la chercher à huit heures et demie demain matin, et que je la conduirai à l'école.

Avant de quitter l'entreprise, Diane fit un détour par le bureau de Guy.

— Vous fermerez les portes ? Je pars un peu plus tôt, ce soir. Je dîne avec Michael.

— C'est une bonne idée, ma petite fille. Je me sens tellement coupable en vous voyant travailler aussi dur. Je suis heureux que vous pensiez à vous distraire un peu.

Vous avez besoin de vous changer les idées, ajouta-t-il, un petit sourire malicieux aux lèvres.

— Ce n'est qu'un dîner…

— Même si c'était un peu plus, ce n'est pas moi qui vous blâmerais.

Elle se demanda s'il parlait sérieusement et prit sur elle de se taire, en dépit du léger tremblement de ses mains.

— Je trouve votre idée prématurée, Guy. Rémy est mort…

— … depuis huit mois maintenant. Oh, je ne vous dis pas de refaire votre vie tout de suite. Mais quand vous jugerez le moment venu, je serai à vos côtés. Élever seule un enfant n'a rien d'aisé. Et Michael est un homme charmant, honnête, qui fait déjà partie de la famille. Vous êtes faits pour vous entendre et je crois qu'il se sent très proche de vous.

Le patron eut quelques difficultés à leur dénicher une table. Le cadre et la cuisine régionale avaient fait la renommée de ce restaurant-auberge campé à flanc de colline, au cœur de l'appellation viticole de Jurançon. Ils s'installèrent et consultèrent la carte. Diane observait Michael du coin de l'œil. Il portait la plus grande attention au menu, les sourcils froncés. Il avait un charme incontestable qu'il s'ingéniait pourtant à négliger. Diane avait encore en mémoire les propos de son beau-père et ne savait plus que penser. L'idée de refaire sa vie ne lui avait même pas effleuré l'esprit. Tant de choses étaient advenues… Rémy n'était plus là, elle n'était plus styliste chez Morani. Toute une époque de sa vie avait été anéantie en quelques mois. Michael était-il d'accord avec Guy ? Parlaient-ils d'elle ensemble ?

Au début, elle avait considéré l'intérêt qu'il lui portait comme un signe de bienveillance. Puis elle avait compris que c'était un peu plus qu'une simple manifestation de courtoisie.

Pour cacher son trouble, elle prit la carte des vins et lança avec un entrain un peu forcé : « Si nous commandions du vin en apéritif ? »

Ils optèrent pour un chablis.

— Boire du chablis à Jurançon, dit Diane. Si Guy nous voyait, il prendrait ça pour une offense.

Diane se rappela le silence lourd de Marthe et, à l'opposé, la gentillesse de son beau-père envers Michael :

— J'ai l'impression que Guy voit notre amitié d'un bon œil. Il t'aime beaucoup.

— Moi aussi je les aime beaucoup, Marthe et lui, répondit-il. Ils m'ont recueilli après la mort de mes parents. À l'époque, Guy m'avait dit : « Tu seras notre garçon pour toujours, comme Rémy... » Je n'ai jamais douté de sa promesse. Il s'est occupé de moi, m'a appris à vivre avec ma peine. Rémy et moi, nous avons grandi sous sa surveillance affectueuse. Il m'a donné la chance de faire des études, de travailler à ses côtés. »

Diane remarqua qu'il ne parlait pas de Marthe.

— Rémy et moi, nous avions le même âge, poursuivit-il. Le drame est arrivé un peu avant notre entrée en sixième. Marthe nous a inscrits dans le même collège.

— Je suppose que malgré la tendresse de ton oncle et de ta tante, cela n'a pas été facile pour toi.

— Mes parents me manquaient beaucoup, je pensais à eux sans cesse. J'y pense encore souvent d'ailleurs. Je me demande si ma vie serait différente s'ils avaient vécu. C'est terrible, ce moment où soudain tout bascule... Et même si les visages, les voix s'estompent, les souvenirs demeurent. Malgré le drame que vous avez vécu, ta fille a beaucoup de chance de t'avoir.

— Je sais.

Diane avait interrompu son geste, la fourchette à mi-chemin de ses lèvres. Elle avait pâli. Michael remarqua l'immense tristesse dans ses yeux où brillaient des larmes qui ne coulaient pas. Il s'en voulut et changea de conversation.

— Et toi ? Parle-moi de ton enfance.

— Il y aurait certainement beaucoup à raconter, dit-elle en pensant à la vie de bohème de sa mère, mais je doute que ce soit intéressant.

— Raconte toujours.

C'est alors qu'elle le vit en regardant par-dessus l'épaule de Michael. Le lieutenant-colonel Vignaud. Il était installé à une table, juste à l'entrée de la salle, entouré d'un homme et de deux femmes. Elle ne l'avait pas remarqué sans son uniforme. Il se penchait, servait du vin à l'une des deux femmes, et Diane devina que c'était son épouse. Puis il tourna la tête, aperçut Diane et lui sourit avec un petit signe de la main.

La cuisine était succulente et, à l'extérieur, la nuit tombait doucement. Diane reporta son attention sur Michael et pour répondre à ses interrogations, elle évoqua la vie avec sa mère, un peu. Ses études, longuement. Sa rencontre avec Rémy et ses difficultés à être mère. Elle parlait entre deux bouchées et mangeait de bon appétit en se demandant depuis combien de temps elle n'avait pas pris un repas complet. À telle enseigne qu'elle ne vit pas le temps s'écouler. La serveuse leur proposa un café qu'on leur servit accompagné d'un fondant au chocolat et de quelques fruits exotiques délicatement présentés dans une coupelle. La jeune femme partie, Michael posa sa main sur celle de Diane par-dessus la table. Il avait une manière délicate de la toucher du bout des doigts. Elle le laissa faire. Ce ne fut certainement pas par hasard si elle croisa le regard du lieutenant-colonel Vignaud à cet instant précis. Elle retira promptement sa main.

— C'est surprenant, le destin, dit Michael. Nous sommes là, en train de dîner, d'échanger des souvenirs, alors que nous nous étions rencontrés une seule fois avant le décès de Rémy. Après votre mariage, vous n'êtes plus revenus à Lhèze.

— Rémy préférait inviter ses parents à Paris. Marthe adorait courir les boutiques et Rémy réussissait toujours à entraîner son père à un match ou à un salon viticole.

Elle sourit à l'évocation de ces images d'un passé pourtant récent. «J'ai parfois l'impression qu'il y a déjà si longtemps de cela… On ne se rend pas compte combien ce peut être fragile, le bonheur. Jusqu'au moment où il vous lâche.

— Tu te remettras de la mort de Rémy, un jour?

— Jamais, sans doute. Mais j'imagine que l'existence ne s'arrête pas là. Rémy aurait voulu que je continue à vivre. À vrai dire, j'en suis incapable, j'aurais toujours l'impression de le tromper.

— Pourtant, un jour ou l'autre tu devras accepter de le laisser s'en aller.

— Certainement, mais pour l'instant, je ne suis pas prête…

Soudain, elle vit le lieutenant-colonel s'approcher de leur table.

— Madame Borie, c'est une coïncidence de vous rencontrer ici ce soir.

Diane lui présenta Michael: «Mon plus proche collaborateur et un ami…»

Pourquoi cela lui avait-il paru important de préciser qu'il n'y avait rien d'intime entre eux ? Elle remarqua l'éclat azuré de ses yeux, le début de calvitie sur les tempes, la bouche aux lèvres pleines.

— J'ai trouvé des documents qui pourraient être intéressants dans votre affaire, mais il faudrait se rendre compte sur place. Puis-je venir voir les bâtiments désaffectés ?

— Bien sûr, pas la semaine prochaine, toutefois. Je serai à Paris. Appelons-nous la semaine suivante, nous arrêterons une date.

Il acquiesça et prit congé. Après son départ, Diane regarda l'heure à sa montre.

— Si nous partions ? demanda-t-elle à Michael, il n'est pas trop tard pour que je repasse prendre Aude chez ses grands-parents.

Ils quittèrent leur table et Michael lui prit le bras jusqu'à la caisse.

En quittant la salle, ils passèrent près de la table du lieutenant-colonel Vignaud. Il croisa le regard de Diane et ils échangèrent un sourire discret.

— La prochaine fois, c'est moi qui t'invite, dit Diane en montant dans la voiture de Michael.

— Ravi de t'entendre dire qu'il y aura une prochaine fois !

Sur le chemin du retour, ils parlèrent de leur travail. Michael dressa le portrait d'Hélène, l'agent commercial qu'il lui avait proposé d'engager.

— Je crois qu'elle fera l'affaire. Elle m'a paru sérieuse, dynamique, avec de bonnes références. Par ailleurs, elle est divorcée avec deux enfants et elle a besoin d'un job. C'est motivant. Je lui ai fixé un rendez-vous au bureau lundi prochain, tu pourras juger par toi-même.

Ils arrivèrent sur le parking de Béarn Tissus et Michael déposa Diane près de sa voiture. Ils s'embrassèrent timidement sur les deux joues sans se quitter des yeux. Puis Michael posa un dernier baiser sur le visage de Diane, juste au coin des lèvres. Leurs corps se frôlaient et Diane frémit à l'idée qu'il pouvait la prendre dans ses bras. Elle sourit pour dissimuler son trouble et Michael se détacha d'elle. « Tu vois, murmura-t-il, ce n'était pas un supplice de dîner avec moi. »

Un éclat de rire mit fin à leur embarras et, soulagée, Diane monta dans sa voiture.

19

Diane prit un taxi depuis l'aéroport d'Orly jusqu'à Paris. Ensuite, elle renoua avec ses anciennes habitudes, le métro puis le train. En arrivant à Verrières-le-Buisson, elle loua un véhicule et fit un détour par le cimetière. Elle demeura longtemps devant la tombe de Rémy. Elle pensait à toutes les fois où elle y était venue, accompagnée d'Aude. Aujourd'hui la fillette parlait peu de son père et chaque fois, c'était après avoir séjourné chez ses grands-parents. Elle repoussa ses idées sombres et remonta dans sa voiture. Elle démarra si vite que le moteur cala. L'après-midi était bien avancé, et en se garant devant chez elle, elle vit que l'agence immobilière était fermée. Elle grimpa jusqu'à son appartement, glissa la clé dans la serrure et s'arrêta sur le seuil, avec l'impression d'être une intruse. C'était ridicule, mais le sentiment perdura. Elle fit quelques pas et regarda l'horloge et ses chiffres dorés en relief, le verre biseauté qui protégeait le balancier. Elle affichait l'heure exacte. Diane n'aurait su expliquer pourquoi mais elle s'attendait à ce que le temps s'arrête après son départ ! Elle posa son sac dans l'entrée et fit le tour des pièces. L'appartement avait perdu le parfum familier de leur intimité. Il sentait le renfermé et le vide. Elle ouvrit les fenêtres, les volets claquèrent et aussitôt le soleil couchant et l'air tiède trouvèrent leur chemin. Huit mois avaient passé depuis le décès de Rémy, mais les pièces résonnaient encore de l'écho de leur présence. C'était là qu'ils avaient partagé des rêves, des espoirs, qu'ils avaient pleuré pour chacune de ses fausses couches. C'était là qu'ils avaient conçu Aude et explosé de joie en apprenant que le bébé était viable. Elle voulait conserver ces instants dans sa mémoire pour ne jamais oublier combien sa vie avait été heureuse ici. Elle passa d'une pièce à l'autre et échoua dans la chambre. Dans la penderie, les pantalons, les chemises de Rémy pendaient sur les cintres et, derrière la porte, ses cravates étaient toujours suspendues. Elle caressa l'étoffe des vestes, y enfouit son visage et chercha son parfum qui avait presque disparu. Elle eut alors la certitude que la douleur ne s'effacerait jamais tout à fait. Huit mois... En dépit de la solitude qui lui pesait, elle sentait confusément qu'il lui faudrait tôt ou tard tourner la page.

Elle ressentit un petit creux à l'estomac, mais elle n'avait pas le courage de ressortir. Elle se dirigea vers la cuisine, ouvrit les placards et dénicha une boîte de quenelles au saumon. Elle les versa dans un plat qu'elle glissa dans le four. En attendant que les quenelles soient prêtes, elle piocha son téléphone dans son sac et appela Aude. « Tu me manques, maman. J'aime pas quand tu t'en vas. » Diane prétexta qu'elle était bien chez sa mamy.

— Elle est gentille, mamy, et elle prend bien soin de toi.

— Je sais, mais ça fait rien, reviens vite !

Diane grignota quelques bouchées debout, devant la fenêtre qui donnait sur le jardin. Elle ne trouvait plus un seul endroit où se poser dans l'appartement. Elle se sentait tellement seule. Cette solitude laisserait-elle un jour la place à un sentiment plus supportable ? Elle prit une douche chaude et sous la puissance maximale du jet, elle essaya de faire le vide dans sa tête. Lorsqu'elle revint dans le salon, elle avait décidé de ce qu'il lui restait à faire. Quand bien même, un jour, serait-elle contrainte de revenir à Paris, elle ne pourrait plus vivre ici. Elle gagna la chambre et commença à décrocher les cintres. Très vite, le lit fut recouvert des vêtements de Rémy. Elle les plia, emplit deux valises, puis s'attela à retirer ses chaussures et tous ses objets personnels, briquets, lunettes. Puis elle étiqueta tout ce qu'elle comptait emporter à Lhèze : les bibelots, le reste des livres, les tableaux et toute la vaisselle. Des petits meubles aussi. Elle vida la chambre d'Aude des derniers jouets qu'elle y avait laissés en février. Elle ouvrit le placard et vit les lignes bleues que Rémy avait tracées sur la porte au stylo indélébile. La taille d'Aude, année après année… Son bébé qui voulait toujours savoir si elle avait grandi et qui trichait en se dressant sur la pointe des pieds. Diane se sentit envahie d'une insondable tristesse. L'idée lui vint brusquement qu'elle n'était plus chez elle ici.

Le lendemain matin, elle descendit à l'agence. Cristelle n'était pas là. L'accueil de Paul fut froid et distant. Il lui demanda où elle en était de ses projets, et il se plaignit avec force détails des difficultés de recruter et former quelqu'un pour remplacer Rémy. Elle ne prêta aucune attention à ses récriminations et l'informa de son intention de louer son appartement semi-meublé. S'il était d'accord, l'agence serait chargée de la gestion.

— Si je comprends bien, résuma-t-il assez sèchement, tu ne comptes pas revenir ?

— Pas dans l'immédiat, non. Mais je suis encore loin du terme que je vous avais fixé.

Puis, sans attendre, elle remonta chez elle. Elle consulta les pages jaunes de l'annuaire et prit contact avec le Secours populaire. Elle convint de laisser les valises contenant les effets de Rémy dans le local d'entretien de l'immeuble. Puis elle regarda la liste des entreprises de déménagement et eut toutes les peines du monde à trouver une société qui accepte de transporter ses affaires dans le Béarn, dans un délai aussi court. Après une longue négociation, elle obtint la visite d'un spécialiste le lendemain matin.

La soirée à l'hôtel Hilton était somptueuse. Un orchestre jouait en sourdine et le champagne coulait à flots. Diane portait une robe de cocktail en soie vert céladon et une écharpe ivoire qui rehaussait l'éclat de ses yeux. Pendant quelques heures, elle goûta le plaisir de redevenir parisienne, avec l'étrange sensation que cette vie-là remontait à une éternité. Elle cueillit une coupe de champagne sur un plateau et se fraya un chemin au milieu du brouhaha et des rires. Elle n'avait pas encore rencontré Hilde Dortman, mais elle croisa des acheteurs qu'elle connaissait, entourés de mannequins, des filles magnifiques de plus en plus jeunes. La mode était un milieu où l'on vieillissait de cinq ans à chaque petite ride. À 22 heures, elle commença à se sentir lasse et elle n'avait toujours pas vu Hilde Dortman. Elle prit son téléphone portable dans sa pochette et trouva le message de l'importatrice : « Désolée Diane, je ne peux pas venir au cocktail. Mais je dois absolument vous rencontrer pendant mon séjour à Paris. Je suis descendue à l'hôtel Mercure, chambre 327. Si vous pouvez vous y rendre, je vous attends demain matin à 11 heures ». Diane rédigea un sms de confirmation et elle quitta la réception. Tout compte fait, elle avait perdu sa soirée.

La fatigue aidant, elle passa une bonne nuit. À peine éveillée, elle ouvrit la fenêtre de sa chambre, se planta devant et respira à pleins poumons. Elle ne retrouva pas l'odeur des pins et de la chlorophylle, si présente dans l'air frais des petits matins à la montagne. Après une douche et un solide petit déjeuner, elle descendit les valises dans le local du rez-de-chaussée. Elle y accrocha un petit carton et nota « Secours populaire ». Puis elle remonta dans l'appartement et se servit une tasse de café en attendant la société de déménagement. Mais lorsqu'elle entendit la sonnette, elle fut prise d'un accès de panique, soudain terrorisée à l'idée d'abandonner ces lieux où elle avait vécu les plus beaux moments de sa vie. Elle donna ses instructions au déménageur, emplit un dossier, signa un chèque de caution et lui indiqua que les clés seraient disponibles à l'agence, de l'autre côté de la rue. Soucieuse de gagner du temps, elle avait déjà préparé son sac de voyage avec l'intention de filer directement à Orly après son rendez-vous avec l'importatrice allemande. Elle jeta un dernier regard sur les cartons soigneusement étiquetés qui encombraient les pièces, les murs nus, et vérifia une dernière fois que tout était en ordre avant de quitter l'appartement. Dans sa boîte aux lettres, elle trouva un contrat de gestion de biens immobiliers avec une carte de Paul écrite à la main. « À compléter avant ton départ, merci. »

Elle arriva à l'hôtel Mercure avec une demi-heure d'avance, mais Hilde Dortman la reçut aussitôt. Elles échangèrent une poignée de main : « Diane, je suis ravie de vous revoir, installez-vous. Avant tout, laissez-moi vous féliciter, j'ai d'excellents retours de mes boutiques. Votre collection de tissus d'ameublement plaît beaucoup.

Diane ouvrit sa serviette de cuir et en retira son *style book* qui contenait ses tout derniers croquis, accompagnés des échantillons des tissus prévus pour leur confection.

Hilde afficha son enthousiasme en découvrant les parures de lit, les services de table et les tissus d'ameublement.

— Votre style a de multiples facettes et il touche toute ma clientèle ! Des jeunes sensibles à la qualité, jusqu'aux clientes qui visent le haut de gamme. Vous maîtrisez la création, Diane et moi le marché allemand, entre autres. Nous allons faire de bonnes affaires ensemble.

Diane ne demandait que cela ! Elles discutèrent pendant deux heures. Elles s'entendirent sur les arrhes, les délais de livraison, et Hilde confirma une première commande livrable en septembre. Puis Diane s'enhardit et parla du Manoir des Chaumes, d'un showroom, d'une convention d'affaires. Hilde ne bouda pas son plaisir et se déclara partante. Elle promit de mettre Diane en relation avec d'autres importateurs, notamment dans les pays de l'Est :

— Il existe une classe sociale fortunée dans ces pays, ce serait une erreur de les négliger.

Diane quitta l'hôtel avec l'impression d'avoir franchi une étape importante dans le développement de son entreprise. Dans le taxi qui l'emportait vers Orly, elle se détendit enfin, la tête appuyée sur le dosseret du siège. Elle composa le numéro de ses beaux-parents mais son appel fut rejeté sur la messagerie. Elle mit le téléphone sur mode silencieux et regarda l'heure. La circulation était fluide, elle avait le temps. À peine arrivée à l'aéroport, elle enregistra ses bagages, acheta un sandwich et s'installa dans la salle d'attente. Elle n'avait pas pris de déjeuner mais elle se rattraperait ce soir, en espérant que Marthe la retiendrait à dîner. Quoique… Rien de moins sûr. Marthe lui battait froid depuis qu'elle avait appris son esclandre à la mairie et sa collaboration avec Marjorie Leroy.

Elle grignota quelques bouchées de son sandwich en relisant les notes qu'elle avait prises pendant sa discussion avec Hilde. Soudain, la voix désincarnée d'une hôtesse annonça l'embarquement de son vol porte 5.

À cet instant précis, elle distingua la vibration de son portable dans sa poche. Elle décrocha et perçut d'abord un sanglot avant d'entendre la voix de sa belle-mère : « Diane ? C'est Marthe... C'est affreux... Guy a eu accident de voiture.

— Mon dieu, ce n'est pas possible ! C'est grave ? Comment va-t-il ?

Un long silence suivit, puis un autre sanglot, plus profond, plus sourd « Il est décédé... »

Diane resta un instant pétrifiée et sentit son cœur bondir dans sa poitrine. En dépit de l'horrible nouvelle qui la terrassait, elle n'eut qu'une seule pensée : Aude !

En courant vers le couloir d'embarquement, elle appela Nathalie et la supplia de prendre sa fille à la sortie de l'école et de la garder chez elle jusqu'à son retour.

20

Diane avait oublié les déménageurs. Elle s'apprêtait à partir chez le notaire mais, en montant dans sa voiture, elle vit le camion s'arrêter devant le portail de la maison. Elle appela aussitôt Patrick Extandi à la rescousse, certaine de le trouver à son domicile. Elle avait donné congé au personnel de la société ce lundi, jour des funérailles de leur patron.

Patrick décrocha aussitôt. « J'arrive ! »

Attentifs et discrets, Nathalie et son mari étaient présents à chaque instant de la tragédie qui les frappait de plein fouet. Aude avait beaucoup pleuré après le décès de son grand-père. Diane ne cessait de redouter les conséquences de ce nouveau drame pour sa petite-fille. Elle était si jeune pour affronter cette succession d'épreuves. Diane s'attendait à ce qu'elle pose des questions. Mais, dans un premier temps, ce ne fut pas le cas. Ses interrogations étaient venues plus tard, après que la fillette eut parlé à sa grand-mère au téléphone.

— Mamy dit que maintenant papy est au ciel avec papa. Je veux pas que mon papa soit au ciel, je voudrais bien qu'il soit là avec moi et avec toi, comme toutes mes copines… Elles ont de la chance d'avoir leur papa et leur maman.

Diane l'avait couverte de baisers, désespérée de ne pouvoir satisfaire son vœu, des parents comme en ont tous les enfants.

— Maman, bientôt on retournera dans notre maison d'avant ? Je voudrais voir où est mon papa avec toutes ses fleurs.

Diane avait promis. Serait-elle en mesure de tenir cette promesse qu'elle avait exprimée dans un moment de détresse ? Elle avait tout organisé pour ne pas revenir à Paris de sitôt.

La veille et le jour des funérailles de Guy, Nathalie avait insisté pour garder Aude chez elle. Patrick avait installé un lit d'appoint dans la chambre de la petite Julie. La gentillesse, les jeux et les fous rires des enfants détournèrent Aude du deuil qui venait encore de la frapper.

Diane ouvrit le garage et demanda aux déménageurs d'y entreposer les cartons. Puis, elle accueillit Patrick avec soulagement.

— J'ai posé le chèque avec la copie de la facture *pro forma* sur la desserte dans l'entrée. Tu pourras fermer la porte quand ils auront fini ? Je suis en retard, je file !

Guy était décédé des suites d'un accident de voiture sur la route départementale entre Lhèze et Pau. Les causes de l'accident n'étaient pas clairement établies. Apparemment, la voiture était sortie de la route et avait fait une succession de tonneaux avant de s'immobiliser dans le ravin en contrebas. Guy était mort sur le coup. Une enquête était ouverte et l'autopsie avait retardé les funérailles. Marthe avait refusé d'attendre plus longtemps pour procéder à la lecture du testament.

Diane arriva à l'étude de maître Ménés avec dix minutes de retard. Un clerc la guida aussitôt jusque dans le bureau du notaire. Des chaises capitonnées de cuir lie-de-vin étaient regroupées en face d'un bureau massif.

Marthe était assise entre sa sœur et son beau-frère. Ils étaient venus de Caen aussitôt après l'accident. Michael était là aussi.

Le contenu du testament de Guy était prévisible pour les personnes présentes. L'usufruit de la maison et le capital d'une police d'assurance revenaient à Marthe. Pour conforter sa position dans la société, Michael recevait trois pour cent des actions qui s'ajoutaient aux cinq pour cent qu'il possédait déjà. Par ailleurs, Guy lui avait légué un plan d'épargne logement, avec quelques milliers d'euros et la montre ancienne appartenant à son père et qui aurait dû revenir à Rémy. Tout le reste de ses avoirs personnels était réparti à parts égales entre Diane et Aude, sous la tutelle de Diane. Ce legs incluait Béarn Tissus, et toutes les installations, ainsi que les anciennes écuries. La lecture achevée, Marthe se tourna vers Diane : « Vous voilà seule maîtresse à bord maintenant ! »

Les mots avaient claqué, durs et secs. Diane la devinait dressée contre elle, comme si elle lui en voulait. Certes, elle comprenait que sa belle-mère éprouve quelque ressentiment à son égard pour avoir choisi de confier Aude à Nathalie. Mais juste après le décès de Guy, Marthe avait voilé les miroirs de sa demeure, arrêté le balancier du carillon, fermé les volets. Au téléphone, elle avait expliqué à sa petite-fille que le cœur de la maison avait cessé de battre le temps de dire adieu à son grand-père. Diane ne l'entendait pas ainsi. Elle avait refusé que sa fille subisse cette ambiance macabre et les lamentations de Marthe. Elle n'en avait pas moins proposé son aide à sa belle-mère pour l'organisation des funérailles. Cette dernière avait rejeté son offre. « Merci, mais je peux m'occuper de l'enterrement de mon mari avec l'aide de ma sœur... Je crois qu'Aude a besoin de vous. »

Diane ne lui en voulait pas. Elle comprenait. Marthe lui était toujours apparue comme un modèle de sang-froid et de rigueur. Elle se devait de tenir bon en toutes circonstances. Toutefois, après le décès de son fils, son mari constituait son unique famille. Et il était parti aussi. Elle était seule, désormais, et elle devait se sentir abandonnée.

Soudain, Marthe éclata en sanglots et sa plainte résonna dans la pièce silencieuse. Le notaire avança une boîte de mouchoirs en papier vers elle et attendit qu'elle recouvre son calme. Puis ils paraphèrent, signèrent de nombreux documents et prirent congé du notaire. Lorsqu'ils se retrouvèrent près des voitures, Diane invita Marthe et ses proches à déjeuner avant les funérailles, prévues à 15 heures : « Juste une petite salade sur le pouce…

— Non merci, répondit Marthe, je voudrais rentrer chez moi et me reposer un peu. Profitez de cette pause pour aller voir Aude et embrassez-là bien fort de ma part. Dites-lui que je ne l'oublie pas et que je l'aime. »

Son visage s'était radouci et le ton était posé. Elle adressa même un sourire triste à sa belle-fille avant de monter dans la voiture de son beau-frère. En quittant le parking, Marthe vit Michael ouvrir la portière de Diane et poser une main sur son épaule. Son cœur se serra un peu plus encore.

L'église était trop petite pour accueillir le public et de nombreuses personnes durent rester sur le parvis. Tout le personnel de Béarn Tissus se pressait sur les bancs. Diane était assise au premier rang, entre Michael et sa belle-mère. Marthe avait changé de tenue. Elle était vêtue de noir, coiffée d'un chapeau à voilette. Visiblement, elle n'écoutait pas un mot du service funèbre.

Diane suivait la cérémonie en revivant chaque minute des funérailles de Rémy. Les larmes lui brûlaient les yeux, elle les refoulait tant bien que mal. Son cœur battait trop fort et trop vite. Les sons lui parvenaient, assourdis, confus, et elle ne prêta guère attention aux chants, saisit à peine quelques mots prononcés par le prêtre. Ce qu'il appelait un commencement, était une fin pour elle. Guy n'était plus là. « Bonne chance avec votre importatrice allemande. Vous réussirez, Diane. Ayez confiance en vous. Parfois, la vie vous mène où vous devez aller, en temps et en lieu, à un moment donné. C'est une nouvelle vie qui commence pour vous. Je serai à vos côtés chaque jour, je vous soutiendrai... Vous et Aude êtes si chères à mon cœur. Je ne vous remercierai jamais assez de la joie que vous m'apportez aujourd'hui. »

C'étaient ses derniers mots lorsqu'il l'avait déposée à l'aéroport de Pau. Et c'était la dernière fois qu'ils s'étaient vus, qu'ils s'étaient embrassés. À présent, il était là, dans son cercueil. La veille, pendant la mise en bière, Diane s'était attendu à ce qu'il ouvre les yeux et lui décoche un de ces sourires dont il avait le secret. Elle se rappelait toutes les fois où il l'appelait « ma petite fille », et l'imperceptible frémissement du cœur qu'elle éprouvait alors. C'était tellement merveilleux, à son âge, d'être encore la petite fille de quelqu'un.

Elle essaya de faire le vide dans sa tête. L'odeur de l'encens, le parfum des lys lui soulevaient l'estomac. La foule se levait, s'asseyait, se relevait. Au bord de la nausée, elle se demanda quand ce rituel prendrait fin.

Soudain, le silence se fit et un homme en costume noir s'avança dans la nef jusqu'au micro planté près des orgues. Une dame d'un certain âge prit place et commença à jouer. La voix de l'homme s'éleva alors et se perdit dans les voûtes de l'église, tantôt flamboyante, tantôt douce et chaude comme un murmure. Une mélopée poignante qui contenait toute la souffrance du monde. À la fin du chant, le prêtre annonça que les condoléances seraient reçues sur le parvis de l'église, la cérémonie au cimetière étant réservée à la famille. Puis le cortège s'ébranla. Marthe suivit le cercueil, soutenue par sa sœur et son beau-frère. À leur suite, Michael offrit son bras à Diane. Elle s'y appuya.

La foule était de plus en plus dense. Pendant plus d'une heure, Diane reçut les témoignages de sympathie du personnel de l'entreprise. Elle n'avait pas l'habitude de les voir porter des costumes, des cravates, des toilettes sombres. Elle écoutait les messages de réconfort, et ceux qui ne pouvaient retenir leurs larmes et leurs craintes : « Nous n'avons plus que vous à présent… Sans vous, nous sommes perdus. »

Tout à coup, Diane vit le maire de la commune et Jean-Claude Dumas s'avancer. Ils restèrent longtemps près de Marthe qui s'éloigna ostensiblement de Diane. Dumas serra Marthe dans ses bras. Le visage dévasté, elle s'y attarda et pleura sur son épaule. Ils se parlaient à voix basse et Diane surprit l'aversion dans le regard de Dumas lorsqu'il tourna la tête dans sa direction. Puis il s'approcha d'elle et lui serra la main avec quelques mots courtois. Quant au maire, il l'ignora. « Ça t'apprendra, pensa-t-elle, à traiter un élu de connard… »

Un peu plus tard, elle reçut les condoléances de Marjorie Leroy qui l'embrassa, lui pressa doucement la main :

— Il va vous manquer, mon petit. Il vous aimait beaucoup ! Si je peux vous aider en quoi que ce soit…

Lorsqu'elle s'éloigna du cortège, Diane entendit Marthe qui s'adressait à sa sœur : « C'est la châtelaine du coin. Elle se donne de grands airs, mais c'est une sale bonne femme ! »

Diane perçut de la frustration et de la colère dans la voix de sa belle-mère. Elle lui fit comprendre qu'elle l'avait parfaitement entendue en lui lançant un coup d'œil réprobateur. Le promoteur revint vers Marthe et leurs conciliabules reprirent de plus belle. Diane se tourna vers Michael avec un léger coup de coude :

— Tu les as vus ?

— Qu'est-ce que ça peut faire ? Tu as entendu ce qu'a dit Marthe chez le notaire, ce matin. En fin de compte, elle reconnaît elle-même que tu es seule maîtresse à bord maintenant.

C'était bien là ce qui la terrifiait. C'était Guy, le pilier... Il avait su créer l'harmonie et l'équilibre autour de lui, dans une vie de famille sereine, stable. Tout ce qu'elle n'avait pas connu. Comment faire sans lui ? Ses pensées l'assaillaient lorsque, à quelques mètres d'elle, elle aperçut le lieutenant-colonel Vignaud. Il fit quelques pas, la main tendue. Une paume large, une main d'homme faite pour rassurer, une légère pression du bout des doigts pour signifier : je compatis...

— Je vous présente toutes mes condoléances. Au cours de notre récente conversation j'avais compris l'affection que vous portiez à votre beau-père. Je suis sûr qu'il va vous manquer.

— Oui, certainement. Merci – et changeant brusquement l'orientation de la conversation : J'ai dû remettre votre visite aux écuries, je suis désolée.

— Ne le soyez pas. Quand vous serez prête, faites-moi signe.

Il lâcha enfin sa main et salua Michael. Il le dominait d'une tête, la carrure soulignée par le tombant parfait de son uniforme de cérémonie, le ton sable, les galons, le képi.

Après un dernier signe de tête à Diane, il quitta discrètement le cortège.

Diane raccrocha le téléphone et compara les références des échantillons posés devant elle avec la commande de Rivière. Quelques semaines auparavant, elle avait présenté le tapissier-décorateur à Marjorie qui lui avait confié la réfection de trois chambres du Manoir des Chaumes, en laissant carte blanche à Diane : « Choisissez les tissus pour moi, avait-elle suggéré. J'ai une entière confiance en votre sens de l'esthétique ! »

Christophe Rivière savait qu'un tel marché était inespéré pour un artisan comme lui. Ils se mirent d'accord sur l'essentiel. Pour tous les tissus fabriqués à l'usine, Diane était prête à lui accorder un tarif préférentiel. Il n'en serait pas de même pour les soies brodées qu'elle devait acheter à son fournisseur.

Elle achevait de boire son café lorsque son assistante la prévint qu'un gendarme demandait à lui parler.

— Faites-le entrer, Louise, répondit-elle en se levant.

L'homme entra et se présenta :

— Capitaine Lumeau. Avez-vous quelques instants à m'accorder ? J'aimerais vous poser quelques questions à propos de l'accident de monsieur Borie.

— Asseyez-vous, je vous en prie. Vous avez du nouveau ?

— Les investigations sont en cours. Il est possible que nous ayons affaire à un banal accident de la route.

— Mais vous avez un doute ?

— Après le vandalisme dont vous avez été victime récemment, nous poursuivons l'enquête. Pour l'instant, je ne suis pas en mesure d'en dire davantage. Connaissez-vous l'emploi du temps de monsieur Borie le jour de l'accident ?

Diane appela la secrétaire de Guy.

— Apportez-moi l'agenda de mon beau-père dans mon bureau, je vous prie.

Après un léger coup sur la porte, Marianne entra et tendit le carnet à Diane, puis elle se retira non sans avoir pris le temps de regarder autour d'elle. Le capitaine tourna quelques pages de l'agenda, puis il demanda à Diane s'il pouvait le garder pour un examen approfondi.

— S'il y a quelque chose qui vous revient en mémoire, conclut-il en se levant, prenez contact avec moi. J'ai quelques questions à poser à vos employés, si vous le permettez, et je vous conseille de rester vigilante madame Borie.

Sur cette mise en garde, il se retira.

Diane demeura immobile, les coudes appuyés sur son bureau. Elle regarda le désordre autour d'elle, la profusion de papiers, les croquis. Depuis quelques jours, Michael la pressait de s'installer dans le bureau de Guy et d'allouer le sien au service commercial. « Nous manquons de place, avait-il dit, et une pièce inoccupée, c'est dommage... »

Elle ne se sentait pas prête à abandonner son cadre. Elle tourna la tête vers la fenêtre grande ouverte sur le silence de la forêt, à peine troublé par des bourdonnements, des chants d'oiseaux. Les chênes, les sapins et au loin les contreforts des Pyrénées qui brisaient la ligne d'horizon, elle avait appris à aimer ce calme, cette harmonie autour d'elle.

Un téléphone sonna quelque part, les monte-charge et les chariots commençaient leur va-et-vient. Un jour semblable à tous les autres. Elle pensa à Guy, à Rémy, et ressassa de lointains événements. Le poids du passé, les regrets pouvaient-ils l'aider à décider de son avenir? Elle avait perdu Rémy, chamboulé son présent et celui de sa fille pour dessiner les contours d'une autre vie, en s'appuyant sur Guy. Il avait été un roc pour elle, son plus fidèle soutien. Le garant de tous ses projets s'était brusquement dérobé. Sur qui pourrait-elle s'appuyer désormais ?

Ce sentiment d'abandon la renvoya à son enfance. Elle se rappela ce qu'elle faisait lorsqu'elle était seule et effrayée… Elle prenait un morceau de papier et un crayon, et elle essayait de dresser une liste des personnes susceptibles de voler à son secours. Sa mère et elle n'avaient pas de famille, et si peu d'amis. Les yeux rivés sur la feuille blanche, elle réfléchissait et finissait par inventer des noms tirés de ses lectures ou de son imagination. Et la peur s'estompait doucement.

Diane se traita d'idiote en s'efforçant de chasser ces souvenirs douloureux. Mieux valait se concentrer sur l'agenda de sa journée ! Le coup frappé à la porte la fit sursauter. Son assistante entra précipitamment :

— Vous m'aviez dit de vous prévenir après le départ des gendarmes.

— Merci, Louise.

— Ils ont posé des questions à tout le monde, c'était flippant !

Diane prit conscience de l'impact que pouvait avoir sur le personnel la présence de gendarmes dans l'entreprise. Elle demanda à Louise de réunir tout le monde dans le réfectoire. À son arrivée, l'inquiétude se lisait sur les visages. La présence de Guy était palpable. Il les avait toujours traités avec respect et dignité, et il n'était plus là. Elle débuta son petit speech en remerciant tous les employés de la sympathie exprimée lors des funérailles. Puis elle parla de l'enquête, de la présence policière qui ne devait surtout pas les perturber. Enfin, elle aborda la disparition de Guy.

— En ce qui concerne Béarn Tissus, il n'y a rien de changé. Michael et moi assumerons la direction de l'entreprise. Guy n'est plus là, et c'est le moment d'unir nos efforts pour être à la hauteur de sa mémoire. Les épreuves fondent souvent de solides alliances.

Elle prit une longue inspiration et insista sur l'importance du travail en équipe, de la confiance réciproque.

— Pour conclure, je tiens à vous dire que je mettrai toute mon énergie, toute ma volonté pour sauver cette société que Guy nous a léguée et qui est la nôtre aujourd'hui. Nous devons regarder devant nous. Et j'en profite pour vous annoncer que les commandes de tissus d'ameublement ont doublé ces dernières semaines. Notre stratégie de vente directe aux magasins porte ses fruits. Par ailleurs, vous savez tous qu'on nous empêche d'utiliser les bâtiments militaires désaffectés. Cependant, je tiens à organiser une exposition pour les professionnels au mois de septembre, et je pense avoir trouvé une parade, je vous en dirai un peu plus très bientôt. Croyez-moi, nous sommes sur la bonne voie. Je compte sur vous, alors au travail ! »

Elle vit des visages se détendre, quelques sourires. Mais l'ambiance légère des derniers mois n'était plus et une onde de tristesse planait dans le réfectoire. Diane comprit alors que tout reposait sur elle.

Après avoir répondu à quelques questions, elle rejoignit son bureau. La pile de dossiers en retard s'était encore alourdie de plusieurs chemises cartonnées. Elle devait s'y atteler sans tarder, certaines décisions ne souffraient pas de retard. Une bouffée d'appréhension l'envahit. Comment pouvait-elle être sûre de ne pas commettre d'erreur ? Il avait fallu que son beau-père décède pour qu'elle prenne conscience de la place qu'il occupait et de l'immense tâche qui l'attendait désormais.

Le jeudi qui suivit les funérailles de Guy, le lieutenant-colonel Vignaud appela Diane :

— Je voulais seulement prendre de vos nouvelles, vous m'avez parue si éprouvée lundi dernier.

Elle le remercia de sa sollicitude. Ils échangèrent quelques phrases anodines et elle lui proposa de venir voir les écuries le mardi suivant.

21

Diane raccompagna Christophe Rivière jusqu'à la porte et ils échangèrent une chaleureuse poignée de main. La seconde sélection de tissus pour le Manoir des Chaumes était terminée. De plus en plus enthousiasmé par les créations de Diane, Rivière avait fini par la persuader de participer à trois salons de l'ameublement à Paris, Bordeaux et Strasbourg. Elle s'était montrée réticente dans un premier temps, persuadée que de tels investissements pouvaient attendre. Mais Rivière était un fidèle de ces salons depuis des années, et il en connaissait l'impact. En lui proposant de partager les frais d'un même stand, il l'avait convaincue.

Diane se rendit dans l'atelier où elle avait convoqué son équipe de couturières et d'ouvrières. Elle souhaitait leur avis avant de sélectionner les matières de nouveaux modèles de linge de maison. En chemin, elle consulta ses sms en attente et prit connaissance de l'invitation à dîner de Nathalie. « Viens avec Michael, ce sera sympa ! »

Diane ne put s'empêcher de sourire en envoyant sa réponse à son amie : « Je vais demander à Michael s'il est libre, mais dis-moi ça t'amuse de jouer les entremetteuses ? » La réaction de Nathalie ne se fit pas attendre : « Et alors, il est célibataire et plutôt beau mec, non ? Alors où est le mal ? »

Diane s'arrêta dans le bureau de Michael qui accepta l'invitation avec joie :

— J'apporterai une bonne bouteille. Veux-tu que nous partions ensemble ? Je te déposerai chez toi après le dîner.

— Non, merci. Aude est chez sa grand-mère cet après-midi, je dois aller la chercher et…

— … Dans ce cas, je passe vous prendre chez toi.

Sans attendre son approbation, il lui montra les derniers chiffres de vente des tissus d'ameublement.

— Ton idée d'utiliser des fibres mélangées était un trait de génie. On commence déjà à enregistrer des réservations pour les fêtes de fin d'année.

— J'espère que nous n'aurons pas de retard dans la livraison des fils synthétiques comme c'était le cas le mois dernier !

Il se contenta de hausser les épaules d'un air désinvolte. Elle admirait toujours son assurance et elle aimait sa façon de dédramatiser les situations compliquées, de saisir les difficultés à bras-le-corps. Sa présence lui était devenue familière, presque indispensable. Ils travaillaient en parfaite symbiose, parfois très tard le soir. Il leur arrivait alors de prendre un verre avant de se séparer. Ni l'un ni l'autre n'osait aller plus loin… Lorsqu'elle l'invitait à dîner chez elle, c'était toujours en compagnie du clan Extandi. Il lui offrait des fleurs, apportait des jeux à Aude. Elle appréciait cette façon de leur faire plaisir avec délicatesse.

À 19 heures, Diane quitta son bureau et se rendit chez sa belle-mère. Les vacances d'été avaient débuté et Diane s'était résignée à confier sa fille à Marthe. Puis Nathalie avait proposé à Diane d'inscrire Aude dans le centre aéré où sa petite Julie se rendait chaque été. « Et ne t'inquiète pas, avait-elle ajouté, je suis en congés moi aussi, je me chargerai des allers-retours !

Toutefois, Diane avait à cœur de confier Aude à sa grand-mère deux jours par semaine. Depuis le décès de Guy et le départ de sa famille, Marthe se sentait bien seule. Diane l'invitait régulièrement à dîner ou à faire du shopping à Pau le samedi. La plupart du temps, Marthe refusait.

Lorsqu'elle emprunta le chemin qui menait à la maison de ses beaux-parents, Diane croisa la voiture de Dumas. Que venait faire le promoteur chez sa belle-mère ? Espérait-il trouver une alliée compatissante et toute dévouée à sa cause ?

Christophe Rivière avait tenu parole. Chaque réunion du conseil municipal était l'occasion d'enquêter. De fouiner un peu, disait-il. Il avait appris que Dumas ne décolérait pas.

— C'est surtout son orgueil qui en prend un coup, avait dit Rivière avec une pointe d'amusement, tu es en train de mettre son prestige à mal ! »

En entrant chez Marthe, Diane fut accueillie par un délicieux fumet et vit les restes du goûter sur la table de la salle à manger. Aude lui montra les nouveaux jeux que sa grand-mère lui avait offerts.

— Mamy veut que je les laisse ici, comme ça je les aurai quand je viendrai chez elle.

— D'accord, ma puce. Va vite préparer ton sac, on y va…

Diane retrouva sa belle-mère dans la cuisine. Elle épluchait une grande quantité de pommes.

— Aude m'a aidée à faire la cueillette. Je vous ai réservé les plus belles, et je préparerai de la compote avec les autres. J'ai aussi fait des muffins au chocolat pour la petite.

Diane la remercia et mordit à pleines dents dans une pomme juteuse à souhait. Marthe ne savait que faire pour se rapprocher de sa petite-fille. C'était sa façon à elle de faire face. Mais devant ses yeux cernés, son visage marqué, Diane comprit qu'elle ne faisait pas face du tout. Il était évident qu'elle s'effondrait.

— Alors, il paraît que votre idée d'exposition au Manoir des Chaumes se confirme ? reprit Marthe. Ne pensez-vous pas que c'est de la folie ? Alors qu'il n'y a pas si longtemps encore, Guy songeait à vendre.

Interloquée, Diane se demanda comment elle était au courant.

— Qui vous a dit cela ?

Marthe piqua un fard et s'activa fébrilement sur les pommes.

— Peu importe, répondit-elle, c'est difficile de garder un secret dans une petite ville. Surtout quand vous acceptez l'aide de la châtelaine ! Votre folie des grandeurs finira par vous attirer la méfiance de vos collaborateurs.

Diane comprit que l'accrochage devenait inévitable. Ne serait-ce que par la vague de colère qu'elle sentait poindre en elle.

— Chérie, prends ton sac et va m'attendre dans la voiture, dit-elle à Aude.

— Mais maman…

— Ne discute pas, s'il te plaît. Embrasse mamy. J'arrive…

La fillette partie, Diane ne se gêna pas pour apostropher sa belle-mère :

— Et, bien sûr, vos remarques n'ont rien à voir avec la présence de Dumas chez vous ? Je viens de le croiser.

— Je reçois qui je veux chez moi.

— Certes ! Mais je refuse que vous imposiez la présence de ce type à ma fille. Je vous ai toujours soupçonnée d'être de mèche avec lui. Et pour rebondir sur ce que vous venez de dire, je suis sûre que Guy n'a jamais eu l'intention de vendre la société. Il y était trop attaché. Et si vous vous intéressiez un tant soit peu à mon travail, vous seriez surprise par la clientèle que nous développons chaque jour. Croyez-moi, j'évalue parfaitement la situation.

— On n'évalue jamais la situation ! Vous n'aviez pas vu venir la mort de Rémy, par exemple.

— Que vient faire le décès de Rémy dans le développement de Béarn Tissus ?

Marthe posa brutalement l'éplucheur à légumes et jeta les pommes dans une passoire.

— Vous étiez tellement absorbée par votre travail, comme vous l'êtes aujourd'hui, d'ailleurs ! Vous ne vous êtes même pas rendu compte à quel point mon fils était épuisé, surmené... Tout cela n'aurait jamais dû arriver, ni la mort de Rémy, ni celle de Guy. C'est vous la responsable de tous ces drames !

L'accusation prit Diane au dépourvu. Elle resta un instant interdite, le cœur serré. Elle connaissait parfaitement les journées de Rémy qui lui semblaient tellement plus simples que les siennes, calculées au quart d'heure près.

— Vous ne savez rien de notre vie ! s'insurgea-t-elle violemment. Et ce ne sont pas les deux week-ends que vous passiez à Paris chaque année à courir les boutiques qui pouvaient vous en apprendre beaucoup. Vous devriez avoir honte d'utiliser la mort de votre fils pour servir les intérêts du maire et de votre petit protégé.

Au regard que Marthe lui lança, Diane comprit qu'elle était sur le point de faire une remarque désobligeante. Mais elle se ravisa et l'observa avec froideur, comme si le bon sens était de son côté. Diane s'apprêtait à relancer la polémique, mais brusquement, elle eut pitié de Marthe. Elle savait combien elle souffrait elle-même de l'absence de Rémy et de Guy. Comment pouvait-il en être autrement pour Marthe ?

— Je suis désolée, dit-elle, je refuse l'idée de me disputer avec vous.

Elle fit volte-face, et planta Marthe au milieu de la cuisine. Elle laissa volontairement les pommes et les pâtisseries, et prit soin de claquer la porte derrière elle.

Dans le centre de Lhèze, elle s'arrêta pour acheter un pain au chocolat pour Aude.

— Merci, mais j'ai déjà goûté chez mamy. C'est à cause du monsieur qui est venu tout à l'heure que tu es fâchée après elle ?

Diane s'efforça de la rassurer. Elle s'interdit surtout de poser la moindre question à sa fille, même si elle mourait d'envie d'en savoir un peu plus à propos de la présence de Dumas chez Marthe. Elle soupira et décida de s'arrêter chez la fleuriste pour choisir un bouquet destiné à Nathalie.

Elle ne se sentait pas capable d'en vouloir à sa belle-mère, elle était même encline à la comprendre. Quand on éprouve une grande souffrance, on en veut à la terre entière… Et à sa décharge, Marthe adorait sa petite-fille. Diane observait Aude dans le rétroviseur. Elle rangeait soigneusement ses coloriages dans son petit sac de toile rose. Si quelque chose lui arrivait à elle, qui prendrait soin de sa fille ? Pour rien au monde elle ne voudrait la savoir confiée à sa mère. Il n'y aurait que Marthe pour lui apporter l'amour et l'éducation dont elle aurait besoin. « Je dois faire en sorte qu'il ne m'arrive rien pendant les quinze prochaines années », pensa-t-elle. Et un long frisson lui parcourut le corps.

Le dîner s'achevait. Nathalie avait déployé des trésors d'enthousiasme un peu forcé afin de détendre l'atmosphère. Diane gardait une certaine réserve et parlait peu. Elle ressassait les reproches de sa belle-mère... Pourquoi ne s'était-elle pas rendu compte de l'état de santé de Rémy s'il était à ce point préoccupant ? Patrick Extandi eut beau orienter la conversation sur leur travail, seul Michael lui répondit. Diane les écoutait d'une oreille distraite. À 22 heures, elle prétexta la fatigue d'Aude et prit congé.

Michael les raccompagna et Diane ne put éviter de lui proposer le café qu'ils n'avaient pas pris chez Nathalie. Il accepta et un quart d'heure plus tard, Aude enfin couchée, ils étaient installés dans le salon devant deux espressos. Diane sortit le dossier de son attaché-case qu'elle avait abandonné près de la table basse.

— Le contrat avec Robert Dutertre est signé, dit-elle en tendant des documents à Michael.

Diane se félicitait d'avoir établi le contact avec ce grossiste qui dirigeait une dizaine de magasins de linge de maison de luxe situés dans le nord-est du pays. Il s'était longtemps approvisionné à l'étranger avant de privilégier une stratégie qualitative. Après plusieurs entretiens téléphoniques avec Diane, il avait fait le déplacement depuis Strasbourg pour visiter Béarn Tissus. Les créations de Diane l'avaient vivement intéressé.

— Ça correspond exactement à ce que je souhaite, avait-il dit, je ne veux plus de linge fabriqué au Bengladesh, mais de la qualité *made in France* !

Diane avait la certitude que de nouvelles relations commerciales prenaient forme. Depuis trois semaines, les premières livraisons de Diane Créations étaient acheminées vers les boutiques de France et d'Allemagne. La production s'accélérait pour satisfaire les nouvelles demandes. Hélène, la commerciale recrutée par Michael, accomplissait un travail remarquable. Elle avait étendu son secteur de prospection jusque dans les Charentes et la Vienne. Elle comptait pour une bonne part dans l'afflux des récentes commandes.

Michael gérait l'équipe des agents avec brio. Par ailleurs, le secteur du tissu d'ameublement se développait. De nombreuses boutiques et certains grossistes demandaient des modèles exclusifs, et Diane consacrait beaucoup plus de temps à la création, ce qui la comblait. De son côté, Hilde Dortman tenait ses promesses. Elle avait l'exclusivité de Diane Créations pour le marché allemand, englobant tissus d'ameublement et linge de maison. Et désormais, elle fabriquait une ligne de vêtements en Allemagne d'après les croquis de Diane, avec les tissus de l'entreprise. Un débouché supplémentaire pour Béarn Tissus.

Quant aux ventes via internet, elles démarraient sur un rythme encourageant ! Avec le concours de Michael et Patrick Extandi, Diane étudiait la possibilité de réaménager un entrepôt en service des expéditions.

Michael reposa le dossier sur la table et prit sa tasse. Diane était en train de réussir au-delà de toutes les prévisions. En avait-il jamais douté ? Il but son café lentement, savourant la légère amertume des arômes. L'horloge sonna onze coups. Il remarqua le coup d'œil de Diane sur sa montre ; elle réprima un léger bâillement.

— Je vais te laisser, dit-il en se levant, tu as besoin de repos.

— Merci ! Je voudrais arriver de bonne heure au bureau demain matin.

Michael s'approcha et l'entoura de ses bras dans un geste protecteur. Puis il s'éloigna d'elle et repoussa ses cheveux derrière ses oreilles en passant un doigt sur sa joue. Il se pencha… C'était une étreinte plus amicale que passionnée dont elle se détacha en le repoussant doucement. Elle appréciait son dévouement, sa gentillesse, elle éprouvait de l'amitié pour lui. Elle sut, en cet instant, que cela n'irait jamais au-delà. Et en proie à ses sempiternels doutes, elle décida d'éviter toute rencontre avec lui en dehors du cadre de leur travail.

Michael prit son trousseau de clés. Il parut sur le point de dire quelque chose, mais il se contenta de poser un baiser sur le front de Diane et prit congé.

Diane ferma la porte derrière lui et, en abaissant les volets, elle se rendit compte qu'elle ne lui avait pas parlé de la présence de Dumas chez sa belle-mère. Elle vit sa voiture s'éloigner sur la route de Lhèze, aussitôt suivie d'un autre véhicule faiblement éclairé.

22

Le mois de juillet s'acheva dans une atmosphère caniculaire. Marthe gardait les volets fermés et ne sortait plus de chez elle. En attendant le retour de sa sœur qui lui avait promis de venir la voir pour le long week-end du 15 août, elle passait d'interminables journées à nettoyer sa maison qui n'en avait pas besoin. Elle s'occupait du linge de Guy comme s'il était encore là. Elle rabattait les cols de ses chemises, assemblait les chaussettes par paires, pliait les caleçons. Des gestes qu'elle reproduisait chaque jour depuis plus de cinquante ans. Et qui ne servaient plus à rien… Elle regardait des albums où les photos de Guy et de Rémy lui rappelaient des jours heureux. Seule dans son chagrin, elle avait reporté toute son affection sur sa petite-fille et les heures que la fillette passait chez Nathalie Extandi lui semblaient volées. Elle regrettait sa dispute avec Diane. Leurs rapports étaient devenus plus distants, et tout cela à cause de Marjorie Leroy ! Cette sale bonne femme… Elle se souvenait des histoires que racontait son père à propos de la famille Leroy, la façon dont le père de Marjorie avait soudoyé un notaire pour lui souffler l'achat d'un terrain. Pour l'instant, Marthe rongeait son frein. Mais sa colère décuplait lorsqu'elle entendait Aude parler de Michael. Y avait-il quelque chose entre Diane et lui ? Elle laissa échapper un long soupir, coiffa son chapeau de paille et se résigna à sortir dans le jardin. Les fleurs avaient grand besoin d'être arrosées.

Diane finit par s'installer dans le bureau de Guy. La nouvelle répartition des locaux exigea des trésors de diplomatie de sa part. Louise restait sa secrétaire particulière, au grand dam de Marianne, l'assistante de Guy. Lorsque Diane lui proposa le poste de coordinatrice commerciale, la collaboratrice aux gestes compassés réagit avec véhémence. Elle pensait mériter le poste d'assistante de direction eu égard aux longues années qu'elle avait passées aux côtés de Guy. En dépit des efforts de Diane qui souleva les responsabilités nouvelles, la hausse de salaire appropriée, l'attribution d'un bureau particulier, Marianne se considérait comme rétrogradée. C'est très contrariée qu'elle finit par accepter la proposition. Intérieurement, elle maudissait ces personnes qui parvenaient toujours à vous faire faire le contraire de ce qu'on souhaitait, et elle rangeait Diane dans cette catégorie.

Diane apportait la dernière touche à une nouvelle collection de linge de table lorsque son portable retentit au fond de sa poche. C'était Marjorie.

— Diane, je suis heureuse de vous entendre ! Il faut absolument que vous veniez au manoir. Les travaux sont terminés dans l'orangerie et si vous êtes toujours d'accord, nous pouvons commencer à travailler sur votre expo !

Diane s'empressa d'accepter et proposa de passer vendredi en fin d'après-midi.

Il n'était pas tout à fait 14 heures lorsque Diane se gara devant les bâtiments militaires désaffectés. Le lieutenant-colonel Vignaud était déjà là. Il examinait des papiers épars sur le capot de sa voiture.

— Vous êtes en avance ! lança Diane en lui tendant la main.

Elle apprécia sa ponctualité et l'associa à l'image qu'elle se faisait de la rigueur militaire.

— Je m'étais ménagé une marge de quelques minutes, juste au cas où… Aussi je me suis permis de commencer sans vous.

Il déclencha un télémètre laser et prit des mesures qu'il s'empressa de noter dans son cahier d'écolier.

— Je compare avec les plans que vous m'aviez confiés.

— Qu'en pensez-vous ?

— Il semblerait bien qu'il y ait une anomalie. Là… ajouta-t-il en désignant un point précis sur la carte.

Il prit sur lui de ne rien laisser paraître, mais en effet quelque chose clochait.

— Mais je ne suis pas sûr. J'ai envie de passer à la mairie en repartant, je consulterai le cadastre.

— Ne dites surtout pas que vous faites des recherches pour moi. Je ne suis pas en odeur de sainteté dans l'entourage du maire !

— Je serai discret, promis ! D'après le plan, c'est tout le bâtiment des anciennes écuries qui vous appartient ?

— Oui. J'ai apporté les clés. Voulez-vous visiter ?

Il accepta et ils marchèrent en direction de la bâtisse. Diane essaya d'emboîter son pas dans le sien. Manifestement, il avait l'habitude de la marche ! L'air portait le parfum suave de la résine des pins qui bordaient le chemin, et les frondaisons des chênes se détachaient dans le bleu du ciel. Diane guida son visiteur dans les différentes salles des écuries et elle expliqua longuement le projet de pôle d'activités artisanales cher à son beau-père.

— Il accordait beaucoup d'importance à la sauvegarde des traditions, des savoir-faire. J'ai trouvé que c'était une idée de génie. Dans le même esprit, je voulais créer un espace d'exposition et de vente ouvert à nos clients, aux professionnels et aux touristes de passage. Mais il vaut mieux laisser tout cela de côté dans l'immédiat.

Il remarqua son air désappointé tandis qu'elle refermait soigneusement les portes. Il émanait d'elle une telle volonté, tant de sincérité non feinte qu'il en fut ému.

— Qu'est-ce que vous allez faire ?

— Me battre ! C'est ma seconde nature.

Elle pensa à sa conversation avec Marjorie.

— Je trouverai une autre solution, affirma-t-elle.

Ils étaient revenus près des voitures. Vignaud ajouta encore quelques notes dans son cahier et vérifia une dernière fois les cartes avant de les replier. Diane l'observait, impeccable dans son treillis, le pantalon dans les rangers, la chemise aux manches repliées. Elle admira le style, la carrure, et la méticulosité de chacun de ses gestes.

— C'est tellement gentil de m'apporter votre soutien, déclara-t-elle, je ne sais comment vous remercier.

Il tourna la tête vers elle et ne dit rien. Il y avait une certaine assurance dans son regard clair, elle eut envie de lui sourire, toutefois elle se retint. Mais il entrevit l'ombre de ce sourire.

— Je me demandais… dit-il avec un soupçon d'hésitation dans la voix, si vous trouveriez déplacé que je vous invite à dîner.

Elle prit un petit air malicieux en ménageant son effet :

— Oui, je crois que ce serait déplacé… mais j'accepte volontiers. À une condition, toutefois, c'est moi qui vous invite pour vous remercier de votre aide.

— À charge de revanche, alors !

— D'accord… disons vendredi ? Et si vous permettez, je choisirai le cadre, je tiens à vous montrer quelque chose.

Elle lui donna rendez-vous au Manoir des Chaumes et ils se séparèrent sur une poignée de main.

De retour à Béarn Tissus, Diane s'attarda dans le bureau de Patrick Extandi. Ils peaufinèrent plusieurs devis. Puis elle reprit son travail dans l'atelier de création. Dans une semaine, elle soumettrait les modèles exclusifs à Robert Dutertre. Il s'avérait un client intéressant, mais exigeant et pointilleux. Il avait validé la gamme de tissus d'ameublement lors de la signature du contrat. Il restait le linge de maison. Diane prit un peu de recul et examina ses derniers croquis : les parures de lit imprimées de fleurs de cerisier, de décors champêtres, de motifs cubiques dans un joli camaïeu de teintes pastel. « Pas mal », pensa-t-elle. Puis elle vérifia méticuleusement les modèles qu'elle destinait à la ligne de linge de table.

Il était presque 19 heures lorsqu'elle rejoignit enfin son bureau. Elle découvrit sa fille assise à sa place ; elle pianotait sur son ordinateur en suivant les conseils de Michael.

— Nathalie m'a accompagnée, mais elle est repartie aussitôt, expliqua-t-elle. Elle devait emmener Julie chez le dentiste.

— Et qui t'a permis de t'asseoir à mon bureau et d'utiliser mon ordinateur ? demanda Diane en essayant de prendre un air sévère.

Aude gloussa en penchant la tête de côté :

— Michael m'a dit que tu avais beaucoup de travail. En attendant, il m'a appris à jouer au Pokémon.

— À jouer au quoi ?

— C'est un jeu pour les enfants, maman. Tu connais pas !

Aude éclata de rire en regardant Michael. Apparemment il connaissait, lui. Diane jeta un coup d'œil aux fax tombés en son absence.

— Michael m'a apporté des bonbons, maman ! s'écria Aude en agitant un sachet multicolore.

— C'est aimable de sa part, mais ce n'est pas raisonnable de te gaver de sucreries à pareille heure.

Elle rangea plusieurs chemises dans son attaché-case et sortit un dossier du tiroir de son bureau.

— Et si nous allions manger une pizza tous les trois ? lança Michael.

Aude frappa dans ses mains et bondit du fauteuil. Elle attrapa son sac à dos, prête à partir.

Diane s'en voulut de décevoir sa fille qui trépignait d'impatience. Mais elle s'en tenait à sa dernière résolution, ne plus voir Michael en dehors du travail.

— Merci Michael, mais une autre fois, d'accord ? Il faut que j'avance, j'ai tellement de travail… je vais en emporter une partie à la maison.

— Puis-je t'aider ?

— Non merci, c'est gentil. Excuse-moi, j'ai encore un coup de fil à passer.

Michael n'insista pas et se retira. Malgré lui, il s'arrêta dans le couloir et écouta. Diane demandait à Nathalie Extandi de garder Aude le vendredi suivant. Elle sortait…

23

Vendredi, Diane travailla sans relâche aux dernières retouches de la collection Robert Dutertre. À 18 heures, elle effectua une ultime vérification, et en appuyant sur la touche « envoi » de son clavier, elle éprouva une vive satisfaction. Elle avait fait un excellent travail. C'est l'esprit léger qu'elle prit la route du Manoir des Chaumes.

Comme elle avait un peu d'avance, elle fit un détour par les lieux de l'accident qui avait coûté la vie à son beau-père. Les premiers résultats de l'autopsie émettaient l'hypothèse d'une crise cardiaque foudroyante. Le capitaine Lumeau attendait le rapport circonstancié du médecin légiste.

Diane se gara sur le bas-côté et descendit de voiture. Elle avait encore en tête l'image d'un amas de ferraille tordue… Certes, le virage était dangereux, mais pourquoi le véhicule avait-il filé tout droit ?

Elle entendit le bruit du torrent en contrebas, le bruissement du vent dans les mélèzes. Guy lui manquait. Elle tentait d'imaginer ce qu'il avait ressenti en perdant le contrôle de sa voiture. Avait-il fait un malaise avant l'impact, ce qui pourrait expliquer pourquoi le véhicule avait filé tout droit, sans laisser la moindre trace de freinage ? Ou, au contraire, était-il conscient pendant que sa voiture dévalait le ravin ? Les larmes aux yeux, elle rejoignit son auto.

Marjorie l'attendait avec un grand verre de thé glacé. Elle semblait plus pâle qu'à l'accoutumée avec ses cheveux rabattus en arrière et son brillant à lèvres rose clair. Elle portait un chemisier de soie dont le col était fermé par un papillon aux ailes ornées de brillants.

— Allons voir l'orangerie, dit-elle en reposant son verre.

Elles traversèrent les jardins en direction du parc. Les camélias et les bougainvillées étaient en fleurs. Les hortensias et les rosiers bordaient les allées menant à l'orangerie en un magnifique camaïeu de bleu et de rose. Marjorie sortit un trousseau de clés de sa poche et ouvrit la porte à double battant. Diane découvrit les deux galeries en enfilade, pavées de marbre des Pyrénées. De larges verrières de style victorien déversaient des flots de lumière sur les colonnes sculptées, entrelacées de lianes fleuries. Les soubassements des verrières étaient décorés de fresques représentant des scènes de la vie au Moyen Âge. Des lustres à pampilles, un élégant mobilier de bois laqué blanc et de verre offraient un joli contraste au style classique des galeries. Le cadre, enchanteur à souhait, constituait un espace raffiné avec un accès direct sur de ravissants jardins

— J'ai obtenu ce que je souhaitais, déclara Marjorie une extension qui s'inscrit harmonieusement dans l'archi tecture du manoir.

— C'est magnifique ! s'exclama Diane émerveillée.

— Alors, cette exposition ? Vous êtes prête à relever l défi ?

Diane imaginait déjà ses clients et ses partenaires admi rant ses dernières collections dans ce cadre somptueux Elle était consciente qu'une telle occasion était inespérée Elle se tourna vers Marjorie qui l'observait en souriant.

— Un défi que je ne saurais relever sans vous, et je m sens tellement redevable, Marjorie.

— Ne dites pas de bêtises. Je vous ai dit combien j'admirais votre travail et votre audace.

Elle s'avança dans la galerie principale, Diane dans ses pas :

— Je verrais bien un immense tapis rouge au centre, vos créations installées de part et d'autre… Oh, bien sûr, il y aura toute une organisation et une infinité de détails à prévoir, mais je suis sûre que nous y arriverons.

Marjorie était fascinante dans son enthousiasme ! Diane avait deviné qu'elle était de ces femmes toujours en quête de nouveaux projets, qui ont de l'optimisme à revendre et une énergie sans faille. Mais qui était-elle vraiment ? Quel destin l'avait conduite à vivre seule dans ce grand domaine ? Diane se remémora les propos de Marthe à son encontre. Combien de fois lui avait-elle affirmé avec force arguments que tout n'était pas clair chez cette femme ? Indubitablement, elle était une énigme.

— J'ai déjà envisagé l'essentiel de cet événement, dit Diane, la date d'abord. Que diriez-vous du 20 au 23 septembre ?

— Les prémices de l'automne ! À cette période-là les jardins sont magnifiques ! acquiesça Marjorie.

— Nous devrons choisir un thème, et à cet effet, je vais créer un logo pour personnaliser les invitations et les programmes. Il faudrait envisager la logistique, l'hébergement des invités.

— En ouvrant les appartements privés, dit Marjorie, nous multiplierons l'espace d'accueil par trois. Oh ! À ce propos, votre table est prête.

Diane jeta un coup d'œil à sa montre et tandis qu'elles revenaient vers le manoir, elle expliqua qui était Laurent Vignaud et l'aide qu'il lui apportait.

Elles arrivèrent sous la marquise de l'entrée principale en même temps que lui. Il avait délaissé l'uniforme et portait un pantalon de toile bleu marine et une chemise blanche. Diane fit les présentations et il se plia au rituel du baisemain, ce qui ne manqua pas d'amuser Diane et sembla ravir Marjorie. Diane se tourna vers elle :

— Vous permettez que je montre l'orangerie au lieutenant ?

Tandis qu'ils s'éloignaient, Marjorie saisit quelques bribes de leur conversation :

— Vous êtes différent en civil, disait Diane.

— En mieux, certainement ?

— Hum... J'aime bien l'uniforme.

— Vous, en revanche, vous êtes toujours aussi élégante.

Il pencha la tête vers elle. Un éclat de rire partagé. Marjorie les suivit des yeux jusqu'à ce qu'ils disparaissent derrière la haie de camélias. Elle se rendit dans la salle à manger et vérifia l'agencement de la table qu'elle leur destinait.

— Moi, je préfère Truffaut ! s'exclama Diane.

— Pitié, ne me parlez pas de Truffaut, vous allez encore me faire vieillir d'une décennie.

Avant de passer à table, ils avaient siroté un cocktail aux reflets bleu lagon. Depuis, ils bavardaient comme deux personnes qui font connaissance. Laurent raconta sa vocation militaire. « À neuf ans, j'ai étalé des planches sur mon lit et j'ai reconstitué une bataille napoléonienne avec mes soldats de plomb, du carton et de la peinture. J'avais dressé une tente avec des couvertures dans un coin de la pièce et j'ai dormi par terre pendant des semaines... Mes parents m'ont regardé d'un air bizarre, et ils se sont fait une raison. »

Diane parla de ses premières passions. Enfant, elle dessinait des maisons, des arbres, des paysages marins, mais elle finissait toujours par esquisser des vêtements pour ses poupées. Elle évoqua ses études dans la capitale et ses débuts difficiles.

—J'habitais une petite chambre mansardée avec une minuscule lucarne. J'avais installé des lampes partout pour pouvoir dessiner. C'est l'expérience de tous ceux qui montent à Paris avec des rêves plein la tête et peu d'argent en poche!

Il glissa quelques remarques dans la conversation, cita l'école de stylisme qu'elle avait fréquentée, ce qui fit penser à Diane qu'il s'était renseigné sur elle.

—Je vois que vous avez exploré ma page Facebook!

— Oui, j'avoue. J'espère que vous ne m'en voulez pas mais j'avais très envie d'en savoir un peu plus sur vous.

Elle porta son verre de vin à ses lèvres en souriant, et ils échangèrent leur point de vue sur l'art contemporain, la musique, le cinéma. Ils parlèrent des vins qu'ils aimaient. C'étaient les mêmes… Avec les fines tranches de homard, accompagnées d'une sauce au beurre safrané relevée d'une pointe de cognac, ce ne pouvait être qu'un bourgogne blanc. « Quel bonheur, pensa Diane, de réagir ensemble sur des sujets qui reflètent ce qu'on apprécie, ce qu'on est… »

Laurent leva son verre dans la direction de Diane.

— À quoi buvons-nous?

— Au hasard, répondit Laurent, aux rencontres…

Il avait souvent constaté, au cours de sa vie, qu'il ne fallait jamais sous-estimer la force du hasard.

—… et surtout à votre réussite, ajouta-t-il précipitamment.

Les tables s'étaient remplies autour d'eux mais ils n'y prêtaient guère attention. L'ambiance du vieux manoir, terriblement romantique, était propice aux confidences.

Diane parla de la naissance d'Aude, de la mort de Rémy. Elle apprit que Laurent avait cinq ans de plus qu'elle et qu'il avait deux enfants.

— Quel âge ont-ils ? demanda-t-elle.

— Oh, ils sont grands ! Mon fils, Charles, a vingt-huit ans, il vit à Lille où il a créé sa boîte d'informatique. Laura a vingt-deux ans et elle étudie à Georgetown ! La vie change quand les enfants deviennent indépendants. Ils ont leurs amis, leurs projets. Je suis leur père, toujours présent certes, mais plus tout à fait indispensable.

Diane l'écoutait, le menton appuyé dans le creux des mains. Il avait une certaine classe et beaucoup d'humour. Et c'était merveilleux, cette pause ! Savourer simplement la quiétude d'une présence, sans exigence.

La serveuse s'approcha et leur présenta le dessert. Une charlotte aux biscuits roses de Reims et aux fraises des bois délicatement parfumée au kirsch. C'est l'instant que Laurent choisit pour diriger la conversation sur ses recherches.

— J'ai consulté le cadastre à la mairie. Je vous avoue que j'ai eu du mal à éluder les questions de la secrétaire ! Fort heureusement, le maire était absent.

— Et vous avez découvert un élément nouveau ?

— Non, mais certains points me semblent obscurs. Je vais demander l'assistance d'un géomètre expert de l'armée. Par ailleurs, j'ai appris que plusieurs plans de réhabilitation avaient été lancés, une distillerie de parfums et un centre de spéléologie entre autres. Ils concernaient le corps principal de la caserne, les galeries souterraines et tous les jardins à l'ouest et au sud. Tous ces projets se sont brusquement évanouis lorsque Dumas s'est porté acquéreur du site.

— J'ignorais tout cela, dit Diane.

Guy était-il au courant ? Pourquoi ne lui avait-il rien dit ?

Laurent ne révéla pas à Diane son envie d'enquêter sur les activités de Dumas. C'était inutile de l'inquiéter davantage. Mais il avait bien l'intention de s'y consacrer au plus vite.

— Quoi qu'il en soit, reprit-il, je crains que vous ne puissiez jouir des écuries achetées par votre beau-père avant un certain temps. Je suis désolé.

— Tant pis. Ce n'est pas si grave, au fond.

Au son de sa voix, il comprit que cela l'affectait plus qu'elle ne le laissait voir et ses sourcils crispés dessinaient une ride profonde au milieu du front. Elle paraissait vulnérable et d'autant plus touchante. Il éprouva une sorte de tendresse pour elle, pour la vie qu'elle avait choisie et le poids des responsabilités qu'elle assumait.

— En attendant, l'orangerie du château semble un bon compromis, non ?

— Oh oui ! répondit-elle soudain plus détendue.

Et d'expliquer toutes les idées un peu folles qui lui trottaient dans la tête. L'excitation rosissait ses pommettes sous le maquillage discret. Marjorie s'approcha de leur table et leur proposa un café. Diane regarda sa montre et poussa un cri.

— C'est fou ! Je n'ai pas vu le temps passer, il est l'heure que j'aille chercher ma fille.

Elle embrassa Marjorie et elles convinrent de se revoir le lundi suivant en compagnie de Michael et de la responsable d'atelier pour jeter les premiers jalons de la future exposition. Puis elle se dirigea vers la caisse pour régler l'adition, mais Marjorie l'arrêta.

— Ce soir, vous étiez mes invités.

Ils la remercièrent et Laurent offrit son bras à Diane.

—Je vous accompagne jusqu'à votre voiture.

Un souffle léger caressait les arbres du parc. Tout semblait immobile, un moment céleste suspendu entre le jour et la nuit.

— Quelle belle soirée, murmura Diane en ouvrant la portière de sa voiture à distance, j'apprécie le crépuscule depuis que je vis dans le Béarn.

—Je vous comprends. Ici la nuit ne tombe pas, elle monte des vallées. Ce silence, ces ombres, ces parfums n'existent nulle part ailleurs.

Il avait toujours la main sur le bras de Diane. C'était une sensation plaisante.

—J'ai passé une très agréable soirée, dit-elle.

— Ça a l'air de vous surprendre ? Redoutiez-vous de vous ennuyer ?

— Oh non ! Vous êtes tout sauf ennuyeux.

— Dans ce cas, nous recommencerons très vite, n'est-ce pas ? Et ce sera à mon tour de vous inviter. En principe, ce sont les hommes qui invitent les dames.

— Ce que vous êtes vieux jeu ! s'écria Diane en s'installant au volant de sa voiture. À bientôt, alors.

Le mardi suivant, le capitaine Lumeau appela Diane. Il avait reçu le rapport du médecin légiste. Le décès de Guy était dû à une fibrillation ventriculaire ayant entraîné un arrêt cardiaque. La mort était survenue instantanément. Les blessures relevées à la tête et aux membres étaient compatibles avec la chute de la voiture dans le ravin.

L'enquête était close.

24

Le lendemain, Diane se réveilla aux aurores avec une irrésistible envie de se mettre au travail. Elle sauta du lit à l'heure où il faisait bon ouvrir les fenêtres et déguster le premier café du jour qui avait toujours une saveur particulière. Sa tasse à la main, elle passa devant la chambre d'Aude sans faire de bruit et se réfugia dans l'atelier-bureau qu'elle avait aménagé dans la véranda. Pendant les vacances, elle avait à cœur de laisser sa fille dormir un peu plus longtemps. Elle travailla jusqu'à 8 heures. Puis elle sortit dans le jardin. Le temps était si agréable, ce matin. Une légère brise atténuait l'écrasante chaleur du soleil qui pointait déjà. Elle cueillit un bouquet de fleurs, le glissa dans un vase et se décida enfin à réveiller sa fille.

Aude descendit peu après, fin prête. Diane constatait chaque jour combien la présence affectueuse de la petite Julie lui était bénéfique. La fille de Nathalie était autonome et Aude avait à cœur de l'imiter. Aujourd'hui, elle prenait sa douche, elle choisissait ses vêtements seule. Avec quelques couacs, parfois ! Un matin, Diane lui avait fait remarquer que son chemisier et sa jupe n'étaient pas assortis. « Moi, j'aime bien, avait répliqué Aude. Et d'abord, tu ne fais plus de robes maintenant, alors tu sais pas ! » Médusée, Diane resta partagée entre un fou rire et l'envie d'intimer un peu de respect à sa fille. Mais une idée avait germé dans son esprit. Le week-end suivant, elle avait emmené Aude et Julie à la fabrique et les avaient laissé choisir des coupons de tissu. Puis Diane avait dessiné des robes, les avait taillées et cousues. L'atelier avait retenti de leurs cris de joie, de leurs éclats de rire. Diane avait adoré l'expérience et s'était dit que plus tard, peut-être, elle pourrait diversifier l'activité de Béarn Tissus en créant une ligne de vêtements pour enfants.

Le mercredi suivant, Diane s'était accordé un après-midi de liberté. Aude avait invité Julie, Mélanie une autre camarade de classe, et Vincent son copain préféré. Après un goûter en ville, Diane avait emmené toute sa petite troupe visiter le funiculaire de Pau. L'amicale des Amis du rail présentait des maquettes et les enfants étaient revenus enchantés.

Diane pressa une orange ; pendant qu'Aude dégustait le jus frais, elle lui prépara un bol de céréales au lait chocolaté et se versa une seconde tasse de café.

— Je vais chez mamy aujourd'hui ?

— Oui ma puce, elle t'attend. Et regarde ! pour une fois, c'est moi qui ai fait un gâteau roulé à la confiture de framboises.

Aude reposa son verre vide et attaqua ses céréales.

— Je préférerais aller chez Nathalie, elle emmène Julie au zoo.

— Ce sera pour une autre fois… Ou bien nous irons toutes les deux si tu veux. Mais ce ne serait pas gentil de faire faux bond à mamy.

Aude ne répondit pas mais son petit visage exprima une contrariété que Diane remarqua aussitôt.

— Quelque chose ne va pas, chérie ?

— Mamy, elle me dit des trucs qui m'embêtent.

Diane prit sa tasse de café et se hissa sur un tabouret, à côté de sa fille.

— Raconte-moi...

— C'est vrai que Michael sera mon nouveau papa, bientôt ?

Diane reposa sa tasse si vite que le café déborda dans la soucoupe.

— Mamy t'a dit ça ?

— Oui, et aussi qu'on n'avait pas le droit d'oublier mon papa...

— Ma chérie, je sais que tu es triste de savoir que papa ne reviendra pas, mais je veux que tu chasses toutes ces idées stupides de ta tête.

Aude but quelques gorgées de lait. Elle sembla hésiter longtemps avant de demander :

— C'est vrai que tu auras un autre mari, un jour ?

— Même si c'est le cas, je suis certaine qu'il t'aimera et que tu l'aimeras sûrement, toi aussi. Mais personne ne prendra la place de ton papa, il restera toujours dans ton cœur.

— Mamy m'a donné une photo de lui, elle dit que je lui ressemble beaucoup. Et tu sais, elle veut que je te parle de lui tous les jours pour que toi non plus, tu ne l'oublies pas.

Diane sentit une vague de colère sourdre en elle.

— Bois ton lait, ma puce ! Finalement, je vais demander à Nathalie si elle peut te garder aujourd'hui.

— Chouette ! Je vais pouvoir aller au zoo. Et chez mamy, j'irai quand ?

— On verra, un autre jour peut-être.

Une demi-heure plus tard, Diane était chez sa belle-mère. À peine descendue de voiture elle se précipita vers la maison. La porte s'ouvrit devant elle et le regard de Marthe se figea lorsqu'elle vit qu'elle était seule.

— Mais... vous deviez m'amener Aude, ce matin. Elle n'est pas malade au moins ?

— Elle va bien, encore que ce ne soit pas grâce à vous.

— Je vous demande pardon ?

— Si vous essayez de dresser Aude contre moi, je vous empêcherai de la voir et ce, de façon définitive.

— Je n'ai pas jamais fait une chose pareille !

— Quand vous lui dites qu'elle doit me parler de Rémy tous les jours et que Michael sera son prochain papa, c'est exactement ce que vous faites !

Marthe se crispa et pâlit. Les cheveux gris plaqués sur ses tempes accusaient la dureté de ses traits. Quand elle retrouva l'usage de la parole, elle répliqua d'un ton cassant :

— J'ai essayé d'expliquer la situation à Aude parce que vous ne le faites pas ! Elle ne doit jamais oublier qui était son père. Et par ailleurs, c'est flagrant que Michael vous tourne autour.

— Vous avez trop d'imagination !

La méfiance réciproque qui les dressait l'une contre l'autre était palpable. Marthe serrait la poignée de la porte si fort que les jointures de ses mains blanchirent.

— Ne me prenez pas pour une idiote, explosa-t-elle, vous n'imaginez pas la colère que j'éprouve depuis des années en voyant Michael occuper la place de Rémy à la fabrique. Mon mari a consacré toute sa vie à cette entreprise et il en est mort. Et maintenant, Michael brigue aussi la place de mon fils dans votre vie. Je ne supporterai jamais l'idée qu'il borde ma petite-fille le soir !

— Cela ne vous regarde pas, Marthe ! Et puisque vous ne semblez pas avoir compris ce que je vous ai dit, je vais vous le répéter : si vous vous immiscez dans ma vie privée, Aude ne viendra plus chez vous.

— Votre attitude est irrespectueuse ! J'adore Aude, je prends soin d'elle. Vous n'avez pas le droit de m'interdire de la voir, c'est la fille de Rémy.

— Certes, mais ce n'est pas la vôtre !

— Mais vous ne comprenez pas que Michael vous courtise par intérêt ? Tout vous appartient, maintenant. Vous allez pouvoir récolter les fruits de longues années de labeur qui ont coûté la vie à mon mari.

Soudain, elle se tut, les yeux brillants de larmes. Diane profita de cet instant.

— Je vous trouve injuste... Il me semble que vous oubliez un peu vite que je travaille sans relâche depuis huit mois pour Béarn Tissus, j'ai investi mon propre argent dans l'affaire. Mais comme vous n'avez jamais rien fait à part tenir votre maison, vous n'avez aucune idée du temps et de l'énergie que cela demande !

— C'est bien dommage que vous ne vous soyez pas investie plus tôt dans la fabrique, répliqua Marthe d'une voix tendue de rage, cela aurait certainement sauvé la vie de mon fils.

Diane la regarda, abasourdie. Elle avait du mal à déglutir et Marthe poussa son avantage.

— Rémy ne cessait de se plaindre. Il se chargeait de tout à la maison, c'est pratiquement lui qui élevait Aude. Avez-vous seulement pensé qu'il avait son travail, lui aussi ?

— Nous partagions les tâches, et j'ai fait de mon mieux.

— Il faut croire que ça ne suffisait pas. Il n'en pouvait plus de pallier vos absences, vos déficiences. Il ne souhaitait qu'une chose : quitter Paris et revenir ici.

Marthe sortit un mouchoir de sa poche, elle se moucha et essuya les larmes qui coulaient sur ses joues.

— Il rêvait d'être sculpteur sur bois ou ébéniste d'art. Combien de fois m'a-t-il dit qu'il aimerait ouvrir un atelier tout en aidant son père à la fabrique...

Diane ne répondit pas. Marthe mentait. Rémy n'avait jamais évoqué ses rêves. Et comment aurait-il pu se plaindre d'elle à ses parents ? Ils avaient été heureux ensemble, savourant chaque instant de précieux bonheur avec leur bébé. Du moins l'avait-elle cru.

— Je vois que vous ne me croyez pas, reprit Marthe devant son regard ébahi. Vous ignorez tout de mon fils ! Il adorait la montagne en hiver, il avait toujours voulu entraîner des jeunes, créer une école de ski. Seulement voilà ! Vous, votre vie était à Paris au milieu des mannequins et des paillettes. Vos sentiments, vos rêves passaient toujours avant les siens. Je n'arrête pas de penser à tout ce qu'il ne fera jamais par votre faute ! Et vous imaginer avec Michael aujourd'hui... Je ne peux pas !

Diane sentit la nécessité de se ressaisir.

— Je ne suis pas avec Michael, répliqua-t-elle en haussant le ton, et je ne le serai jamais. Mais votre rancœur m'a éclairée. Désormais, je sais ce que vous pensez de moi. Et j'agirai en conséquence. Je vous conduirai Aude de temps en temps, elle vous aime beaucoup et je sais votre affection et votre dévouement à son égard. Toutefois, ne prenez pas ce que je vous ai dit à la légère. Si elle me rapporte une seule réflexion, un seul mot déplacé de votre part, je mettrai ma menace à exécution et vous ne la reverrez pas !

Elle planta Marthe sur le seuil sans un mot de plus, et marcha vers sa voiture à grandes enjambées.

Elle bifurqua en direction de Lhèze et prit la route de la fabrique. À mesure qu'elle s'éloignait, les accusations de Marthe l'obsédaient. En passant devant le cimetière, elle s'arrêta. Elle marcha jusqu'à la tombe de Guy et arrosa les pétunias que Marthe avait plantés dans les jardinières. Encore tourneboulée, elle resta un moment devant la sépulture et posa machinalement sa main sur le portrait de Guy figé dans le marbre. Avait-il perdu ses dernières forces dans la reprise de la fabrique ? Il semblait si heureux de la renaissance de Béarn Tissus… Guy voulait-il créer ce pôle d'activités artisanales en pensant aux rêves secrets de son fils ? Des souvenirs lui revenaient. C'était vrai, Rémy adorait la neige. Elle se rappelait sa joie au moindre flocon, son impatience à entraîner Aude dans le jardin, les batailles de boules de neige, les glissades dans l'allée. Aspirait-il à fonder une école de ski pour autant ? Si tout ce que sa belle-mère lui avait dit était vrai, Rémy était enlisé dans une routine qu'il détestait et il en éprouvait du ressentiment à son égard. Et elle, elle n'avait rien deviné. Était-elle le monstre d'égoïsme que décrivait Marthe ?

Elle s'éloigna de la tombe à petits pas en se demandant si elle avait fait le bon choix en s'installant dans le Béarn. Pour l'instant, tout allait bien, mais dans deux ans ? Dans cinq ans ? Elle était consciente des enjeux, de ses responsabilités. De ses limites physiques aussi. Porter cette entreprise à bout de bras n'était pas une mince affaire. Et si elle entraînait tout le monde dans sa chute ? Bien sûr, elle avait assuré ses arrières, mais qu'en serait-il des employés ? Elle se souvenait combien Guy était attentif à leur situation. Elle se rappelait ce qu'il lui avait dit au début de leur collaboration : « Je suis heureux que vous acceptiez de prendre nos affaires en main. Mais réfléchissez encore. Vous pouvez changer d'avis, je comprendrais et ne vous en aimerais pas moins… » Elle devinait qu'il n'avait jamais cessé de s'inquiéter pour elle.

À écouter le bruit du vent qui lui était devenu si familier, ses pensées cédèrent bientôt la place à une profonde tristesse. Elle quitta le cimetière et reprit sa voiture. Christophe Rivière, le tapissier-décorateur, l'attendait pour finaliser leur participation commune au salon de l'ameublement de Montpellier, en octobre prochain. Et elle était déjà en retard.

25

Le jean et la chemise l'attendaient, soigneusement pliés sur le pied du lit. Comme chaque soir depuis trente ans. Carole n'éprouvait aucun attrait pour la vie militaire et elle avait en horreur l'uniforme qu'il portait, les manœuvres, les séminaires et les missions en Opex[1]. Laurent Vignaud changea de vêtements et descendit au rez-de-chaussée. Carole s'affairait dans la cuisine. Il posa un baiser sur son front et ouvrit le frigo.

— Tu veux un verre ? demanda-t-il.

— Non merci, c'est un peu tôt pour moi.

Il se servit un peu de vin blanc frais et coupa une petite tranche de fromage pour l'accompagner. Le vin était comme il l'aimait, souple, floral. En le dégustant à petites gorgées, il s'approcha de la fenêtre qui donnait sur le jardin. L'herbe avait poussé si vite ! Il n'économiserait pas la corvée du désherbage ce week-end. Pourtant, il espérait dégager un peu de temps pour se consacrer au dossier…

« Laurent, tu m'écoutes ? »

Il sursauta. « Excuse-moi…

— Les Seran viennent dîner samedi soir. Je pourrai compter sur toi pour le barbecue ? Et j'espère que tu pourras tondre la pelouse avant.

1. Opex : Opérations extérieures, engagements militaires français à l'étranger.

— J'y songeais justement. Le dîner est bientôt prêt ?

— Pas avant une demi-heure. J'ai dû faire quelques heures supplémentaires à la bibliothèque et j'avais une réunion de mon club de Scrabble cet après-midi, je suis en retard.

— Ce n'est pas grave, je vais passer quelques coups de fil en attendant. »

Il prit son verre et se rendit dans son bureau. Depuis que leur fille s'était installée aux USA, Laurent avait aménagé sa chambre en espace de travail. Il sortit son ordinateur portable de son attaché-case, l'alluma et ouvrit le dossier qu'il avait référencé sous le nom de Diane Borie. Il respira longuement, dégusta deux ou trois gorgées de vin et prit conscience de son trouble. Quelques heures passées avec Diane avaient suffi à l'émouvoir plus qu'il ne voulait l'admettre. Que faisait-elle, en ce moment ? Prenait-elle soin de sa fille ou était-elle encore au bureau ? Il aurait aimé lui proposer un autre dîner mais il redoutait de l'importuner. Une idée le saisit alors. Il avait suffisamment progressé dans ses recherches pour l'appeler. Il prit son téléphone mobile, composa le numéro de Diane, surpris de le connaître par cœur. Puis il fit pivoter son fauteuil du côté de la fenêtre et vit de nouveau la pelouse trop haute.

Diane décrocha aussitôt. Il se présenta.

— Bonsoir Diane.

Comment avait-il pu user de son prénom aussi facilement ? Il nota qu'elle ne protestait pas…

— J'ai découvert quelques détails dans votre affaire et j'aimerais vous en faire part.

À l'autre bout du fil, Diane brûlait d'impatience d'apprendre de quoi il retournait : « Je pourrais peut-être vous retrouver à la caserne Bernadotte… disons jeudi ?

— Ne prenez pas cette peine. Puis-je passer chez vous demain matin ? demanda-t-il en retenant brièvement sa respiration. J'habite Uzan, je ferai un petit détour par Lhèze avant de gagner Pau.

— C'est d'accord, répondit Diane, je prépare le café !

— Je vous appellerai quand je serai à vingt minutes de chez vous, et merci d'avance pour le café !

Il raccrocha et, en se retournant, il découvrit Carole sur le seuil de la porte, le regard étrangement fixe.

Le lendemain matin à 7 heures précises, Laurent appela Diane : « Je serai là dans un quart d'heure ! »

En raccrochant, Diane prit conscience de sa tenue et se rua au premier étage. Elle enfila une robe de coton imprimé sur fond noir, releva ses cheveux et appliqua une touche de maquillage sur ses yeux. Lorsque la sonnette retentit, elle vérifia qu'Aude était toujours endormie et descendit l'escalier quatre à quatre.

Laurent l'attendait sur le seuil en tenue militaire, une sacoche à la main. Elle le guida jusque dans la véranda. De grandes baies ouvraient sur le jardin empreint de la fraîcheur nocturne. Ils prirent place dans les fauteuils de rotin garnis de cretonne fleurie et un léger courant d'air traversa la pièce. Un large coin de la véranda était aménagé en atelier. Une longue table à tréteaux croulait sous les coupons de tissu et les rouleaux de galon tressé. Des croquis emplissaient des feuilles de paperboard, fixées au mur.

— Vous avez une jolie maison ! observa Laurent.

— C'est parfois un lot de consolation pour la vie qu'on mène, répondit Diane.

Il lui lança un regard étonné, et elle se reprit aussitôt.

— La véranda est très agréable, j'adore m'y installer pour travailler le week-end. Cela me permet d'être près de ma fille. Le café est prêt, je vais le chercher !

Elle revint presque aussitôt avec un plateau, la cafetière et une coupelle garnie de biscuits. Pendant son absence, il avait sorti une pochette de sa sacoche et la lui tendit.

— Le géomètre m'a remis les résultats de son expertise. Il semblerait qu'il y ait eu plusieurs bornages visant à séparer les anciennes écuries du reste de la caserne, apparemment du fait de l'armée qui avait envisagé de vendre le site en plusieurs lots avant de le céder en totalité à la municipalité. Mais que savez-vous exactement des projets de Dumas ?

— Je crois qu'il est question de créer le plus grand parc de loisirs du pays, dit-elle en emplissant les tasses, il m'a parlé d'attractions diverses, d'hôtels de luxe et même d'un lac artificiel. J'ai vu la maquette dans le hall de la mairie. C'est d'un gigantisme… délirant !

— De mon côté, j'ai commencé à me renseigner. *JC International Développement* est une multinationale constituée de financiers étrangers. Le montage est assez complexe. Les promoteurs comme Dumas ne jouissent pas d'une bonne réputation et il n'échappe pas à la règle. Il achète, il transforme, il construit. Je ne suis pas expert, mais j'ai mis un ami sur le coup.

Diane lui présenta l'assiette de biscuits au chocolat et de tartelettes aux fruits.

— Je n'ai aucune confiance en lui, dit-elle, je dois même reconnaître que j'ai ressenti de l'aversion dès le premier regard que nous avons échangé. La création de centaines d'emplois est son meilleur atout. Il n'a pas eu de mal à se rallier tous les élus locaux. Le maire prétend qu'avec la majorité du nouveau conseil, il pourrait faire annuler la vente.

— Il n'oserait pas, tout de même ?

— Il se sent tout puissant avec l'empire de Dumas à ses côtés.

— Je vais continuer à fouiller. S'il y a quelque chose de louche dans tout cela, nous le découvrirons.

Diane lui prêtait une oreille attentive, la tête inclinée sur le côté.

— Vous ai-je déjà dit combien j'appréciais votre aide ?

Elle avait dû le lui dire au moins une douzaine de fois et elle regretta son peu d'imagination.

— C'est tout naturel, répondit-il en se levant, et c'est un plaisir de profiter de votre jardin au point du jour.

Il rangea le dossier dans sa sacoche, s'effaça devant elle et fit quelques pas.

— Et notre dîner ? Vous savez que je vous suis toujours redevable d'une invitation ?

— Vous m'appelez afin qu'on arrête une date ?

— Pour que cela vous donne une chance de refuser ? Et si nous arrêtions la date tout de suite ?

Diane éclata de rire :

— Je dois trouver une soirée libre et organiser la garde de ma fille. Mais je vous promets que je n'ai pas l'intention de refuser !

Sur cette promesse, elle le raccompagna jusqu'à la porte, un grand sourire aux lèvres.

Les dates de l'exposition au Manoir des Chaumes étaient définitivement fixées du 21 au 24 septembre. Pour le personnel de Béarn Tissus, le temps était compté. Diane arrivait à l'atelier aux premières heures du jour.

Elle profitait du calme environnant et préparait activement une gamme de parures de lit en percale pur coton, des modèles figuratifs, des motifs floraux sur fond bleu archipel, jade, ambre. Désormais Béarn Tissus maîtrisait la fabrication du modal, une fibre artificielle associée au coton. Une matière moderne, facile à entretenir mais d'excellente tenue, particulièrement adaptée au tissu d'ameublement. Diane avait composé une gamme de rideaux colorés, floraux, une ode à la nature dans une jolie palette de couleurs végétales. Jour après jour, la prochaine collection prenait forme. Diane la dévoilerait lors de l'exposition.

Le téléphone résonna sur le coin du bureau et Diane décrocha, passablement agacée. C'était Marthe.

— Je voulais juste m'assurer qu'Aude venait bien chez moi demain. Je vais lui préparer des gaufres et je voudrais l'emmener au spectacle en plein air.

— Bien sûr, Marthe, répondit Diane. Je vous l'avais promis.

Elle raccrocha rapidement et reprit son travail. Désormais ses échanges avec sa belle-mère se limitaient aux visites d'Aude, un mercredi sur deux. Certes, Marthe avait présenté ses excuses et Diane avait réussi à mettre son ressentiment de côté. Aude était ravie de voir sa grand-mère de temps à autre. Cependant, en dépit de cette apparente entente cordiale, Diane n'était pas près d'avaler les paroles blessantes que lui avait assénées Marthe. Elle cherchait un sens à ce déferlement d'hostilité et des petits détails lui revenaient… Rémy changeant brusquement de conversation lorsqu'il parlait à sa mère et qu'elle entrait dans la pièce… Rémy refusant toujours de l'accompagner aux cocktails ou aux dîners parisiens où ils étaient invités en couple. Il invoquait la garde d'Aude mais était-ce un prétexte pour ne pas avouer que le travail de Diane ne l'intéressait pas ? Pourtant, elle ne pouvait se résoudre à imaginer Rémy malheureux dans leur couple, dans leur vie.

Elle rectifia la courbe d'une fleur et prit un peu de recul pour juger de son travail.

Soudain, Michael fit irruption dans l'atelier. Il admira les croquis de Diane, s'enquit de la matière prévue et des délais de fabrication, avant de lui glisser dans l'oreille :

— Tu as deux minutes ? Il faut que je te fasse part de quelque chose qui m'embarrasse.

Ils gagnèrent le bureau de Diane et Michael prit place.

— Comme tu le sais, j'ai dîné avec Robert Dutertre hier soir.

— Encore merci d'avoir géré seul ce dîner avec notre gros client. J'espère qu'il ne me tient pas rigueur de mon absence, mais à 22 heures j'étais encore dans l'atelier.

— Nous avons essentiellement abordé des questions commerciales. Mais ce n'est pas l'objet de mes inquiétudes. Figure-toi qu'à trois tables de nous, j'ai aperçu Dumas et Marianne en tête à tête.

— La secrétaire de Guy ? Notre collaboratrice ? s'étonna Diane, j'ignorais qu'ils se connaissaient… Tu crois qu'elle pourrait comploter quelque chose avec lui ? Elle a été déçue de ne pas obtenir ce poste d'assistante de direction qu'elle convoitait tant.

— Je ne voudrais pas te sembler parano, mais j'avoue que ça m'a aussi traversé l'esprit. Et crois-moi, ils n'étaient pas enchantés de me voir là.

— À ton avis, nous devrions lui demander des explications ?

— Je ne vois pas de quel droit, répliqua Michael, elle est libre de dîner avec qui elle veut.

Diane garda le silence un instant. Dumas et Marianne… Qu'est-ce que cela cachait ? Cette information ne pouvait que renforcer ses inquiétudes. Depuis quelque temps, elle avait l'impression d'être surveillée. Le même véhicule garé près du centre de loisirs où elle conduisait Aude ou à l'embranchement d'une petite route près de chez elle. À deux ou trois reprises, elle avait vu le 4 x 4 de Dumas près de chez Marthe. Et plus grave encore, quelqu'un s'introduisait dans son bureau en son absence. Elle avait décelé une odeur étrangère, des objets déplacés dans ses tiroirs ou dans les bannettes entassées sur le meuble de rangement. Elle ne pouvait rien prouver de tout cela, aussi avait-elle jugé plus sage de n'en parler à personne.

— Ça te laisse perplexe ? demanda Michael devant son mutisme. Tu sais, pour l'instant, nous ne pouvons rien faire, mais restons sur nos gardes !

Elle approuva sa démarche et Michael évoqua la prochaine réunion commerciale, puis il s'apprêta à prendre congé.

— Ah ! au cas où tu apprendrais la nouvelle par le canal des potins d'entreprise, je prends les devants : je sors avec Hélène et nous envisageons de nous installer ensemble.

— Notre dernière recrue commerciale ? C'est merveilleux, elle est adorable.

— Je trouve aussi !

Il avait adopté un ton badin, mais Diane vit quelque chose qui ressemblait à de la joie sur son visage.

— C'est étrange de passer de la situation de célibataire endurci à celle de chef de famille, dit-il. Mais finalement, c'est une expérience intéressante. Les deux enfants d'Hélène sont charmants, et pour l'instant tout se passe bien.

— Je suis ravie pour toi, Michael. Tu mérites d'être heureux.

Il remarqua son sourire triste et la pointe de nostalgie dans sa voix. Il fit le tour du bureau, s'appuya sur l'accoudoir de son fauteuil et posa une main sur son épaule.

— Je suis sûr que tu retrouveras le bonheur, toi aussi. Rémy aurait voulu que tu continues ta route.

— À vrai dire, je ne sais plus ce qu'aurait voulu Rémy, répondit-elle en se détachant de lui.

— Que veux-tu dire ?

— Je me suis disputée avec Marthe et elle m'a accusée d'avoir fait le malheur de son fils. D'après elle, il rêvait de revenir s'installer ici, de travailler avec Guy.

— Et tu ne crois pas qu'il l'aurait fait si cela avait été le cas ?

— Je ne sais plus... Toi qui le connaissais depuis toujours, est-ce vrai qu'il était féru de sports d'hiver ?

— Quand on a passé la première partie de sa vie à la montagne, difficile de réagir autrement.

— Et sa passion pour le bois, pour la sculpture ?

Un sourire éclaira le visage de Michael. Il revoyait Rémy à la recherche de branches mortes en forêt, et le temps qu'il passait à les nettoyer, les tailler, les poncer.

— Il aimait travailler le bois, sculpter des animaux, des figurines, mais n'exagérons rien, ce n'était pas une vocation.

Soudain, un souvenir éclaira les réflexions de Diane. Un jour, elle avait offert un coffret de cubes en matière plastique à Aude. « Pourquoi acheter du plastique, avait protesté Rémy, quand on peut trouver la même chose dans une matière noble comme le bois ? » Il avait dit cela d'un ton courroucé et elle était restée éberluée. Le lendemain, il avait apporté un coffret de cubes en bois à leur fille et avait jeté le cadeau de Diane dans la poubelle. En remontant le fil de ses souvenirs, Diane se rappela qu'au début de leur mariage, Rémy aimait courir les brocantes. Il achetait de vieux meubles et il passait des week-ends à décaper, réparer, polir. Ensuite, l'activité de l'agence immobilière s'était développée et il avait abandonné la rénovation des meubles. Diane avait toujours pensé qu'il faisait cela par souci d'économie, plus que par passion. Quand elle avait décidé la réfection de leur appartement en privilégiant un design ultramoderne, il n'avait pas protesté. S'était-il plaint à sa mère ? Soudain, elle prit conscience de la présence de Michael.

— Désolée, j'étais perdue dans mes pensées…

— Si tu veux un petit conseil, ne laisse pas Marthe te polluer l'existence, elle est très forte à ce petit jeu-là !

La véhémence de sa remarque surprit Diane.

— Je tiendrai compte de ton avis, mais j'avais l'impression que tu aimais beaucoup Marthe.

— C'est Guy que j'aimais beaucoup, répliqua-t-il avec tristesse.

Il ramassa quelques feuilles de papier qui étaient tombées du bureau de Diane.

— Je suis avec toi, tu sais que tu peux toujours compter sur moi.

— Merci Michael, et toutes mes félicitations pour ta nouvelle vie !

Elle fut interrompue par l'entrée précipitée du responsable de production.

— On a un gros souci ! Plusieurs aiguilles ont cassé sur la chaîne de tissage.

26

« Que pensez-vous de cela : “Une gamme de linge de maison époustouflante, des collections originales conçues par nos soins pour apporter gaieté et raffinement dans toutes les pièces de votre maison.” »

Diane nota l’approbation générale. La réunion des cadres battait son plein depuis plus d’une heure. Il s’agissait de définir la communication pour les annonces à la presse, les dépliants et les cartons d’invitation à l’exposition au Manoir des Chaumes.

« Pour les tissus, reprit Diane, j’ai pensé à : “Nos tissus d’ameublement proposent de merveilleuses alliances de motifs originaux et de couleurs tendance dans des matières authentiques et modernes.”

— Moi je trouve ça parfait, intervint le responsable de production, mais il faudrait insister sur notre service qualité qui effectue des contrôles à toutes les étapes de la fabrication, la résistance des tissus, la stabilité des couleurs, la finition…

— Excellente idée, approuva Diane, je vais reprendre exactement ce que vous venez de dire ! »

Puis elle se tourna vers Michael.

« Concernant nos retards de livraison, où en est-on ? »

Les aiguilles cassées dans la chaîne de tissage avaient endommagé les boîtiers des canettes et l’embrayage. La panne était extrêmement rare, et une semaine avait été nécessaire pour faire venir les pièces d'Autriche et relancer la machine. Une fois encore, Michael avait démontré sa capacité à maîtriser l'imprévu. Il avait personnellement appelé les clients dont les commandes restaient en souffrance et mis en place un planning d'heures supplémentaires.

— Nous avons rattrapé notre retard et livré nos principaux clients, notamment les grossistes et notre importatrice allemande. Mais en ce qui concerne tes collections pour l'expo…

Il adressa une moue dubitative à Diane.

— Je sais, dit-elle, il va falloir doubler la cadence.

Elle avait peaufiné la gamme qu'elle voulait présenter au Manoir des Chaumes. Outre le linge de maison, elle comptait sur une collection de tissus d'ameublement sur le thème du *home made*, et une vitrine de vêtements d'intérieur. À cette fin, elle avait commandé une vingtaine de *stockers* prêts à porter ses modèles de nuisettes et de robes d'hôtesse. La liste des invités était dressée et Louise, son assistante, avait répertorié les magazines de presse spécialisée.

— Il faut à tout prix que nous soyons prêts, martela Diane, je vais demander à la production si certains employés sont prêts à travailler les prochains samedis en échange d'une bonne prime.

Michael approuva. Sur ce terrain-là, il la laissait aux commandes. Elle n'avait pas sa pareille pour s'adresser aux employés en trouvant le mot juste. Elle savait leur témoigner de l'intérêt pour leur vie en dehors de la fabrique. Et en cela, il la respectait.

Trois heures et plusieurs mises au point avec les responsables de différents services plus tard, Diane regagna enfin son bureau. Un déluge de travail en retard l'attendait et Louise lui apprit que sa mère l'avait appelée deux fois. Diane avait commis l'erreur de lui parler de l'exposition et Laurette s'était mis en tête d'y assister. «J'adorerais ça ! s'était-elle écriée, tu te souviens, c'est moi qui t'ai appris à coudre quand tu était petite.»

Diane n'avait pas très envie de se souvenir... En réalité, Laurette retouchait des vêtements achetés dans des friperies et les transformait en costumes de scène avec quelques fanfreluches. Parfois, elle trouvait un coupon de tissu en solde et elle se fabriquait une toilette de bal à partir des patrons en papier qu'elle trouvait pliés et encartés dans les revues de mode. Avait-elle inculqué la passion de la couture à sa fille ? Diane en doutait malgré tout. Et elle n'avait pas très envie de voir Laurette débarquer au Manoir des Chaumes. Elle l'appellerait ce soir et, d'ici là, elle affûterait ses arguments pour la dissuader de se déplacer. Le pire serait sans doute de lui rappeler qu'elle n'avait pas jugé bon de faire le voyage lors du décès de Rémy.

En dépit des ventilateurs lancés à plein régime, Diane avait l'impression d'étouffer. Fin juillet, la température dépassait les trente degrés et la brise qui soufflait des sommets ne suffisait pas à alléger l'atmosphère. Les mains moites, elle se rendit aux lavabos et s'aspergea le visage et les mains d'eau froide. Elle prit le temps de se recoiffer et d'appliquer un peu de rouge à lèvres. Dans le couloir, elle croisa Michael qui venait de boucler la réunion commerciale.

— Tout s'est bien passé ? demanda-t-elle.

— Impec ! Tes modèles marchent fort, les agents sont satisfaits des retours de la clientèle.

Hélène sortit de la salle de réunion, Diane lui sourit et s'éclipsa, les laissant en tête à tête. Leur relation n'était plus un secret pour personne, ils arrivaient, ils partaient ensemble et l'un comme l'autre rayonnaient.

Diane regagna son bureau et s'attela à la maquette du dépliant pour l'expo. Elle était heureuse du rapprochement d'Hélène et de Michael. Quelque part, elle se sentait soulagée. Désormais, elle pouvait accorder à Michael le rôle plein et entier d'associé et d'ami. Sa présence était un précieux atout. Sans lui, elle n'aurait jamais réussi le pari fou de sauver Béarn Tissus.

Elle repoussa un vague sentiment de nostalgie et ses pensées se tournèrent vers Laurent Vignaud. Ils ne se connaissaient pas depuis longtemps mais un réel courant de sympathie existait entre eux. Elle revoyait les traits de son visage, son sourire franc... Il n'avait pas manqué de renouveler son invitation à dîner en lui demandant si elle aimait la cuisine italienne. C'était le cas. Il lui avait alors indiqué l'adresse d'un restaurant à une vingtaine de kilomètres de Lhèze. L'endroit était calme et pour y accéder la route tournoyait dans des paysages verdoyants semés de hameaux aux toits pentus. De jolis jardins fleuris entouraient le restaurant et un petit lac miroitait dans la lumière déclinante de cette belle journée d'été. Lorsque Diane pénétra dans la salle, Laurent était installé à une table près de la fenêtre donnant sur le jardin. Il se leva en l'apercevant et lui tendit la main. Il avait déjà passé leur commande et Diane s'émerveilla du choix des plats. Un osso bucco et des asperges à la milanaise, le traditionnel risotto aux cèpes, le tout accompagné d'une bouteille de prosecco, ce délicieux vin italien, pétillant et fruité.

— Ma mère est d'origine italienne, expliqua-t-il. Dès ma plus tendre enfance, j'ai été nourri de pasta, de risotto et de pizzas maison.

Le dîner s'était déroulé dans une ambiance délicieusement légère, émaillée de rires et de plaisanteries. Ils étaient passés au tutoiement avec une complicité évidente. Et peu à peu la salle s'était vidée autour d'eux... Diane avait remarqué qu'il n'était pas pressé de rentrer chez lui. Ils parlaient et riaient, et la présence de Laurent, son humour, sa tranquille assurance rappelèrent à Diane avec quelle impatience, elle avait espéré qu'il l'inviterait à nouveau. Alors qu'ils évoquaient leurs souvenirs d'adolescence, elle s'était sentie troublée par la façon dont il la dévorait des yeux, sans se rendre compte qu'elle aussi le dévisageait sans aucune retenue. Puis cédant à l'insistance du personnel qui leur rappelait discrètement l'heure tardive, ils avaient quitté le restaurant et s'étaient séparés sur le parking.

Depuis, Laurent lui téléphonait régulièrement pour prendre de ses nouvelles et Diane était ravie qu'il s'inquiète pour elle. Il la tenait informée des progrès de ses recherches concernant les écuries désaffectées. Il lui envoyait des emails, des sms auxquels elle s'empressait de répondre. Elle aurait aimé le revoir, passer plus de temps près de lui à parler de choses et d'autres en dégustant un bon vin dans de grands verres en cristal, ou plus simplement une tasse de café.

Diane jeta un coup d'œil à la pendule. L'heure du dîner était passée. Tant pis, elle attendrait encore un peu. Elle apporta une ultime modification à la maquette du dépliant et l'envoya à l'imprimeur, par mail. Elle vérifia encore la liste des invités. Hilde Dortman avait déjà confirmé sa venue au Manoir des Chaumes, ravie à l'idée de s'octroyer quelques jours mêlant travail et détente dans le sud de la France. Puis, sans perdre une minute, Diane parcourut les bilans prévisionnels que Patrick Extandi lui avait remis, et elle croisa les doigts pour que tout se déroule selon ses calculs.

Soudain, Diane perçut une vibration au fond de sa poche. Depuis la réunion, elle avait laissé son téléphone portable sur mode silencieux. Elle consulta sa messagerie et en découvrant le sms de Laurent un sourire éclaira son visage. Elle avait remarqué qu'il n'utilisait ni les signes ni les abréviations et s'exprimait toujours de façon claire et intelligible. Il s'inquiétait de savoir si elle allait bien, si elle était encore au bureau. Elle se laissa aller contre le dossier de son fauteuil et répondit « J'ai tout mon temps. Ce soir, Aude est invitée à une soirée pyjama pour l'anniversaire de sa meilleure amie. Je vais en profiter pour travailler un peu plus tard. »

Quelques secondes d'attente… « Tout comme moi, répondit-il, je ne quitterai pas Pau avant 21 heures 30. Et si je passais te dire bonsoir en rentrant ? »

Les doigts de Diane coururent sur le clavier « Avec plaisir ! »

Une bouffée de gaieté l'anima lorsqu'elle rangea le téléphone dans son sac et se replongea dans son travail en retard. Elle pouvait s'accorder une heure au bureau avant de rentrer chez elle. Elle aurait encore le temps de se changer et de retoucher son maquillage avant l'arrivée de Laurent. Elle était impatiente de le retrouver et ce sentiment la laissait perplexe.

Elle et lui, deux êtres simples qui se voulaient amis. Mais elle avait surpris une petite lueur dans les yeux de Laurent. Et si c'était plus sérieux que cela ? S'il s'agissait d'un sentiment plus profond ? Elle était pleinement consciente de leur attirance, et du sortilège qui les rapprochait.

Un tête-à-tête à la tombée de la nuit dans l'intimité de sa maison… N'y avait-il pas là un risque redoutable ? Elle eut un petit frémissement d'excitation qu'elle repoussa aussitôt.

27

Diane se réveilla en sursaut, recroquevillée sur le canapé où elle s'était assoupie après le départ de Laurent. Les paupières lourdes, la bouche sèche, elle s'assit. Le soleil levant se déversait par la fenêtre entrouverte, éclairant la table basse, le reliquat de vin dans les verres. Laurent lui avait laissé un petit bout de papier sous le plateau : « Bonne journée Diane, je t'appelle... »

C'était la troisième fois qu'ils se retrouvaient tard le soir. Aude dormait chez Nathalie. Ils pouvaient alors s'accorder quelques heures, instants volés que Diane attendait avec fébrilité et qui lui manquaient, à peine achevés. Tout en lui la comblait. Elle avait envie de lui, de sentir sa présence tout près d'elle. Ce n'était pas si simple, et cela ne le serait sans doute jamais. « Et pourtant, pensa-t-elle, quand il est sincère, un bonheur devrait toujours être simple. »

L'émotion la ramena aux événements qui s'étaient enchaînés. Les révélations de Marthe et le malaise qui avait suivi, l'impression qu'elle ne connaissait pas Rémy. Avait-il été malheureux à ses côtés ? Il aurait pu lui dire qu'il n'appréciait pas leur mode de vie. Mais comment aurait-elle pu deviner un rejet qui n'avait jamais été formulé ? Un soir, après de longues heures de tristesse, de questions sans réponses, la lassitude aidant, elle avait retiré son alliance avec l'envie obscure de passer à autre chose.

Diane enfila un déshabillé, glissa un CD dans la chaîne hi-fi et écouta les premières mesures de la *Rhapsodie hongroise* de Liszt. Puis elle lança la cafetière et se rendit dans la salle de bain. Sous la douche tiède, elle ferma les yeux et se souvint du soir où Laurent était passé lui dire bonsoir. Quand ils s'étaient retrouvés dans la pénombre du salon, une étrange émotion les avait saisis. Et il y eut ce moment où ils s'étaient regardés, un sourire incertain aux lèvres, un instant de grâce où le cœur se met à battre un peu plus vite, un peu plus fort. Ils avaient compris que quelque chose allait se produire, quelque chose qui les attendait déjà dans le mystère de cette nuit d'été. Diane se sentait d'autant plus sereine qu'elle n'avait rien fait pour le séduire. Elle avait simplement laissé les événements l'emporter, à peine surprise de se retrouver dans les bras d'un homme qu'elle ne connaissait pas quelques semaines plus tôt. Et l'improbable était arrivé. Il lui avait offert de nouvelles étreintes, comme une musique qui se joue avec la bouche, avec les mains, avec le cœur. Elle ne cherchait même pas à comprendre ce qu'elle ressentait, à définir les gestes, les mots qui avaient tissé ce moment de grâce. Elle voulait juste se souvenir de l'essentiel. Faire l'amour après avoir perdu l'être cher avec qui elle avait partagé dix ans de sa vie, s'était révélé troublant. Comme si la vie, soudain, effaçait la peur et le chagrin d'un trait de plaisir.

Plus tard il lui avait murmuré dans le creux de l'oreille : «Je dois partir… » En elle, il y eut comme un arrêt. Et après ? Elle n'avait rien dit, elle s'était contentée de guetter sur son visage le moment de lucidité où il évaluerait les tracas que lui poserait le lendemain. Juste avant que naisse la culpabilité. Mais c'est un regard rassurant et un sourire radieux qu'il avait posés sur elle : «Je ne veux pas attendre demain pour te dire que c'était bien. Je te laisse décider ce que deviendra cette nuit. Sache que, pour ma part, je ne regrette rien. Ces heures furent parmi les plus agréables de ma vie. »

Depuis, elle vivait dans une allégresse d'attente et de désir. À telle enseigne qu'elle redoutait que tout le monde devine son secret. Manquait-elle de pudeur à ce point ?

Diane avait une heure devant elle avant d'aller chercher Aude. Elle s'installa dans la véranda avec une grande tasse de café et une tartine grillée nappée de confiture de framboises. Dans sa course effrénée pour rattraper le travail en retard, chaque heure comptait. D'autres incidents techniques s'étaient produits dans l'atelier. Les embrayages anormalement déréglés, des barres à aiguilles détraquées. Diane ne disait rien mais elle se demandait si cette succession de pannes était l'unique fruit du hasard. Dumas avait-il un allié dans la place qui mettait tout en œuvre pour perturber l'organisation de l'expo ?

D'après Christophe Rivière, certains employés parmi ceux qui avaient quitté Béarn Tissus à l'arrivée de Diane avaient été engagés par la mairie et des rumeurs circulaient sur les rapports que sa belle-mère entretenait avec Dumas. Par ailleurs, Rivière avait appris à Diane que le projet du promoteur stagnait du fait qu'il n'avait pas encore acheté la caserne et les terrains alentour. Elle en avait eu rapidement la preuve. Au niveau de la commune, la tactique avait changé. Le maire avait cherché à la joindre moult fois. Elle ne prenait jamais ses appels. De guerre lasse, il lui avait fait parvenir un dossier circonstancié dans lequel il lui proposait un local pour y transférer Béarn Tissus. C'étaient de beaux bâtiments construits sur deux hectares de terrain entre Monein et Orthez. À plus de soixante kilomètres de Lhèze, il tenait vraiment à l'éloigner ! Renan avait attiré son attention sur la proximité de l'autoroute et l'avait invitée à visiter le site en sa compagnie. Diane avait répondu le plus courtoisement possible que l'activité de l'entreprise était trop importante pour envisager un déménagement dans l'immédiat. Pour l'instant, les choses en étaient restées là. Toutefois, elle demeurait sur la défensive, et elle était persuadée qu'on la surveillait. Un soir tard, en quittant l'usine, elle avait vu une silhouette sous le lampadaire de l'autre côté de la rue. Surprise, elle avait fait quelques pas afin d'en avoir le cœur net. Le guetteur s'était vite éclipsé.

Les préparatifs de l'exposition avançaient sur un tempo démesuré ! Dans l'ensemble, les professionnels répondaient favorablement aux invitations, et désormais, Diane comptait sur une participation très intéressante. Les agents commerciaux exultaient. Tous les jours, en fin d'après-midi, elle retrouvait Marjorie au manoir. Elles rivalisaient d'idées, et le cachet incomparable de l'orangerie se prêtait à leur imagination débordante. Elles avaient créé l'espace réservé aux tissus d'ameublement qui glisseraient sur d'immenses présentoirs, et dans un décor 1920 très raffiné, les *stockers* recevraient la collection de tenues d'intérieur. À présent, elles aménageaient des stalles en box de travail équipés d'ordinateurs et de wifi pour les clients qui souhaiteraient s'isoler un moment.

Pendant ce temps, Christophe Rivière peaufinait la décoration des chambres du manoir. Dans la suite *Matin d'automne,* le jeu des rayures et des fleurs délicates coulait du tissu mural des chambres jusqu'au papier des salles de bain attenantes. L'artiste avait travaillé chaque raccord avec finesse, les portes, les moulures se fondaient dans un même ornement. Dans les autres chambres, la douceur rose poudré des têtes de lit capitonnées rivalisait avec le romantisme des lits-bateaux habillés de rideaux soyeux ou de toile de Jouy et couverts de jetés de lit assortis. Le bleu profond du satin qui ornait la suite *Rêve en bleu nuit* offrait un cadre superbe au décor floral des coussins d'ornement, de la méridienne, de la coiffeuse juponnée. Dans le choix des voilages parés de feston en queue d'écharpe ou des cravates de satin qui dissimulaient les fils des lustres, Rivière avait développé des trésors d'ingéniosité pour créer un raffinement discret.

— Ça ira pour aujourd'hui ! lança Diane en rassemblant les notes éparses tandis que Marjorie rangeait les tasses vides sur un plateau.

Elles regagnèrent la salle à manger du manoir et s'attablèrent devant une salade composée et un pichet de jus de fruits fraîchement pressés que Marjorie avait fait préparer. La journée avait été longue mais elles n'en continuèrent pas moins à discuter de leurs projets.

Il était 23 heures passées lorsque Diane prit enfin la route de Lhèze. En passant devant Béarn Tissus, elle crut apercevoir une lueur à la fenêtre de son bureau et leva le pied. Elle roula quelques mètres tous phares éteints. Aucun doute, il y avait quelqu'un dans son bureau ! Elle continua jusqu'au terre-plein réservé aux camions, fit demi-tour et s'arrêta près de l'entrée principale. La nuit était claire et l'opalescence de la lune lui permit de reconnaître la voiture de Marianne, garée dans un coin reculé du parking. Que faisait-elle là à pareille heure ? Diane sortit son téléphone et appela Michael. Il fut long à répondre.

— Surtout ne bouge pas ! s'écria-t-il lorsqu'elle lui eut expliqué où elle se trouvait. N'entreprends rien toute seule, j'arrive !

Mais à peine eut-elle raccroché que Diane descendit de voiture et s'approcha des bâtiments. Avec son téléphone, elle prit plusieurs photos de la voiture de Marianne. Puis en évitant l'allée gravillonnée qui aurait dévoilé sa présence, elle gagna la porte d'entrée, l'ouvrit doucement et se glissa à l'intérieur. À pas feutrés, elle s'approcha de son bureau. La porte était restée entrouverte et la pièce était éclairée par une petite lampe posée sur le coin d'un placard. Marianne était penchée sur le meuble de classement et consultait des dossiers.

— Puis-je vous aider ?

Marianne sursauta prestement et se retourna.

— Vous pouvez me dire pourquoi vous fouillez dans mes papiers ?

Marianne la regardait, immobile, bouche bée, et Diane profita de son avantage pour prendre de nouveaux clichés avec son portable. Marianne dut entrevoir le danger. D'un geste prompt, elle glissa les dossiers dans le classeur.

— Que faites-vous ici ? répéta Diane avec colère.

— Je cherche des relevés de présence datant de l'époque où je travaillais avec Guy, répondit Marianne, son aplomb retrouvé.

— À minuit ? ironisa Diane, c'est curieux tout de même.

Diane s'avança pour voir les dossiers que la jeune femme avait subrepticement remis en place. Mais Marianne referma violemment la porte du meuble. À une seconde près, le métal écrasait les doigts de Diane.

— Espèce de folle ! explosa-t-elle, vous allez devoir trouver une autre explication.

Marianne s'apprêtait à riposter mais elle se ravisa en entendant la porte d'entrée claquer. Michael fit irruption dans le bureau. Il ordonna à Marianne de s'asseoir et elle n'opposa aucune résistance. Diane inventoria alors le meuble de classement, mais elle fut incapable de distinguer les dossiers qui intéressaient Marianne au point qu'elle soit venue les compulser en catimini au milieu de la nuit.

— Je veux qu'on la renvoie séance tenante ! s'écria-t-elle en tendant son téléphone à Michael, j'ai fait des photos d'elle dans mon bureau et de sa voiture sur le parking.

Marianne qui s'était tue depuis l'arrivée de Michael se leva d'un mouvement brusque :

— Je veux voir mon délégué syndical.

— Je doute qu'il se déplace au milieu de la nuit... même pour vous, répondit Michael.

— Alors il faudra attendre demain pour me virer.

Diane pensa à toutes les fois où elle s'était sentie épiée, aux incidents techniques accumulés dans l'atelier. Elle ne doutait plus de l'implication de Marianne dans ces événements.

— Si vous croyez que vous allez vous en tirer comme ça, martela-t-elle, délégué syndical ou pas, vous êtes virée.

Michael arrêta sa colère d'un geste.

— Laisse-moi gérer ça, tu veux bien ? Et s'adressant à Marianne : C'est entendu, rendez-vous dans mon bureau, demain matin à 10 heures. En attendant, vous allez me rendre votre badge d'accès à l'usine.

Marianne s'exécuta et, après un regard mauvais en direction de Diane, elle s'éclipsa.

— Que comptes-tu faire ? demanda Diane après avoir entendu la porte d'entrée se refermer.

Michael remarqua qu'elle tremblait encore.

— Si tu me donnes carte blanche, je vais me charger de cela, Diane. Tu es sous le choc, et une forte émotion n'est jamais bonne conseillère. Tu me fais confiance ?

Elle acquiesça et il la reconduisit jusqu'à sa voiture en multipliant les recommandations de prudence.

28

Aude but son lait, puis elle dessina une petite croix sur le calendrier fixé sur la porte du réfrigérateur. Elle attendait la rentrée des classes avec impatience.

— Encore combien de jours, maman ?

— Dix-sept, ma puce… Pourtant c'est bien de profiter des vacances, non ?

— Oui, mais j'aime bien l'école aussi, répondit Aude en enfilant ses socquettes.

Diane aida sa fille à passer son pantalon. En dépit du travail qui s'amoncelait à l'approche de l'exposition, Diane avait décidé de ralentir le rythme pendant ce long week-end du 15 août.

Elle avait fait de son mieux pour diversifier les activités de la fillette pendant les congés d'été, mais elle était bien consciente qu'elle n'y serait jamais parvenue sans l'aide de Nathalie. Elle la confiait à Marthe une fois par semaine, et parfois elle l'emmenait au Manoir des Chaumes. Le premier jour, Marjorie lui avait fait visiter les lieux. Aude s'était extasiée en découvrant les grands et les petits salons, le salon de musique et la bibliothèque. Elle imaginait des histoires de princesse et Marjorie l'écoutait en riant. Elle s'était prise d'une réelle affection pour la fillette.

Aujourd'hui, Diane conduisait Aude et Julie Extandy au Parc national des Pyrénées, avant un déjeuner sur l'herbe et un spectacle en plein air l'après-midi.

— Je peux mettre le collier que ma seconde mamy m'a offert ?

Aude appelait sa grand-mère maternelle, qu'elle connaissait peu, sa seconde mamy. Laurette lui avait envoyé un colis avec des friandises et des petits bijoux fantaisie. Le lendemain, Diane avait acheté une carte postale et Aude avait écrit un petit message et fait un dessin pour la remercier. Diane n'était pas dupe de cette marque d'intérêt. Sa mère n'avait pas tout à fait abandonné l'idée de s'inviter à l'exposition.

— Bien sûr que tu peux mettre ton collier, mais dépêche-toi, Julie va nous attendre !

En prenant son sac, Diane s'aperçut qu'elle avait reçu un sms de Laurent. Il participait à un séminaire de quatre jours à Lyon, juste avant le week-end du 15 août : « Je viendrai le 18 si tu es libre. Tu me manques beaucoup. Bises » Elle pianota quelques mots à la hâte, heureuse d'accepter sa proposition. Elle n'était pas sûre de son emploi du temps mais elle se libérerait de toute façon.

Ils se retrouvaient dès qu'ils le pouvaient pour des moments d'intimité passionnés mais toujours trop courts, coupés par leurs horaires de travail, leurs engagements. Ils avaient décidé de vivre leur liaison en prenant d'infinies précautions. Ils se rejoignaient tard le soir, bien après la tombée de la nuit. Malgré l'insécurité de cette relation, Diane éprouvait une fièvre délicieuse, elle goûtait ces moments tendres et fous, cette impatience du corps et du cœur qu'elle croyait avoir perdus à jamais. Parfois, elle redoutait que son attirance pour Laurent se lise dans l'éclat de ses yeux, dans son énergie rayonnante. Elle rêvait de tomber amoureuse de nouveau, d'avoir quelqu'un sur qui compter. Mais la voix de la raison la rappelait à un peu plus de lucidité. Elle n'avait rien à attendre d'une liaison avec un homme marié.

Diane avait trouvé en Nathalie une confidente attentive, prête à désamorcer ses propres sentiments de culpabilité.

— Raconte-moi, avait dit Nathalie, comment c'est arrivé ?

— Un soir, nous nous sommes retrouvés dans les bras l'un de l'autre… et crois-moi, je n'ai rien vu venir.

— Et c'était bien ?

Diane avait piqué un fard et Nathalie avait éclaté de rire.

— Je m'en veux d'avoir laissé cette situation s'installer… Ça provoque une certaine frustration et je ne peux pas m'empêcher de culpabiliser.

— Arrête ! avait protesté Nathalie, tu resplendis depuis quelques jours. On a l'impression que tu reprends goût à la vie.

C'était exactement ce qu'éprouvait Diane.

À l'arrière de la voiture, Aude chantonnait en tapotant l'écran de son jeu vidéo. Diane entrouvrit la fenêtre et un courant d'air frais se faufila dans l'habitacle. Elle jeta un coup d'œil dans le rétroviseur. Protéger Aude avant tout…

Carole finissait de ranger les meubles de jardin et les parasols. Laurent l'aida à transporter la longue table à rallonges sous l'auvent, puis il entreprit de nettoyer le barbecue. Le pont du 15 août s'achevait enfin, il avait hâte de reprendre le travail. Depuis le départ des enfants, les longs week-ends devenaient de plus en plus fastidieux. Carole invitait leurs relations, ou plutôt les siennes, des personnes travaillant à la bibliothèque avec elle, adhérant aux même associations qu'elle. Ses collègues militaires étaient bannis du domicile familial. «Je ne supporte pas d'entendre parler d'armée pendant des heures, avait-elle décrété une bonne fois pour toutes. Quant à ces plaisanteries de corps de garde, très peu pour moi!»

Carole était une femme aux multiples talents. Elle savait décorer un intérieur, diriger une maison, élever ses enfants, recevoir et se dévouer pour une cause associative. Cependant, elle avait toujours feint d'ignorer la passion de Laurent pour son métier. Elle ne semblait pas comprendre non plus que l'amour s'étiole au fil du temps. Elle n'avait pas mesuré le poids des habitudes, les trahisons du temps, les heures creuses et les silences. Lui-même en avait-il pris conscience avant la venue de Diane dans sa vie? Il lui arrivait de penser à elle, au milieu d'une conversation, de sentir son parfum ou d'entendre sa voix, son rire. Il se rappelait alors le premier soir où il était simplement passé lui dire bonsoir. Elle avait ouvert la porte, et il n'avait rien trouvé à dire. Il se souvenait qu'elle avait noué ses cheveux, qu'elle portait un pantalon blanc et un petit haut à bretelles jaune vif. Ensuite, les images se perdaient dans un nuage de confusion, de trouble. Qui s'était avancé le premier? Lui, bien sûr. Et la soirée avait été parfaite. Après l'amour, il y avait eu un moment de gêne, vite effacé par un éclat de rire. Et ils s'étaient longuement attardés à bavarder. De quoi avaient-ils parlé? De leur travail surtout. Il l'avait quittée à deux heures du matin, encore grisé par l'émotion, l'élan qu'il attendait depuis si longtemps. Il n'avait aucune idée de ce qu'il y avait entre eux. Si tant est qu'il y eût quelque chose. Mais un vague espoir en lui voulait y croire. Son portable vibra dans sa poche. Il regarda discrètement le message qui s'affichait. Diane l'attendait le 18, après 21 heures. Il sourit.

Un sourire qui n'échappa pas à Carole qui entassait les coussins sur la balancelle. Elle le surprenait de plus en plus souvent à entretenir des conversations à mots couverts… À présent, il souriait à son téléphone. Elle était trop intelligente pour ne pas deviner qu'elle se heurtait à une force nouvelle. L'idée qu'il avait une aventure lui traversa l'esprit mais elle la chassa aussitôt. Après tant d'années passées ensemble, elle ne doutait pas un seul instant de la sécurité installée dans son foyer.

Le 18 août, les deux mauvaises nouvelles tombèrent simultanément. La commande de soie ne serait pas livrée à temps et l'atelier était inondé. Diane arriva sur les lieux en même temps que Michael, juste à temps pour constater les dégâts. Une canalisation avait cédé pendant la nuit et l'atelier baignait dans trente centimètres d'eau. Toutefois, le pire avait été évité. Un employé avait décidé de venir travailler dès cinq heures du matin pour régler les machines en prévision d'un nouveau tissage. Il avait constaté la fuite et coupé aussitôt les vannes de sécurité. Une partie des stocks de tissus et certaines commandes prêtes à être expédiées étaient endommagées, les *stockers* vêtus de nuisettes, de robes soyeuses flottaient dans l'eau répandue sur le sol. Mais les équipements n'avaient pas souffert du désastre.

— À un mois de l'expo, pas question d'arrêter le travail, s'écria Diane, nous allons aménager un espace dans l'entrepôt et y transporter les machines.

Tendue, les nerfs à fleur de peau, elle définit le meilleur agencement possible dans le peu de place qu'offrait le bâtiment et battit le rappel du personnel disponible. Toute la journée elle surveilla le transfert des machines à tisser et à coudre dans l'entrepôt de chargement. La production devait reprendre le lendemain, le succès de l'exposition en dépendait. Et au fond d'elle-même, Diane ne décolérait pas. Elle travaillait comme une forcenée depuis des mois, et ce nouvel incident pouvait réduire ses efforts à néant.

De son côté, Michael avait longuement parlementé avec leur agent d'assurances et ce dernier promit de se déplacer avant la fin de la journée avec un expert. Ils arrivèrent à 17 heures. Les machines étaient installées dans l'entrepôt, et tout ce qui avait été dégradé était étalé à l'extérieur sur des bâches. Armés de balais, des employés poussaient l'eau dehors. Sur les murs les traces d'humidité témoignaient du niveau du sinistre.

Diane s'attarda encore dans l'entrepôt et assista aux tests de redémarrage des machines avant de rejoindre Michael. Elle arriva à temps pour entendre les paroles de l'expert :

— Bizarre, tout de même. La cassure n'est pas franche, il y a des marques de frottement métallique.

Elle croisa le regard de Michael. Pensait-il comme elle ? Avaient-ils affaire à un acte de sabotage ?

— Il y a plusieurs explications possibles, argumenta l'agent d'assurances. Les installations sanitaires datent un peu mais elles sont en bon état. Les machines ayant été épargnées, les dégâts ne sont pas trop importants. Fort heureusement, votre collègue est intervenu avant que toute l'usine baigne dans un mètre d'eau !

— Et je vous ferai remarquer, ajouta Michael, que ça fait trente ans que nous sommes assurés auprès de votre compagnie, sans le moindre incident. Vous avez beaucoup de clients comme ça ?

L'argument sembla peser dans la décision de l'expert qui donna son feu vert pour enclencher le processus d'indemnisation. Mais Diane devina qu'un autre sinistre ne serait pas accueilli avec la même tolérance.

Après le départ des deux hommes, Michael la rejoignit dans le magasin de stockage. Elle sélectionnait de nouveaux échantillons de tissus.

— J'ai l'impression que nous nous en tirons de justesse, dit-il, un brin perturbé. Mais je t'avoue que j'ai eu chaud.

— Tu penses que c'était un acte volontaire ? Marianne ?

Le lendemain de l'intrusion de Marianne dans le bureau de Diane, Michael l'avait reçue, accompagnée de son délégué syndical. Sur ses gardes mais déterminée, elle avait eu le temps de préparer sa défense et de trouver une explication à sa présence dans les lieux. Ses commentaires ne trompèrent personne. Deux heures de négociations furent nécessaires pour aboutir à son maintien dans l'entreprise, avec toutefois un blâme et l'assurance qu'elle était sous surveillance.

— Je ne sais pas comment elle aurait fait, répliqua Michael. Elle n'a plus aucun accès à l'usine en dehors des heures d'ouverture, et cette semaine elle est en congés.

— Elle a pu soudoyer quelqu'un, se faire un complice.

Michael admit que c'était possible.

— La journée a été longue, dit-il. On va manger un sandwich et boire un verre ? Je t'invite.

— Pourquoi, quelle heure est-il ?

— Presque 21 heures.

— Non ? Diane pensa à sa fille et à Laurent.

Elle appela Nathalie.

— Trop tard, ma belle ! Ta fille est couchée. Elle ne tenait plus debout après le dîner. Patrick m'a raconté ce qui s'est passé à l'usine. Si tu as fini ta journée, repose-toi un peu.

Diane remercia son amie. Grâce à elle, elle n'aurait pas à décommander Laurent.

Diane arriva chez elle quelques minutes avant Laurent. Elle eut à peine le temps de se déchausser avant son coup de sonnette. Elle tomba dans ses bras sur le pas de la porte.

—Je suis vidée, dit-elle.

Il vit le liseré rouge autour de ses paupières, les cernes sous ses yeux. Elle lui raconta les événements qui avaient jalonné cette interminable journée.

—Je suis là maintenant, dit-il, va t'asseoir dans le salon. Essaie de te détendre un peu et de ne penser à rien.

— Tu sais qu'en théorie, c'est impossible ?

— Quoi donc ?

— Ne penser à rien, répliqua-t-elle en riant. Je crois plutôt qu'une bonne douche me fera du bien.

Elle se rendit au premier étage et Laurent fureta dans la cuisine avant de trouver ce qu'il cherchait : des œufs, des tomates, une poêle, des assiettes. Quand Diane redescendit, il avait préparé une salade de tomates, une omelette et débouché une bouteille de vin.

— Je suis désolé, mes talents culinaires sont assez limités... Mais je sais aussi faire des pâtes !

— Avec une mère italienne, le contraire serait un comble.

Au fil de la journée, Diane avait fait de son mieux pour ignorer les douleurs lancinantes qui couraient dans son dos et ses épaules. Elle refusa le vin, avala un comprimé avec un grand verre d'eau et se contenta de grignoter quelques bouchées d'omelette et un morceau de fromage.

— Je te sens inquiète, remarqua Laurent, tu penses vraiment que cette inondation n'est pas un simple incident technique ?

Elle laissa échapper un long soupir avant de répondre.

— Michael est à peu près sûr que c'est un acte de sabotage, et l'espace d'un moment, l'expert a eu des doutes.

Personnellement, je ne saurais te dire, je ne m'y connais pas en tuyauterie.

— Mais tu seras indemnisée ?

— A priori, oui. Michael a été très convaincant face à l'expert. Mais savoir que n'importe qui peut entrer dans l'usine et dégrader le matériel, ce n'est pas rassurant du tout.

Laurent pensa à toutes les nuits qu'elle passait seule avec sa petite fille dans cette maison isolée. Elle faisait preuve d'un sang-froid qui forçait l'admiration.

— Tu ne pourrais pas habiter chez ta belle-mère quelque temps ?

— Elle ne m'adresse pratiquement plus la parole, expliqua Diane, elle avait un peu trop tendance à se mêler de ce qui ne la regardait pas. J'ai espacé les visites de ma fille, et elle m'en veut.

Elle garda le silence, et il put lire l'inquiétude sur son visage.

— Va te reposer, je vais débarrasser. Je te rejoindrai tout à l'heure.

Après une pause délicieusement fusionnelle, Diane sentit la fatigue avoir raison d'elle. Elle enfouit sa tête au creux de l'épaule de Laurent. Sa présence la rassurait, comme s'il avait déjà trouvé une place dans sa vie. Elle repoussa les protestations de la perfide petite voix en elle, tellement raisonnable !

-- Tu fermeras la porte en partant ? Glisse la clé dans la boîte aux lettres, je la récupérerai demain.

— Je vais rester avec toi… Dors.

Quand Laurent fut certain qu'elle était endormie, il se leva, gagna le rez-de-chaussée et appela Carole. Il lui dit qu'il ne rentrerait pas, sa dernière réunion s'étant terminée trop tard. Il nota combien cela lui était devenu facile d'inventer des excuses fallacieuses. Contretemps, meeting tardif, rendez-vous impromptu... Seule la première lâcheté comptait, les autres s'enchaînaient presque naturellement.

Le soleil se répandait sur les draps et la chaleur tira Diane du sommeil. Sept heures trente... Elle se leva, enfila ses mules, descendit et retrouva Laurent dans la cuisine.

— Tu as bien dormi ? demanda-t-il.

Il avait dressé la table du petit déjeuner et il glissait des tartines dans le grille-pain. La cafetière bruissait et le café tombait goutte à goutte dans les tasses.

Ils venaient de passer leur première nuit ensemble. Elle avait dormi, il l'avait veillée. Diane remarqua qu'il était prêt à partir, vêtu de son treillis, son attaché-case près de la porte d'entrée. Elle se hissa sur un tabouret et Laurent posa une tasse de café devant elle en lui tendant la corbeille à pain. Elle semblait reposée ce matin. Et terriblement attirante avec cette chemise de nuit de soie bleue retenue par deux fines bretelles qui n'en finissaient pas de tomber sur ses bras. Il vida un sachet de sucre dans sa tasse.

— Et toi, tu ne manges pas ? s'inquiéta Diane en beurrant une tartine.

— Si, mais je petit-déjeune toujours au mess.

Ils burent leur café en silence. Diane n'osait pas lui demander pourquoi il était resté toute la nuit près d'elle. Elle n'était pas sûre de ce qu'elle avait éprouvé à son réveil. La dernière fois qu'elle avait passé la nuit auprès d'un homme, c'était dans le lit conjugal qu'elle avait partagé avec Rémy pendant dix ans.

Laurent jeta un coup d'œil à sa montre : « J'y vais ! »

Diane le raccompagna jusqu'à la porte et ils échangèrent un dernier baiser sur le seuil.

— Fais bien attention à toi, murmura-t-il à son oreille, je t'aime.

Diane se figea et soudain, sans aucune raison, elle frissonna. Pourquoi lui avait-il dit qu'il l'aimait ? Les mots lui avaient-ils échappé ? Elle eut un mauvais pressentiment.

Laurent s'éloigna d'un pas alerte et, à hauteur de sa voiture, il lui adressa un petit signe de la main.

À cet instant précis, un autre véhicule déboucha au coin de la rue et le dépassa à toute vitesse.

29

Diane fit le tour des locaux et salua les employés déjà à l'œuvre, un rituel qu'elle accomplissait chaque jour avec plaisir. Elle échangeait quelques mots avec chacun, s'inquiétait de leur conjoint, de leurs enfants. Toutefois, ce matin elle remarqua les poignées de main plus brèves, les regards fuyants et affronta même deux ou trois sourires embarrassés. Quelques collègues gardèrent la tête résolument baissée sur leur travail. Jusqu'à Rosie, la chef couturière, qui répondit à son accolade matinale par un timide : « Bonjour... » Une impression de gêne similaire régnait dans l'espace commercial et lorsque Diane perçut le sourire narquois que lui décocha Marianne, elle finit par s'inquiéter. Décidément, quelque chose ne tournait pas rond. Que s'était-il passé qu'elle ignorait encore ? S'attendant au pire, elle rejoignit son bureau. Son assistante n'était pas arrivée. Diane lança son ordinateur et trouva une accumulation de messages, mais rien d'alarmant. Soulagée, elle se pencha sur le programme de la semaine. Elle avait établi un diagramme qui occupait tout un pan de mur, elle y affichait les tâches, les objectifs quotidiens jusqu'à l'exposition. Et chaque jour, elle ajoutait des notes sur des Post-it de toutes les couleurs.

Une longue journée s'ouvrait devant elle. Les couturières avaient travaillé d'arrache-pied, mais pour ce qui était de la création, l'essentiel en somme, Diane était seule.

Et elle était en permanence obsédée par ce qui lui semblait imparfait, tout ce qu'elle pouvait encore modifier ou réinventer. En attendant l'arrivée de Louise, elle se rendit dans l'atelier.

Toutes les traces d'humidité avaient été nettoyées et même si les locaux n'étaient pas encore réhabilités, les machines avaient retrouvé leur place initiale. Les couturières avaient réintégré leur cadre de travail avec soulagement. Cet espace leur était devenu si familier ! Les nouveaux *stockers* avaient été livrés la veille, et cet après-midi Diane pourrait enfin superviser les premières installations au Manoir des Chaumes. Elle dressa la liste du linge de maison, des tissus d'ameublement prêts à partir et forma une équipe pour les emballer.

— Nous allons équiper les *stockers*, dit-elle, juste pour juger de l'effet.

L'effet, c'était le maître mot en couture. On devait toujours faire de l'effet. Elles enfilèrent divers vêtements sur les mannequins. Des coordonnés de nuisettes et déshabillés en soie bordée de dentelle, des pyjamas et des pyjamas corsaires, des tuniques en toile de coton ornées de volants et enfin une collection de robes longues, souples, aériennes, ouvertes sur le côté. Le raffinement des matières rivalisait avec la fraîcheur des teintes, l'élégance des imprimés. Pour parfaire sa collection, Diane avait dessiné des trousses de lingerie, des carrés de soie et des pochettes assorties. C'étaient des pièces de créateur exclusives, originales, une collection que certains acheteurs qualifiaient déjà d'audacieuse.

— On devine l'expérience ! s'exclama Rosie, admirative. Vous avez une telle capacité à anticiper les tendances, c'est génial. Je suis sûre que nous allons faire un malheur.

— Croisons les doigts…

Il était midi passé lorsque Diane se rendit dans son bureau où l'attendait une salade jambon-tomates qu'elle avait préparée chez elle avant de partir. Elle découvrit Michael installé à sa place, les jambes repliées sous le fauteuil.

— Il fallait me le dire que je n'étais pas ton type ! dit-il avec un soupçon d'amusement dans la voix.

— Je te demande pardon ?

Il la dévisagea un instant avant d'éclater de rire devant son air ébahi. Puis il prit la liasse de documents qu'il avait apportée et l'étala sur le sous-main.

Diane se pencha et y jeta un coup d'œil. Elle se sentit glacée et la pâleur lui monta au visage. Trois clichés instantanés représentaient Laurent descendant de voiture devant chez elle. Une note accompagnait les photos avec le numéro d'immatriculation du véhicule et le nom du propriétaire. Suivait une liste précise des visites de Laurent chez elle. Jours, heures, tout était détaillé avec une précision méticuleuse. Diane resta interdite, incapable de trouver le moindre mot. Pourtant, Laurent venait tard le soir, il repartait au milieu de la nuit, et jamais deux fois à la même heure. Elle prit conscience qu'elle était la proie d'une surveillance quasi constante. Elle avait oublié que dans un petit village de province, chaque mouvement s'observait, se commentait.

— Inutile de te demander si la rumeur est fondée, reprit Michael, ton silence est éloquent.

Diane remarqua qu'il conservait son expression amusée, il n'avait pas l'air choqué.

— Difficile de nier, dit-elle enfin, mais c'est terrifiant ! J'ai l'impression que ma vie est décortiquée au grand jour. Où as-tu trouvé ces papiers ?

— Épinglés sur le tableau dans le réfectoire. Dès qu'elle les a vus, Hélène m'a mis au courant et je suis allé les retirer.

La gêne de son équipe s'expliquait, mais personne n'avait osé évoquer le sujet avec elle.

— Tu veux que je te dise ? Tu es une styliste hors pair, une femme géniale, mais je ne t'imaginais pas en aventurière !

— C'est vraiment pas drôle, Michael.

— Je te l'accorde, excuse-moi, mais y a pas de quoi…

Soudain, Diane s'élança hors du bureau et Michael la suivit jusque dans l'espace commercial. Hélène et deux autres personnes étaient assises autour d'un plateau-repas.

— Où est Marianne ? demanda Diane.

— Elle est sortie déjeuner, expliqua Hélène. Pourquoi, il y a un problème ?

— Je suis sûre qu'elle est à l'origine de ces saletés ! affirma Diane en se tournant vers Michael.

— Difficile d'avancer cela sans preuves.

Il échangea un coup d'œil complice avec Hélène et entraîna Diane jusqu'au distributeur de boissons. Michael retira une canette de soda à l'orange et la lui tendit.

— Mais enfin, quelqu'un a bien pris ces photos, quelqu'un qui surveille ma maison, qui *me* surveille !

Elle ne décolérait pas à l'idée que des gens se permettent de l'épier, de s'ingérer dans sa vie.

— Calme-toi. Dans le fond, on s'en fout, c'est tes oignons et ça ne regarde personne. Mais je questionnerai Marianne, on ne sait jamais. À présent, concentre-toi sur ton expo.

Diane rejoignit son bureau et repoussa le petit sac isotherme dans lequel elle avait apporté son déjeuner. Elle n'avait plus faim. Elle compléta la liste des tissus qui partiraient au Manoir des Chaumes en début d'après-midi.

Cette surveillance dont elle était l'objet ne cessait de l'inquiéter. Jusqu'où pouvaient aller les auteurs de ces mesquineries ? Un signal sonore lui indiqua qu'elle avait reçu un sms. Laurent lui envoyait un petit bonjour. Être l'objet de toutes ses menues attentions, ses messages, ses appels, ses petits mots tendres suffisait à la rendre heureuse. Leurs retrouvailles étaient toujours des moments de joie, une exaltation digne des amours de collégien qu'elle croyait ne jamais revivre. Ils se confiaient, comparaient leurs rythmes de vie, leurs inclinations, et il n'y avait pas de sujet tabou. Très vite, elle avait compris qu'il s'ennuyait dans son couple, surtout depuis le départ de ses enfants. Toutefois, l'évocation de l'avenir ne faisait pas partie de leurs discussions. Sans doute parce qu'ils savaient que leur temps était compté. Si leur liaison venait aux oreilles de l'épouse de Laurent, que se passerait-il ? L'incertitude des lendemains rendait leur union plus passionnée et une certaine harmonie s'était imposée dans leur relation. Ils étaient bien ensemble et ne cessaient de se le répéter encore et encore. Leur séparation était toujours empreinte de nostalgie. Après son départ, elle cherchait les marques de sa présence, quelques cheveux sur l'oreiller. Elle regardait son visage dans le miroir, la peau rosie par la barbe de Laurent qui repoussait très vite.

Diane posa son stylo et respira longuement. Pour la première fois, elle se demandait si la seule décision raisonnable n'était pas de mettre un terme à leur aventure avant qu'ils n'en souffrent trop. Les relations compliquées ne sont-elles pas la source de situations sujettes à toutes les critiques ? Mais à l'idée de ne plus revoir Laurent, une immense tristesse l'envahit. La frontière était si ténue entre ses craintes et ses sentiments qu'elle n'était plus sûre de rien. À vrai dire, elle était perdue.

Soudain, la sonnerie du téléphone retentit et ramena Diane à sa liste. Elle décrocha. En entendant la voix de Marthe, elle se raidit et serra les mâchoires, prête à l'affrontement.

— Qu'est-ce que c'est que cette histoire que vous entretenez avec un homme marié ? Vous n'avez donc aucune retenue ?

Ainsi Marthe savait déjà. Diane se surprit à trembler, une crampe lui noua l'estomac. Elle avait maintes fois redouté le moment où sa liaison serait connue... Le moment était arrivé et elle ne savait pas quel comportement adopter.

Devant le silence de Diane, Marthe crut bon de pousser son avantage. On lui avait enlevé son fils et rien ne pouvait l'extraire de sa douleur. Une douleur incommensurable qui la laissait sans forces, le visage éteint et le regard vide. Elle ne se reconnaissait plus. Et face à sa belle-fille qu'elle jugeait responsable de tous ses malheurs, elle tenait l'occasion de défouler un peu de sa rancœur.

— Jamais je ne pourrai vous pardonner, reprit-elle, et je vous envie d'avoir oublié Rémy aussi vite. Moi, je ne peux pas évoquer son souvenir sans m'effondrer. Vous devriez avoir honte de vous... Vous vous dévoilez enfin sous votre vrai jour, une briseuse de ménage !

Cette fois Diane jugea que c'en était trop.

— Ça suffit, Marthe, bouclez-la ! Ma vie privée ne vous concerne pas, je n'ai aucun compte à vous rendre.

— À moi peut-être pas, mais vous salissez la mémoire de mon fils. Vous ne l'avez jamais aimé, tout ce que vous vouliez, c'était vous caser à l'approche de la quarantaine. Et lui, le pauvre diable, il n'a rien vu venir ! Il a tout sacrifié pour vous, sans être payé de retour. Même

Paul et Cristelle s'étaient rendu compte de sa fatigue, des prémices de la maladie. Si vous saviez comme je vous en veux d'avoir provoqué la mort des deux hommes qui m'étaient le plus cher. Vous n'êtes qu'une putain !

L'insulte prit Diane de court, les larmes jaillirent au coin de ses paupières.

— Et vous, une vieille peau de vache ! répliqua-t-elle en raccrochant brutalement.

Elle inclina la tête dans ses mains et ne repoussa pas les sanglots qui lui broyaient la gorge. Comment en était-elle arrivée là ? À quoi rimait sa vie aujourd'hui ? Les reproches, les injures de sa belle-mère l'avaient frappée en plein cœur. Elle savait combien Marthe aimait son fils. Mais comment pouvait-elle remettre leur amour en cause ? Diane était tombée follement amoureuse de Rémy, ils s'étaient mariés par passion. Et ils avaient été heureux. Un bonheur jamais démenti, sublimé par la naissance d'Aude. Pour leur plus grand malheur, il les avait abandonnées toutes les deux au bord d'une route semée d'embûches. Que s'était-il passé ? Par son indifférence, son aveuglement, était-elle responsable de son décès comme le pensait Marthe ? Et pourtant… s'il avait ressenti certains troubles physiques, il les lui avait cachés. À peine avait-il évoqué ses migraines répétées.

Diane éprouva tout à coup le besoin pressant d'être seule, d'avoir mal en silence. Elle prit conscience des larmes qui coulaient sur son visage. Elle les essuya avec un mouchoir en papier et se moucha. Puis elle prit la boîte hermétique qui contenait son déjeuner et sortit. Elle se rendit à pied près de l'ancienne caserne et chercha un coin ombragé et tranquille. Elle sortit la salade, les couverts, une tranche de pain de mie et commença à manger. Les tomates aromatisées au vinaigre balsamique étaient délicieuses. Une bouchée de pain lui échappa des mains et tomba dans l'herbe. Un rouge-gorge s'approcha à petits sauts prudents et picora le pain. Amusée, Diane jeta des miettes un peu plus loin. L'oiseau se précipita, puis un second apparut, et un autre. En quelques minutes, ils étaient une dizaine à la recherche de la moindre miette. Soudain, effrayés par le bruit d'un camion qui dévalait la route en contrebas, ils s'envolèrent vers la clairière. Diane rangea les restes de son pique-nique et regarda l'heure. Une étrange vibration était perceptible dans le silence. Le soleil resplendissait au plus haut du ciel et la cime des arbres était animée d'un léger frémissement.

Elle avait encore un quart d'heure devant elle pour surmonter le chaos qui l'entourait et se recomposer un visage serein.

30

Et s'il avait le courage de lui avouer qu'il était amoureux de Diane ? La dispute durait depuis plus d'une heure et rien ne semblait pouvoir l'arrêter. Laurent s'était senti dépassé par la violence de l'affrontement. Et pourtant, il avait l'habitude. Il avait essuyé tant de pénibles scènes pour les motifs les plus imprévisibles qu'il était devenu presque indifférent aux remarques désobligeantes de Carole, à son humeur à géométrie variable. Au moins, il y avait une certaine logique dans ce conflit-là. Sa liaison n'était plus un secret.

Dès qu'elle avait appris qu'ils étaient démasqués, Diane avait voulu marquer une pause dans leur relation. « Pour toi », avait-elle dit. Il avait insisté, elle aussi, et il avait compris qu'elle prenait ses distances. Il était prêt à tout pour la faire changer d'avis, il se préparait, il affûtait ses arguments. Le soir, il l'appelait juste pour entendre sa voix, mais elle coupait court à la conversation. Il la rappelait encore. Tout ce qu'il désirait c'était un mot encourageant. Ne pas espérer en vain. Car tout au fond de lui, il voulait croire qu'elle reviendrait sur sa décision, qu'ils se retrouveraient.

Mais aujourd'hui, la situation prenait une tournure gravissime. Carole avait reçu une lettre anonyme qu'elle lui agitait sous le nez depuis qu'il était rentré. À quoi bon puisqu'il l'avait lue et relue ? Il la connaissait par cœur.

« C'est une amie qui vous écrit, il faut bien que quelqu'un vous mette au courant. Votre mari vous trompe avec une intrigante, la Parisienne de Béarn Tissus. Vous êtes une épouse si dévouée, vous ne méritez pas d'être bafouée ainsi. Une personne qui vous soutient dans l'épreuve. »

Le papier était blanc, d'un grammage léger, l'enveloppe usuelle. Les mots « bafouée », « intrigante », évoquaient une femme d'un certain âge. Laurent avait pensé à la belle-mère de Diane.

Le bruit de vaisselle s'écrasant sur le sol le tira de ses pensées. Le vase en faïence de Sarreguemines qu'il avait offert à sa femme pour leurs quinze ans de mariage gisait en mille éclats sur le parquet.

— Et tu n'as rien à dire pour ta défense ? Tu es quand même un beau salaud.

— Que veux-tu que je te dise ?

— Tu pourrais au moins t'expliquer, me dire si ce qu'avance cette… ce torchon est vrai. Qui est cette femme ?

Il n'avait jamais trompé Carole, il ne l'avait même jamais envisagé. Les occasions lui avaient-elles manqué ? Ou le temps ? Sans doute le désir, tout simplement. Éviter de se perdre dans des dédales de mensonges, de vaines excuses où il voyait parfois s'empêtrer certains de ses collègues.

— À quoi bon ? répondit-il enfin. Tu ne m'écouteras pas. Comme d'habitude, tu me reprocheras d'avoir élevé les enfants et organisé notre vie de famille sans moi, à cause de mes nombreuses absences. Je vais t'accuser d'être restée indifférente à tout ce qui comptait pour moi, mon travail, mes missions de militaire. Je vais hausser la voix, tu vas te mettre en colère, et je vais sortir en claquant la porte. Si on commençait par là pour gagner du temps et nous économiser une énième scène ?

Il quitta le salon en enjambant les bris de faïence. Dire qu'elle l'avait harcelé pendant des semaines pour l'avoir, son vase en forme d'alabastre !

Carole le regarda sortir, abasourdie. Et en plus, il se défilait ! C'était pire qu'un aveu… La stupéfaction passée, elle se demanda si elle devait lui emboîter le pas et poursuivre la discussion, ou mettre son départ à profit pour préparer la prochaine attaque. Depuis le départ des enfants, elle avait remarqué que les absences de Laurent devenaient plus fréquentes. Le week-end, il passait beaucoup de temps à l'extérieur, bricolage, entraînement sportif. Quand ce n'étaient pas de vieux copains qui l'invitaient à dîner. Sa mère avait tiré la sonnette d'alarme pour elle : « Ma fille, les vieux copains qui débarquent à l'improviste doivent le faire à ta table, et non à l'extérieur. » Et cette lettre… Carole avait deviné que les soupçons qu'elle avait refoulés étaient fondés. L'autre existait bel et bien, et désormais, c'était l'ennemie à abattre. Elle se laissa aller à échafauder des plans. D'abord trouver qui était cette garce.

Dans son bureau, Laurent réfléchissait. La crise au sein de son couple l'inquiétait. Il connaissait Carole, elle n'en resterait pas là. Elle reviendrait à la charge tôt ou tard. Il devait faire un choix, prendre une décision. Mais il était bien incapable de déterminer laquelle. Et ce n'était pas là son unique source de préoccupation. Il avait exploré toutes les pistes, activé tous ses réseaux et il était quasiment certain de connaître les véritables desseins de J.-C. Dumas. En acquérant l'ancienne caserne et les terrains avoisinants, le promoteur n'avait jamais eu l'intention de créer un parc d'attractions. L'affaire était énorme ! Et Dumas était certainement prêt à tout pour arriver à ses fins. Laurent ne pouvait s'empêcher de penser que Diane et sa fille étaient en danger.

Le lendemain, il partait pour un colloque de trois jours à Tours. Mais dès son retour, il devait coûte que coûte rencontrer Diane.

Diane confectionna un glaçage au sucre et recouvrit le gâteau au chocolat. Aude et Julie lui tournaient autour en attendant de pouvoir lécher la spatule et le fouet.

— Vous avez fini toutes les deux ? s'écria Nathalie, regarde-les, on dirait deux guêpes autour d'un pot de confiture.

Nathalie piquait des morceaux de viande sur des brochettes qu'elle alignait soigneusement dans un plat. Diane avait mis à profit le temps exceptionnel de ce samedi pour organiser une soirée grillades chez elle, et elle avait convié Michael, Hélène et ses enfants. Diane devinait que ces quelques heures de détente seraient bénéfiques pour tout le monde. C'était le dernier week-end avant la rentrée des classes et trois semaines la séparaient encore de l'exposition qui se présentait sous les meilleurs auspices.

Elle lavait les tomates pour la salade lorsque le téléphone fixe retentit dans le salon. Elle s'essuya les mains avant d'aller décrocher.

— Diane Borie ? Je suis Carole Vignaud. Je suis au courant de votre aventure avec mon mari. Si vous avez l'intention de détruire ma famille, croyez-moi, je vais vous en empêcher.

Le ton était menaçant, la voix remplie de colère.

— Racontez ce que vous voudrez à Laurent mais faites en sorte de ne plus jamais le revoir, c'est compris ? Salope !

Le déclic résonna dans les tympans de Diane et elle demeura immobile, le combiné à la main, tentant vainement de reprendre ses esprits. Livide, elle regagna la cuisine et, en s'emparant du couteau pour couper les tomates, sa main tremblait. Nathalie s'aperçut aussitôt de son trouble et elle envoya les fillettes jouer dans le jardin.

— Que se passe-t-il ? On dirait que tu as entendu une voix d'outre-tombe.

Diane relata l'appel de la femme de Laurent.

— Et alors ? Tu t'en fous, ma grande ! Elle n'avait qu'à s'en inquiéter plus tôt de son mari.

— Elle m'a traitée de salope, après ma belle-mère qui pense que je suis une putain, j'ai l'impression d'être la dernière des garces !

— Laisse tomber, tu n'es pas la première femme de la création à avoir une liaison avec un homme marié.

— Bien sûr, mais toutes ces insultes, ces histoires, ça me conforte dans ma décision de rompre avec Laurent.

— Réfléchis bien avant de faire ça. Tu es sous le coup d'une vive émotion, c'est normal que tu te sentes perturbée. Tu as subi en quelques mois une mutation que d'autres ne connaissent pas en toute une vie. Mais tu sembles si heureuse depuis quelque temps. Le bonheur te va bien, tu sais.

— Le bonheur va bien à tout le monde, non ? Mais j'ai eu ma part d'épreuves et je n'ai guère de penchant pour les mélodrames... Je vais cueillir du basilic pour la salade.

Diane se rendit au fond du jardin dans le petit coin où elle avait semé des herbes aromatiques. Armée de ciseaux, elle coupa quelques branches de basilic frais. Elle songeait aux conseils de Nathalie. Elle savait que son amie ne pensait qu'à son bien, mais ce n'était pas aussi simple. Elle aspirait à un environnement calme, à la quiétude. Au lieu de cela, elle guettait les catastrophes comme si les rares instants de bonheur que la vie lui accordait n'étaient, somme toute, que des erreurs.

L'appel de Carole Vignaud la hanta toute la soirée et Nathalie le comprit. À onze heures, elle sonna le signal du départ. Diane rangea les restes du repas dans le réfrigérateur et la vaisselle sale dans la machine. Puis elle se prépara une tisane et monta se coucher.

Longtemps après, elle se tournait et se retournait toujours entre les draps. Malgré la fatigue, elle était incapable de trouver le sommeil. De longues heures s'écoulèrent encore, puis elle prit la décision d'appeler Laurent le lendemain. Il était temps de changer la pause dans leur relation en rupture définitive. Elle ne doutait pas un instant qu'il comprendrait. C'est avec un immense sentiment de tristesse qu'elle cessa de combattre et s'endormit.

— Je suis devant la grille, Diane. Je t'en prie, ouvre-moi.

— Va-t'en, nous ne pouvons plus nous voir et tu le sais.

— Parlons-en au moins, tu me manques tellement…

Dans la pénombre du salon, Diane apercevait la silhouette de Laurent devant le portail du jardin. Elle n'avait pas répondu à ses coups de sonnette, et il l'avait appelée sur son portable.

— De toute façon, je ne bougerai pas d'ici. J'attendrai que tu m'ouvres cette sacrée porte jusqu'à demain matin s'il le faut.

Diane ne répondit pas. Le silence s'installa et parut s'éterniser. Leur dernière conversation avait été de courte durée. Elle avait parlé de l'appel de Carole, il avait évoqué la lettre anonyme, ce qui avait conforté Diane dans sa décision de mettre un terme à leur liaison. Mais Laurent ne l'entendait pas de cette oreille. Chaque jour il lui laissait des messages, des sms sur son téléphone, des emails sur sa boîte électronique.

Tapie dans l'obscurité, Diane ne disait toujours rien. Laurent comprit qu'il devait utiliser son hésitation à son avantage.

— Il faut aussi que je te parle de Dumas, et c'est très grave. Donne-moi au moins un quart d'heure.

Diane désactiva l'alarme et Laurent s'avança dans l'allée à peine éclairée par les luminaires du jardin. Elle ouvrit la porte et il se glissa à l'intérieur de la maison. Ils restèrent figés sur le seuil, incapables d'accomplir le moindre geste l'un vers l'autre. Laurent avait envie de la serrer dans ses bras, de lui dire combien elle comptait pour lui depuis qu'il la connaissait. Mais elle lui tourna le dos et le précéda dans le salon.

— Tu as quelque chose à me dire ? demanda-t-elle en lui désignant le fauteuil face à elle.

Il s'installa et sortit une liasse de documents de sa sacoche.

— Dumas n'a jamais eu l'intention de construire un parc d'attractions à la place de la caserne.

— Mais j'ai vu les plans et la maquette dans le hall de la mairie.

— Il ne veut pas bâtir, Diane. Il veut creuser.

— Pardon ? Creuser quoi ?

— Forer plus exactement, pour trouver du pétrole.

Diane jeta un coup d'œil rapide sur les papiers et les reposa, complètement éberluée.

— Du pétrole en Béarn ? J'ai du mal à y croire.

— Il y a des gisements de gaz qui sont déjà exploités. J'ai fouillé un peu et je me suis aperçu que la Société d'Aquitaine de production pétrolière faisait partie des actionnaires du groupe Dumas. Et la SAPP est le troisième producteur de pétrole brut en France.

— Ça ne veut rien dire, répondit Diane en se levant, Dumas peut avoir des actionnaires issus de divers secteurs industriels.

Elle sortit un plateau, deux verres et une bouteille de jus de fruit.

— Tu as raison, mais comme ça m'intriguait j'ai cherché dans d'autres directions. L'armée détient des relevés précis du sous-sol, mentionnant des découpes géologiques, des analyses de roches. Le sous-sol béarnais regorge de richesses fossiles, particulièrement dans la zone de l'ancienne caserne. Dumas a fait réaliser de nombreuses études sur la base des documents géologiques de l'armée.

— Comment se les est-il procurés ?

— À partir du moment où il se portait acquéreur du site, ce n'était pas très compliqué. Il a sans doute estimé qu'il avait de bonnes chances de découvrir un gisement digne d'intérêt. Mais seuls les forages permettront de le confirmer.

— C'est totalement incohérent, Laurent ! En ce moment, on a plutôt tendance à chercher des énergies renouvelables.

— Certes, mais quand il y a beaucoup d'argent et des lobbies en jeu, tout est possible.

— Il ne peut tout de même pas éventrer des hectares de terrain en catimini, tôt ou tard ça se saura. La preuve ! Tu l'as découvert.

— En réalité, il n'agit pas directement. En poussant mes investigations j'ai découvert qu'en fin d'année dernière, une petite société, Geomat, avait déposé une requête d'ouverture de travaux auprès de la préfecture. Sous couvert de réaménagement du site, il s'agit, en clair, de forage. Or, Geomat fait partie du groupe JC International Développement.

Diane but quelques gorgées de jus de fruit.

— Et que comptes-tu faire de ces informations ?

— Si tu es d'accord, je vais confier tout cela à un ami journaliste. Nous nous sommes retrouvés au cours de missions où il était reporter de guerre. Et aujourd'hui, il travaille dans notre grand quotidien régional. J'ai toute confiance en lui.

Diane acquiesça et se leva.

— Merci d'être passé, Laurent, mais il faut que tu partes maintenant.

Il quitta son fauteuil, la prit dans ses bras par surprise et la serra contre lui presque de force. Elle parvint à se détacher de lui et regarda ce visage qu'elle avait contemplé, caressé, embrassé. Mais elle avait pris une décision, elle devait s'y tenir. Elle eut pourtant un bref instant d'hésitation, une pause fragile entre renoncement et espoir, comme si le cours de leur vie pouvait encore s'inverser.

— Il vaut mieux en rester là, mais gardons le contact si tu veux, au moins pour cette affaire de forage.

— Par pitié, ne me dis pas que nous allons demeurer amis, je ne le supporterai pas. Je suis sûr que nous ressentons la même chose tous les deux.

— Je ne le nie pas, mais…

Elle ne put achever sa phrase. Aude fit irruption dans le salon son pyjama tirebouchonné et sa peluche dans les bras.

— Je t'ai entendue parler avec quelqu'un, maman, et ça m'empêche de dormir.

— Ce monsieur m'a apporté des papiers importants.

La fillette s'approcha de Laurent et lui tendit simplement sa petite main : « Bonjour monsieur.

— Bonjour Aude.

— Tu sais comment je m'appelle ?

— Oui, ta maman me l'a dit.

— Maman ! Tu dis toujours tout à tout le monde, gronda la fillette en pointant un doigt accusateur vers sa mère.

— Eh bien toi, je te conseille de ne plus rien dire et de retourner te coucher, je viens te faire un câlin dans trois minutes.

— Je te préviens, répliqua Aude en quittant le salon, je commence à compter. »

Laurent ne put se retenir de rire. Cependant il avait compris le message de Diane, il rassembla les documents et les glissa dans son attaché-case.

— Ta petite Aude est adorable, et elle est aussi ravissante que sa maman ! Je te rappellerai pour te tenir au courant et nous devrons parler de nous aussi. Je n'ai pas l'intention d'en rester là.

Il planta un baiser ferme sur sa bouche et sortit. Diane verrouilla la porte derrière lui et le bruit résonna dans la nuit comme un gong… La fin de ses élans, de ses abandons, tous ces moments de plaisir et de vibrations secrètes.

Elle enclencha l'alarme et monta rejoindre sa fille.

31

Dès la parution du reportage dans *Sud-Ouest*, la nouvelle se répandit dans toute la région. Les investigations du journaliste confirmaient en tous points les recherches du lieutenant Vignaud. Jean-Claude Dumas avait conclu un accord avec la SAPP, spécialisée dans l'exploitation de gisements d'hydrocarbures. Dumas essaya de tempérer l'impact de l'article en reconnaissant qu'il avait bien initié plusieurs projets de réhabilitation de l'ancienne caserne. Il jurait que pour l'heure, son choix n'était pas définitivement arrêté.

Deux jours plus tard, un nouvel article démentait ses affirmations. Dumas avait bien lancé un vaste programme d'analyse des sols qui avait mis au jour un gisement constitué par un récif de carbonates vieux de plusieurs millions d'années. Les conclusions certifiaient que l'on se trouvait en présence de pétrole brut en quantité suffisante pour envisager une mise en production et garantir une excellente rentabilité commerciale. Le journaliste avait en outre découvert que JD International Développement avait engagé des investissements colossaux via diverses sociétés du groupe. Dans les grandes lignes, le projet dessinait d'importants travaux d'aménagement et la mise en place d'installations pour permettre de stocker le pétrole sur le site. Le programme d'exploitation prévoyait l'acheminement des hydrocarbures par camions-citernes vers un terminal de stockage. Le lieu et les voies d'accès étaient déjà définis dans les plans.

Dumas avait signé des contrats avec une entreprise allemande spécialisée en matériel de forage. Les accords envisageaient de creuser deux puits entre 2 000 et 4 000 mètres de profondeur. Et ce n'était que le début des travaux.

L'information fit la une des journaux régionaux, très vite relayée par les chaînes de radio et de télévision nationales. Une onde de choc parcourut Lhèze et les consciences. Une semaine s'écoula encore. Le maire convoqua le conseil municipal en session extraordinaire. La réunion fut houleuse. Autour de la table, la désillusion crispait les visages et le maire essuya une salve de reproches de la part des conseillers, pour une fois unanimes. On le taxa au minimum de passivité, au pire de complicité. À la fin de la réunion, Christophe Rivière appela Diane et lui décrivit l'ambiance du conseil et l'animosité croissante des habitants à l'encontre de leur élu.

— Dans deux ans, conclut-il, je constituerai une liste contre lui. Tu en seras ?

Diane ne put lui fournir de réponse cohérente. Elle avait bien du mal à projeter sa vie dans deux ans !

Le mardi suivant, Jean-Claude Dumas annonça officiellement qu'il abandonnait tous ses projets sur la commune de Lhèze.

Chaque matin en arrivant au bureau, Diane se demandait si elle allait tenir jusqu'à l'exposition. Son stress augmentait au fil des jours. Des nuits agitées où elle ne trouvait guère le sommeil succédaient à d'interminables journées de travail. La plupart des pièces de la collection avaient déjà trouvé leur place dans l'orangerie du manoir. Sous la houlette de Michael, les assistantes commerciales peaufinaient les derniers détails : l'accueil des visiteurs, les moyens de transport, les réservations hôtelières. Et Diane supervisait toute l'organisation en tremblant.

Ce matin, elle parcourait la liste des médias qui avaient confirmé leur présence le jour de l'inauguration. Elle passa quelques coups de fil pour convaincre les journalistes indécis. La presse influençait toujours la clientèle, et quelques articles favorables motiveraient aussi les acheteurs étrangers. Tout cela, Diane le savait et l'angoisse ne la quittait plus ! Elle eut à peine le temps de reposer le combiné que son assistante l'appela.

— Diane, avertit Louise, vous avez le maire sur la ligne deux, vous le prenez ou je l'envoie paître ?

Diane avait encore en mémoire sa conversation avec Christophe Rivière et la curiosité l'emporta.

— Madame Borie ? Philippe Renan, je ne vous dérange pas ?

— J'ai quelques minutes à vous accorder.

— Merci. J'imagine qu'il est inutile de vous demander si vous suivez l'actualité ? Tout d'abord, je tiens à vous assurer que je n'étais absolument pas au courant du véritable objectif de Dumas. Les forages, le pétrole, je n'aurais jamais cautionné cela ! Le complexe de loisirs et le parc d'attractions sont les seuls projets qu'il ait jamais évoqués en ma présence.

Il se tut et Diane attendit. Pourquoi se croyait-il tenu de lui fournir toutes ces explications ? Après l'avoir harcelée pendant des mois, il ne manquait pas d'aplomb. Cet appel cachait-il encore une de ses manœuvres ?

— Si vous affirmez que vous n'étiez pas au courant, répondit-elle enfin, je ne demande qu'à vous accorder le bénéfice du doute. Mais je suppose que ces éclaircissements ne sont pas le motif de votre appel.

— Je tenais à vous dire que plus rien ne s'oppose à ce que vous aménagiez les écuries des bâtiments militaires comme bon vous semble. Après tout le site vous appartient. J'appuierai votre demande de travaux et si la commune peut vous aider en quoi que ce soit, n'hésitez pas à me le faire savoir.

Il avait dit cela de façon plus courtoise que chaleureuse, comme s'il tentait de se dédouaner de son agressivité passée. Diane mesurait l'effort que cet entretien devait lui coûter.

— Tout arrive ! dit-elle avec un soupçon d'ironie dans la voix, je n'aurais jamais pensé que nous aurions une telle conversation.

— Eh bien nous l'avons, chère madame.

Il avait retrouvé le ton et l'assurance qui agaçaient Diane.

— Je prends note de votre appel, monsieur le maire, merci.

Elle raccrocha et ne put retenir un soupir de soulagement à l'idée que son conflit avec la municipalité était terminé. Cela marquerait-il aussi la fin de la surveillance dont elle faisait l'objet depuis des mois ? Elle avait toujours été sûre que tous ces désagréments venaient de Dumas et du maire, avec la complicité de Marianne. Diane n'avait jamais compris comment cette femme, qui avait travaillé aux côtés de Guy pendant tant d'années, avait pu s'acoquiner avec un type comme Dumas. Elle avait fait preuve d'une telle duplicité, d'une telle mesquinerie. Diane imaginait son dépit aujourd'hui, avec le départ du promoteur et le renoncement du maire. Elle envisagea un instant d'aborder franchement la question avec elle, mais elle y renonça. Depuis leur dernière altercation, Marianne prenait soin de l'éviter. C'était mieux ainsi.

Diane prit alors conscience que soudain tout devenait possible ! Elle se sentit libre. À la rentrée, elle relancerait la demande préalable d'aménagement des écuries, et reprendrait contact avec les artisans qui avaient accepté de s'engager avec elle dans la création d'un pôle d'activités artisanales. C'était le projet de Guy, il y tenait tellement. Elle pensait souvent à lui et il lui arrivait alors de mesurer combien elle aurait aimé faire tout ce chemin en sa compagnie. Elle réaliserait ce pôle d'activités artisanales, elle s'en fit la promesse ! C'était le dernier rêve de son beau-père, le plus important sans doute. Et c'était le plus bel hommage qu'elle pouvait lui rendre.

Cependant, la petite voix de la raison se fit bien vite entendre. Elle ne devait rien précipiter. Diane Créations était son idée, son entreprise, et elle était en train de réussir. Compromettre les premiers résultats relèverait de l'inconscience. En attendant, elle envisagea d'aménager les écuries en entrepôt destiné aux ventes par correspondance. Le nouveau catalogue était prêt. Dans une semaine, il serait expédié par internet ou par la poste en format papier. Et Diane se penchait déjà sur les promotions de fin d'année. Si le succès se confirmait, elle devrait engager deux manutentionnaires de plus afin de gérer les commandes dans les meilleurs délais. Utiliser le fabuleux espace que représentaient les écuries, ce serait aussi offrir de bonnes conditions de travail aux employés. Guy lui avait appris l'importance de respecter les hommes. Depuis l'appel du maire, ses pensées revenaient toujours à son beau-père… Serait-il fier d'elle s'il la voyait ?

Avant de quitter le bureau, Diane vérifia sa messagerie et trouva le dernier mail de Laurent. « … Je ne peux pas arrêter de t'appeler, de t'écrire. Et si je le faisais, est-ce que cela ne te manquerait pas ? Je passerai chez toi demain soir. Il y a tant de choses que je voudrais te dire. J'aimerais que nous parlions des sentiments qui existent entre nous depuis le commencement. Que tu l'acceptes ou non, c'est ainsi. Dis-moi que tu seras chez toi demain, que tu m'attendras. »

Diane relut le message deux fois, trois fois, avant d'éteindre l'ordinateur. Une tristesse poignante l'étreignit. Elle persistait dans sa décision de rupture. Il y avait quelque chose d'apaisant, de réconfortant à ne plus attendre personne. Une fois encore, elle s'installait dans la solitude. Les derniers préparatifs avant l'exposition mobilisaient ses pensées en ne lui laissant aucun répit. Mais il lui arrivait si souvent de songer à Laurent, à sa tristesse lors de leur dernière rencontre. Elle reconnaissait qu'elle avait du mal à rejeter ses appels. Elle respirait encore sa présence, son odeur, elle sentait toujours ses lèvres et ses mains. Son cœur tremblait quand elle lisait ses mails, quand elle écoutait ses messages. Bien sûr qu'il lui manquait. Elle n'avait jamais été autant chamboulée au contact d'un homme.

Elle essaya de se rappeler les premiers instants en compagnie de Rémy, quand l'amour emplissait sa vie, son espace, son temps. Rémy lui avait donné la sécurité affective dont elle avait tant rêvé. Elle s'attarda aussi sur d'autres rencontres plus ou moins éphémères qui s'étaient déroulées avant son union avec Rémy. Toutes ces comparaisons lui laissaient un curieux sentiment d'insatisfaction.

La présence de Laurent était différente, et elle n'était pas préparée à ce bouleversement émotionnel. Pour la première fois, elle admit le plus simplement du monde qu'elle était amoureuse de lui. Elle avait découvert en lui une passion désarmante, et elle l'avait partagée. Mais prendre conscience de ses sentiments ne faisait que renforcer son désir de renoncement. Laurent devait quitter sa vie, elle devait l'oublier. Elle ne voulait plus l'entendre, elle ne voulait plus parler de lui à quiconque. Quand Michael lui avait demandé s'il était impliqué dans la chute du promoteur, Diane avait détourné la conversation. Le ton sur lequel une femme prononce le nom d'un homme peut résonner comme un aveu. Diane savait qu'elle ne vivrait jamais cette relation au grand jour et elle détestait les zones obscures. La capitulation de Dumas ne changeait rien. Les difficultés résidaient ailleurs.

Le lendemain, Diane réunit son équipe de couturières et, accompagnées d'Hélène, elles se rendirent au Manoir des Chaumes. La veille, de violents orages avaient secoué la montagne. Le tonnerre avait grondé jusqu'à une heure avancée de la nuit et, ce matin encore, des ruisselets d'eau boueuse coulaient le long des routes.

— Aude a bien dormi malgré l'orage ? demanda Hélène.

— Oh oui ! ma fille a un sommeil à toute épreuve, répliqua Diane en riant.

— C'est une chance, j'ai passé la moitié de la nuit à rassurer mes enfants ; heureusement, Michael était là.

Elles franchirent les grilles du manoir et continuèrent jusqu'à l'orangerie où Marjorie les attendait déjà. Deux employés avaient acheminé les derniers modèles de tissus d'ameublement et de linge de maison. Les couturières s'affairaient à les mettre en place. Diane observait avec minutie, donnait ses directives, obnubilée par quatre mots qui grondaient inlassablement dans sa tête : plus que trois jours… Elle réfléchissait, aménageait les ultimes changements. Elle s'assura que les fleurs fraîches seraient bien livrées le matin de l'inauguration. Marjorie avait pris en charge les lunchs, les cocktails et les dîners. Diane n'osait pas lui demander si elle était parée à tous les aléas de dernière minute. Marjorie ne manquait pas d'expérience, et pourtant, Diane mourait d'envie de vérifier par elle-même ! Elle était si concentrée qu'elle n'entendit pas son téléphone mobile qu'elle avait posé sur un guéridon en arrivant. Hélène le lui apporta.

— Il sonne depuis un petit moment déjà !

Le numéro de Béarn Tissus s'afficha et Diane décrocha aussitôt pour entendre la voix de Louise visiblement affolée.

— Diane ? Mon frère vient de m'appeler. Il habite sur la route de la chapelle de Louvie. Il paraît qu'on vient de découvrir le corps de Dumas.

32

— Marjorie ! Mon assistante vient de m'apprendre que Dumas est décédé... On l'a retrouvé près de la chapelle de Louvie. Louise n'a pas su me dire si c'était un accident. Il paraît que les gendarmes sont sur les lieux.

— Venez, répondit Marjorie en abandonnant ce qu'elle faisait. Nous allons nous rendre compte sur place. Je connais l'endroit et je suis proche du capitaine de gendarmerie.

En quittant le Manoir des Chaumes, Diane prit la route de Monein. Le calme était revenu dans le vallon après l'orage qui s'était déchaîné toute la nuit. Les arbres s'égouttaient le long des fossés, le ciel était dégagé et une fraîcheur acidulée baignait l'atmosphère. Au bout de cinq kilomètres de chaussées détrempées, Diane aborda une route de montagne. Guidée par Marjorie, elle franchit un pont construit à un endroit où la voie s'étrécissait et arriva en vue de Louvie. Elle se gara au bord de la route, en contrebas du terre-plein où se dressait une chapelle, et elle prit soin de serrer le frein à main. En mettant pied à terre, elle s'enfonça dans le sol gorgé d'eau et pesta. Une boue rougeâtre recouvrait ses chaussures, et le bas de sa voiture était constellé d'éclaboussures.

Un cordon de police bloquait l'abord du terre-plein et les gendarmes s'affairaient autour d'une voiture que Diane reconnut aussitôt. C'était celle de Dumas. En compagnie de Marjorie, elle s'avança vers une civière recouverte d'une housse mortuaire posée près du véhicule des pompiers. Soudain, un gendarme leur barra le chemin, mais un gradé s'interposa rapidement. Le capitaine Lumeau tendit la main à Marjorie, salua Diane et s'excusa de ne pas pouvoir les laisser approcher au-delà du cordon de sécurité. Toutefois, il leur confirma que l'homme retrouvé mort était bien Jean-Claude Dumas.

— C'est un accident ? demanda Diane.

— Non, à moins qu'il ne se soit tiré deux balles dans le ventre avant de s'enfermer dans son coffre.

— Et vous avez une idée de ce qui s'est passé ? s'enquit Marjorie.

— La situation ne m'autorise pas à vous en dire plus. L'enquête ne fait que commencer et la scientifique est à l'œuvre. Je suis désolé, mais je dois vous demander de quitter les lieux… Je passerai vous voir, ajouta l'officier à l'intention de Diane.

Puis il salua chaleureusement Marjorie. « À la semaine prochaine ! »

Elles quittèrent le terre-plein en essayant d'éviter les rigoles et les plaques de boue argileuse.

— Le capitaine Lumeau fait partie d'un club d'échecs qui se réunit au manoir deux fois par trimestre, expliqua Marjorie tandis qu'elles s'éloignaient.

Le vent s'était calmé. Un parfum de feuilles et d'humus flottait dans l'air, renforcé par une odeur de bois mouillé. En arrivant à sa voiture, Diane sortit un paquet de mouchoirs en papier de la boîte à gants et elles nettoyèrent leurs chaussures tant bien que mal.

— Je suis bonne pour jeter ces escarpins, constata Diane, agacée, et vous avez vu l'état de ma voiture ? Quelle horreur cette boue !

— C'est une des rares zones argileuses de la région, expliqua Marjorie, il y avait une carrière ici, au siècle dernier.

Diane reprit la route de la vallée et ce fut Marjorie qui brisa le silence.

— Je ne sais pas si les gendarmes envisagent la possibilité d'un règlement de comptes, mais ça y ressemble assez, vous ne croyez pas ?

— C'est plausible, en effet. Dumas avait dû se faire pas mal d'ennemis, surtout en trompant tout le monde comme ici.

Marjorie se détourna légèrement sur son siège et regarda Diane.

— Apparemment, le capitaine Lumeau veut vous voir. Mais ne vous inquiétez pas, je suis sûre qu'il fera de même avec bon nombre de personnes. Dumas était un enfant du pays. Il connaissait presque tout le monde ici.

— Je ne m'inquiète pas, Marjorie. J'ai eu une seule conversation avec lui, même si j'ai eu l'impression de l'apercevoir plus d'une fois dans mon environnement. Je me demande si ma belle-mère va me rendre responsable de sa mort !

— Allez-vous l'appeler pour lui annoncer la nouvelle ?

— Certainement pas ! Elle l'apprendra bien toute seule, et si elle a quelque chose à me reprocher, c'est elle qui m'appellera, vous pouvez lui faire confiance. Elle va encore raconter des horreurs sur moi à des kilomètres à la ronde !

En arrivant à Lhèze, Diane s'arrêta à la station de lavage et lança un programme intensif pour nettoyer sa voiture.

C'était le premier jour de l'exposition et l'effervescence était à son comble. Diane surveillait chaque détail, heureuse de constater que, pour l'instant, tout se déroulait selon ses plans. Elle n'avait pas oublié sa fébrilité au début de chaque défilé, il n'y avait pas si longtemps. Pourtant, ce qu'elle éprouvait aujourd'hui était incomparable. Son avenir et celui de Béarn Tissus dépendaient de cet événement qui se déroulait bien trop lentement à son goût. Ses inquiétudes l'amenaient à mieux comprendre son beau-père. Elle avait quitté le cadre du salariat pour entrer dans l'univers des PME où le chef d'entreprise tient le destin de dizaines d'employés au fil de chaque décision. Pourvu que tout se passe bien !

L'orangerie était séparée en petits halls d'exposition contenant la nouvelle gamme de tissus, la collection de linge de maison et celle des vêtements d'intérieur. Puis venait l'open space où les visiteurs pouvaient téléphoner, prendre des notes, se connecter au net.

Des plantes vertes et des bouquets dans des vases de différentes dimensions décoraient l'espace d'exposition. Des coins détente étaient aménagés dans les jardins et le parc. Autour de l'orangerie, les massifs croulaient sous les camélias, les roses, les clématites, et la longue allée incurvée menant au manoir était bordée d'oriflammes portant le logo Diane Créations. Cette journée était magnifique et le beau temps était censé se maintenir pendant les trois prochains jours. Cependant, même si rien ne laissait présager le fléchissement de l'été, les feuillages changeaient subrepticement de couleur, apportant des nuances ocre et brun au paysage.

Une noria de taxis amenait les invités depuis leur hôtel. Marjorie avait ouvert son manoir et assurait les visites. Puis elle confiait les groupes à Christophe Rivière. En véritable maître d'œuvre, il guidait les visiteurs à travers les chambres qu'il avait décorées, s'attardant longuement sur l'aspect artistique de son travail et sur la qualité des tissus d'ameublement, seul gage d'une rénovation parfaite. Il passait ainsi le flambeau à Diane.

Elle animait des visites au cœur même de l'action : l'orangerie. Les clients se pressaient autour d'elle, quelques journalistes aussi, comme Claire Labella. La rédactrice en chef de la revue *Demeure Créative* avait décliné sa participation à la conférence de presse en soirée, mais elle tenait à rédiger un papier. Diane lui commenta ses collections et répondit à ses questions.

— Qu'éprouvez-vous aujourd'hui en dirigeant cette usine béarnaise que vous avez héritée de votre beau-père ? L'ambiance des défilés parisiens ne vous manque pas ?

Diane répondit qu'avec une petite fille de cinq ans, elle appréciait la qualité de vie en Béarn et ne regrettait pas du tout la vie parisienne. Elle eut une pensée fugace pour sa course folle dans les embouteillages, son éternelle lutte contre la montre, les larmes d'Aude lorsqu'elle l'abandonnait chez la nounou… Et presque naturellement, elle songea à sa belle-mère. Marthe lui avait retourné son carton d'invitation au cocktail d'inauguration de l'exposition, avec quelques mots griffonnés à l'encre violette « Vous n'avez pas besoin de moi, vous êtes la propriétaire à part entière, maintenant. Et il y a trop de désaccords dans nos relations. La mort de Rémy et celle de Guy planeront toujours entre nous… » Elle n'avait pas évoqué le décès de Dumas ni ses funérailles auxquelles Diane n'avait pas assisté. Et c'était très bien ainsi.

Au fil de la journée, Diane se rendit compte que la collection de linge de maison remportait un vif succès.

Michael et Hélène vinrent à maintes reprises lui transmettre les félicitations de leurs clients. Une tendance qui se confirma lorsqu'elle accueillit Hilde Dortman. Diane lui avait réservé une des chambres du manoir et, sensible à cet honneur, Hilde ne tarissait pas d'éloges.

— J'ai présenté votre gamme de tissus et de linge de maison à Wladimir Shumilov, un collègue qui possède une chaîne de magasins en Europe de l'Est et en Russie. Il y est fort bien implanté et il jouit d'une excellente réputation. Il adore ce que vous faites et il est sûr que certaines de vos créations seront parfaites pour le marché du luxe dans ces pays. Il vient me voir à Munich en octobre et il souhaite vous rencontrer. Me laissez-vous carte blanche pour aménager un rendez-vous ?

— En octobre ? Ce sera parfait, Hilde. Nous en reparlerons après la conférence de presse ?

Soudain, Diane aperçut Laurent qui s'avançait vers elle. Ils se regardèrent et ce fut plus fort qu'elle, elle lui sourit. Cependant, un face-à-face avec lui était bien la dernière chose qu'elle désirait. Lorsqu'il lui fit signe, elle s'empressa d'engager la conversation avec Dutertre, son important client strasbourgeois. Elle résista à la tentation de tourner la tête dans la direction de Laurent. C'est à peine si elle lui lança un coup d'œil furtif et eut alors un petit frémissement. Il était là, à quelques pas d'elle, solide, sûr de lui. Et si élégant dans son costume sombre et sa chemise blanche à fines rayures. Elle le désirait tellement qu'elle en tremblait parfois.

Elle s'éloigna un peu et c'est alors qu'à côté d'elle quelqu'un évoqua le décès de Dumas. À cet instant, Diane eut l'impression qu'elle aurait dû se souvenir d'un fait essentiel… quelque chose qu'elle avait remarqué. Mais elle était incapable de se souvenir.

Laurent comprit que Diane s'était intentionnellement éloignée de lui. Elle était redevenue telle qu'il l'avait découverte lorsqu'il avait fait sa connaissance, amicale, mais désespérément distante. Il resta planté au milieu des colonnes drapées de tissus d'ameublement et l'observa. Elle portait une robe vert émeraude au décolleté sage, rehaussée d'un simple rang de perles. Elle avait coupé ses cheveux et ce carré plongeant lui allait à ravir. Il admira le jeu de lumière dans ses mèches quand elle bougeait la tête. Elle avançait à travers la foule avec un mélange de grâce et de courtoisie, s'arrêtant pour échanger quelques mots, effleurer un bras, serrer une main. Longtemps, il la regarda aller d'un groupe à l'autre, souriante. Il pensa à toute la tendresse dont elle était généreuse dans l'intimité… à tout ce qui lui manquait. Que se passe-t-il quand on ne peut plus vivre sans une autre personne ? Sans son autre ? Diane était son autre et il lui était de plus en plus difficile d'imaginer la vie sans elle.

Il devait parler à Carole avant que la situation ne dégénère. Étaient-ce les réactions de sa femme qu'il redoutait en différant les explications qu'il lui devait ? Ou sa propre inaptitude à prendre la décision à laquelle il ne pouvait plus surseoir ? Le moment était venu de remettre de l'ordre dans ses sentiments, d'aller au-delà des doutes, de la rudesse de ses désillusions et de renouer avec toute la passion qui l'animait lorsqu'il était jeune officier, jeune marié. Depuis, il en avait vu de ces couples qui ne se quittaient pas et qui, pourtant, vivaient séparés sous le même toit. Et il y avait les autres, ceux qui choisissaient la séparation. Était-ce cela refaire sa vie, ou était-ce une essentielle question de survie ? Carole et lui n'attendaient plus rien, unis par lassitude, par souci de préserver l'apparence de leur vie sociale, à l'abri du mur qu'ils avaient élevé entre eux au fil d'interminables soirées. Un mur si haut qu'il en était devenu infranchissable.

Le lendemain, il avait une importante réunion au commandement de la caserne Bernadotte. Ensuite, il… Tout à coup, il sentit une main se poser sur son coude. La châtelaine était près de lui et il se demanda depuis combien de temps elle l'observait.

— Et si je vous faisais visiter le domaine, lieutenant ?

— Avec plaisir, répondit-il en lui offrant son bras.

Marjorie s'y appuya et l'entraîna vers le manoir.

Un peu avant 18 heures, Diane se dirigea vers le chapiteau aménagé en salle de presse. Elle avait une demi-heure d'avance, mais la moitié des places étaient déjà occupées. Elle rejoignit le siège central, au milieu de l'estrade, posa son bloc-notes devant elle et sortit ses lunettes. Elle s'était longuement préparée à cette conférence. Elle avait dressé un plan de son exposé : son premier bilan, l'objectif de l'exposition, une présentation des nouvelles collections, et pour la première fois, Christophe Rivière à ses côtés, elle parlerait des écuries de l'ancienne caserne et du pôle d'activités artisanales. Et elle penserait à Guy. De tout son cœur.

33

Le lendemain de l'exposition, le capitaine Lumeau se présenta à l'accueil de Béarn Tissus. Lorsqu'elle l'apprit, Diane écourta sa réunion et le reçut aussitôt. L'officier de gendarmerie était au courant des différends qui l'avaient opposée à Jean-Claude Dumas, quelques éclaircissements s'imposaient. Diane expliqua le rachat d'une partie des anciens bâtiments militaires par son beau-père, et l'intérêt de Dumas pour l'acquisition de la totalité du site. Elle précisa avoir été beaucoup plus souvent en relation avec le maire de Lhèze, fervent défenseur des projets du promoteur.

— C'est vrai, admit-elle, j'aurais dû affronter une longue procédure pour obtenir la pleine jouissance des écuries, mais n'en déduisez pas pour autant que je suis responsable du décès de Dumas ! Il ne me serait même pas venu à l'idée de souhaiter sa mort.

Le capitaine Lumeau afficha un léger sourire.

— Il ne me viendrait pas à l'idée non plus de vous soupçonner. Néanmoins, pour une question de procédure et pour que tout soit clair, pouvez-vous me dire ce que vous faisiez le 6 septembre entre midi et 15 heures ?

— C'est l'heure du décès de Dumas ?

— L'heure présumée de son assassinat, oui.

Diane consulta son agenda. Ce jour-là, un mercredi, elle était partie de chez elle très tôt, elle avait confié Aude à Nathalie et, accompagnée d'Hélène et de Rosie, elle avait rejoint le Manoir des Chaumes pour superviser les derniers préparatifs de l'expo.

—Je suis restée au manoir jusqu'à 17 heures et je suis revenue directement ici. J'avais rendez-vous avec un client.

Le capitaine nota ces informations et il remit une carte à Diane.

— Si un détail vous revenait, dit-il en se levant, appelez-moi.

Diane le raccompagna jusqu'au hall d'entrée et lui tendit la main. Avait-il remarqué son hésitation ? Elle revint dans son bureau le visage sombre. La certitude de passer à côté de quelque chose d'important lui traversa une nouvelle fois l'esprit. Comme un élément qui ne trouve pas sa place dans un puzzle.

C'était l'heure du bilan. L'exposition avait été un vrai succès. Les clients étaient repartis enchantés de leur séjour et séduits par les nouvelles collections. Depuis, les commandes affluaient. La gamme de linge de maison suscitait un véritable engouement. C'était de bon augure pour accroître les ventes par correspondance.

Diane organisa un lunch au Manoir des Chaumes où elle convia tout le personnel de Béarn Tissus. Elle prit la parole et fit un rapide compte rendu de cette première exposition, remercia toute l'équipe pour cette réussite collective et annonça que cette manifestation serait vraisemblablement reconduite l'année suivante.

À l'issue du lunch, Marjorie demanda à Diane si elle pouvait lui parler en privé. Tandis que le personnel quittait le manoir par petits groupes, elles gagnèrent le bureau de Marjorie. C'était une vaste pièce entourée de bibliothèques en acajou aux vitres biseautées. Un tapis de belle facture recouvrait les trois quarts du parquet de bois clair. Le bureau disparaissait sous un amoncellement de papiers, de notes. Diane prit place. Un plateau avec une cafetière et deux tasses les attendait sur un guéridon. Marjorie se glissa dans son fauteuil, face à Diane. Dans un premier temps, elle ne souffla mot. En dépit de la température clémente, elle serrait entre ses doigts les bords du châle qu'elle avait jeté sur ses épaules. Elle fixait Diane d'un air infiniment triste.

— Que se passe-t-il ? demanda Diane soudain inquiète.

— Rien de grave, je vous rassure.

Et pourtant, Marjorie semblait tourmentée. Le visage terne, elle paraissait vraiment son âge. Elle lâcha le châle, se pencha au-dessus du bureau en direction de Diane :

— J'ai été la maîtresse de Guy pendant trente-deux ans, avoua-t-elle enfin.

Diane écarquilla les yeux, abasourdie.

— Nous sommes tombés amoureux dès notre première rencontre. J'avais entrepris la rénovation du manoir et je cherchais du tissu d'ameublement. Mon dieu, quand j'y repense ! Il est arrivé avec des cartons d'échantillons, il m'a tendu la main… Il était fascinant, charmeur, tout ce qu'il entreprenait l'enthousiasmait. Il a été le grand amour de ma vie, Diane, et je l'aimais assez pour accepter de le partager avec sa femme.

— Personne n'était au courant ?

— Nous avons tout fait pour garder notre union secrète. Il venait me voir aussi souvent qu'il le pouvait et pendant tout ce temps, je me suis interdit le moindre reproche, le moindre ressentiment à son encontre.

Marjorie tendit la main vers le guéridon et emplit les deux tasses, puis elle en offrit une à Diane avant de glisser un demi-sucre dans la sienne.

— Et pourtant… pendant l'amour, pendant l'absence, pendant l'attente, je souffrais. Mais j'aurais tout accepté tant je l'aimais.

Elle réprima une larme et but une gorgée de café avant de reprendre :

— Quelques années après le début de notre liaison, je suis tombée enceinte. Nous étions fous de joie ! La venue de cet enfant nous procurait de l'énergie et une exceptionnelle confiance l'un en l'autre. Nous étions prêts à braver tous les interdits. Le sort en a décidé autrement. Il faut croire que le bonheur est toujours puni quand il est marqué par le mensonge et la dissimulation. J'ai fait une fausse couche à six mois et demi, un enfant mort-né, une petite fille.

Le regard de Marjorie se troubla et les larmes jaillirent. Diane lui saisit la main par-dessus le bureau. Elle mêla ses doigts aux siens. Un geste simple, une émotion partagée qui les réunissaient, en cet instant plus que jamais.

— Comme vous avez dû souffrir de devoir affronter une telle épreuve seule…

— Guy a passé beaucoup de temps près de moi, à l'époque. Je me suis même demandé si Marthe n'avait pas compris. Et puis la vie a repris son cours, j'ai recommencé à l'attendre. J'avais parfois le sentiment de regarder ma vie défiler comme dans un roman où on partage le destin des personnages sans réellement intégrer l'histoire. Mais croyez-moi, Diane, je ne regrette rien. J'ai eu beaucoup de chance de le rencontrer, de vivre une passion intense que bien des couples ignorent. C'était un homme merveilleux qui valait tous ces sacrifices.

Diane comprenait pourquoi il y avait tant de mystère et toujours un peu de vague à l'âme chez cette femme sensible, intelligente, mais si triste parfois. Elle se surprit pourtant à l'envier.

— Et il n'a jamais pensé à quitter Marthe ?

— Si, il y a une dizaine d'années. Il avait compris que Rémy ne reviendrait pas, sa vie était à Paris avec vous. C'est alors qu'il m'a proposé de divorcer d'avec Marthe, mais j'ai refusé. C'était trop tard, j'étais devenue trop indépendante, trop solitaire. Un peu comme si j'étais condamnée à l'enfermement d'un amour inachevé, et je l'acceptais. Mais j'ai toujours été présente pour lui. Quand Rémy est mort, c'est près de moi qu'il s'est réfugié. Marthe était restée près de vous à Paris et, pendant ces deux semaines, nous ne nous sommes pas quittés. Nous restions au salon ou dans notre chambre de longues heures, quelquefois sans rien dire. Plus tard, quand vous êtes venue vous installer à Lhèze avec Aude, je l'ai vu revivre ! Nous avons souvent imaginé que vous pourriez être la fille que nous avions perdue.

Marjorie essuya les larmes qui coulaient sur son visage.

« Je suis désolée, mon petit.

— Ne le soyez pas... Vous avez dû vous sentir si malheureuse quand il est mort, tout ce désespoir que vous ne pouviez partager avec personne...

— J'ai pensé à vous, à votre propre drame, votre vie seule avec cet enfant. »

Il y avait une immense compassion dans sa voix et Diane en fut bouleversée. Elle fit le tour du bureau et se glissa près de Marjorie qu'elle serra dans ses bras.

— J'ai beaucoup d'affection pour vous, n'en doutez pas. Et je suis touchée que vous me racontiez cette partie si intime de votre vie.

Marjorie ébaucha un bref sourire.

— J'ai une raison pour cela… Finissons ce café, voulez-vous ?

Diane regagna son fauteuil et elles burent quelques gorgées de café froid.

— J'ai parlé avec votre ami militaire, dit Marjorie en reposant sa tasse sur le plateau, ou plutôt c'est lui qui m'a parlé.

Diane se raidit dans son siège.

— Il m'a dit combien il vous aimait, qu'il tenait beaucoup à vous et qu'il souffrait de ne plus vous voir. Et vous, vous l'aimez aussi ?

— Oui… je crois.

— Une femme est toujours sûre de ses sentiments… Si vous l'aimez, Diane, pourquoi vous être séparée de lui ?

— Il n'est pas libre, et je ne suis pas certaine d'avoir votre patience, votre courage pour vivre une relation telle que la vôtre sur le long terme.

— Un verre est à moitié plein ou à moitié vide selon l'instant présent… Et n'avez-vous pas songé qu'il y avait un défaut, un manque dans son couple pour justifier l'intérêt qu'il vous porte ?

— Je ne suis pas sûre que les hommes aient besoin d'être malheureux en mariage pour prendre une maîtresse.

— Certains hommes, si ! Et vous, étiez-vous heureuse avec lui ?

— Oh oui ! répondit Diane spontanément. J'ai cru que j'avais à nouveau vingt-cinq ans !

— Parce que vous aviez vingt-cinq ans, enfin presque…

Diane regarda un instant par la fenêtre du bureau. L'après-midi déclinait, les ombres des arbres s'allongeaient sur les vitraux de l'orangerie.

— À vrai dire, reprit-elle en se tournant vers Marjorie, je n'éprouve aucune satisfaction à avoir opté pour la voie de la droiture et de la morale.

— Alors ayez confiance en lui, et en vous. L'amour est un bien rare, quand il arrive, il faut le saisir et en jouir comme du trésor le plus précieux. Tout le monde attend le bonheur mais, au fond, il y a si peu d'élus pour le trouver. Ce que je veux vous dire... Laissez s'exprimer vos sentiments, ne passez pas à côté de votre chance. Et vous serez surprise de voir combien c'est facile et simple d'être heureuse.

Diane prit conscience de ce moment étrange qui l'unissait à Marjorie. Elle se laissa gagner par un sentiment bouleversant de nostalgie, presque de regrets. Bien sûr qu'elle aimait Laurent. Bien sûr qu'il l'aimait. Mais était-ce suffisant pour chambouler leurs deux vies ?

C'est émue et troublée qu'elle prit congé de Marjorie. Elles s'étreignirent longuement, tendrement et se promirent de passer une soirée ensemble avec Aude et quelques amis.

En s'installant derrière son volant, Diane jeta un coup d'œil à sa montre ; elle serait à l'heure pour la sortie de l'école. Elle avait hâte de serrer sa fille contre son cœur.

34

Abasourdie, Carole avait peur de comprendre ce qu'il se passait. Laurent venait de lui annoncer qu'il partait quatre mois en Côte d'Ivoire. Ses absences, elle s'y était accoutumée depuis trente ans. Mais la tension qu'elle perçut entre eux l'alarma.

— Je ne rentrerai pas à la maison à mon retour, dit-il en se raclant la gorge, j'ai l'intention de chercher un appartement.

Carole eut du mal à encaisser le coup. Depuis qu'elle avait découvert la liaison de son mari, ils faisaient chambre à part. Elle avait constaté qu'il s'accommodait très bien de cette situation qui n'était pas pour lui déplaire à elle non plus. Elle pouvait lire la moitié de la nuit si bon lui semblait, elle ne l'entendait plus ronfler… Aujourd'hui, il lui confirmait qu'il était déjà passé à l'étape suivante : un éloignement plus radical. Il arpentait le salon, de la fenêtre au canapé, de la porte au piano. Elle remarqua alors qu'il avait perdu du poids.

— C'est de séparation que tu me parles, là ?

— Oui, reconnut Laurent.

— Et tu m'annonces ça comme ça, le plus simplement du monde ? Comme si l'idée t'avait traversé l'esprit en te rasant ce matin ?

Il ne releva pas le propos narquois.

— Il y a longtemps qu'elle me trotte dans la tête, cette idée.

— Et tu ne m'en as pas parlé plus tôt parce que.. ?

— Regardons les choses en face, Carole. Qu'y a-t-il encore entre nous aujourd'hui ? Tu as ta vie et tu es toujours débordée... Tes associations, tes groupes de ceci ou de cela, ton travail à la bibliothèque. Ajoutons la famille, enfin... la tienne bien sûr ! Dis-moi où est l'avantage de continuer à vivre ensemble ? Il vaut mieux qu'on se sépare.

Carole hésita longtemps avant de poser la question qui pourtant lui brûlait les lèvres :

— C'est cette femme avec qui tu couches ?

— Là n'est pas la question.

— Bien sûr que si ! As-tu pensé à la réaction de nos enfants ?

Son ton avait monté de plusieurs octaves.

— Je t'en prie, Carole. Utiliser l'argument des enfants est indigne de toi. Dans ce genre de discussion, on prend toujours le risque d'aller trop loin. Les enfants sont grands et j'ai été présent, aussi longtemps qu'ils ont eu besoin de moi.

— Cesse de cultiver l'image du père idéal. Tu n'as jamais privilégié autre chose que ton satané travail !

— Tu sais bien que c'est faux. La vérité, c'est que nous n'avons plus rien à partager depuis longtemps.

— Étant donné le peu de temps que tu passes à la maison, explosa-t-elle, qu'aurions-nous bien pu partager ?

Laurent quitta le dosseret du canapé où il s'était appuyé et s'approcha de l'armoire à liqueurs. Il se servit un scotch.

— Tu as toujours su que mon travail était primordial, répliqua-t-il en avalant une gorgée d'alcool.

Il n'aimait pas le whisky sec. Il se rendit à la cuisine et prit la bouteille d'eau gazeuse dans le réfrigérateur. Carole le suivit et presque machinalement, elle lui barra le chemin. Il la repoussa doucement.

— Tu sais que je peux te pourrir la vie ? explosa-t-elle.

— Je sais, mais tu ne pourras jamais me retenir contre mon gré.

Carole comprit. En cet instant, il recommençait déjà sa vie avec une autre. Elle aurait pu lui cracher à la figure qu'il pouvait rejoindre cette salope qui l'attendait quelque part. Mais elle était sûre qu'il n'espérait que cela, qu'elle endosse le rôle de la mégère. Elle ne lui laisserait pas ce plaisir. Elle entrevit les moyens employés par tant de femmes, cris, larmes, crises de nerfs, chantage. Puis elle y renonça. Elle savait aussi que les appels au bon sens, les supplications ne serviraient qu'à la déstabiliser. Pire, à l'humilier davantage. Et toute tentative de rapprochement paraissait encore plus dérisoire.

— Et quand comptes-tu annoncer la nouvelle à Charles et Laura ?

Laurent haussa les sourcils et vida la moitié de son verre.

— Je leur parlerai dès que possible, dit-il.

— Ce serait mieux si c'était avant ton départ en Afrique. Et pour le reste ? La maison, nos biens ?

— Tu pourras tout garder, jusqu'aux petites cuillères. Je sais que ce cadre de vie est important pour toi.

Il coupa un petit morceau de pain et le mâcha lentement pour dissiper les effets de l'alcool qui lui brûlait l'estomac. Carole se servit un doigt de porto qu'elle but à petites gorgées. Le silence s'était imposé dans la cuisine, il semblait donner plus d'ampleur à la distance qui les séparait.

En considérant les futurs changements, Carole eut le vertige. Ce n'était pas de la peine qu'elle éprouvait, mais du dépit, de la rage. Elle vida son verre et elle sentit qu'un second serait le bienvenu. Elle s'apprêtait à divorcer ! Elle… Après trente ans d'une union sereine, à défaut d'être passionnée. Et après tout, pourquoi pas ? se dit-elle brusquement. Dans le fond, Laurent avait raison, depuis le départ des enfants, ils s'étaient éloignés l'un de l'autre un peu plus chaque jour. Comment avait-elle pu penser que cette situation leur convenait à tous les deux ? Désormais, il y avait l'autre. Était-ce la première fois qu'il la trompait ? Oui, instinctivement elle en eut la certitude. Et l'attachement de Laurent à cette femme n'en était que plus dangereux. Elle avait d'abord cru à une passade, une petite aventure sans lendemain. À aucun moment, elle n'avait prévu l'emprise de sa rivale, l'ampleur des sentiments de Laurent pour elle. Et elle avait la conviction que c'était trop tard. Avec une expression implacable, elle considéra l'homme qui avait partagé toute sa vie. Et elle se fit à cette idée… la fin de son mariage. Plusieurs de ses amies y avaient gagné une liberté inespérée, accompagnée d'un certain confort de vie. Apparemment, Laurent était prêt à faire des concessions. Mais elle était bien décidée à ne pas lui faciliter la tâche.

— Et maintenant, dit-elle la voix tendue de colère, que comptes-tu faire ?

Laurent croisa le regard de sa femme. Il comprit que la surprise avait cédé la place à l'animosité.

— J'organiserai mon déménagement à mon retour de Côte d'Ivoire, et…

— Certainement pas ! Puisque tu as décidé de partir, casse-toi immédiatement, cria-t-elle, va chez ta maîtresse, je m'en contrefous. Tu as raison, nous n'avons plus rien à nous dire.

Elle prit un trousseau de clés et quelques papiers qui traînaient sur la table du salon.

— Je sors. Tu as deux heures pour rassembler l'essentiel de ce dont tu as besoin. J'emballerai le reste pendant ton absence et tu le récupéreras à ton retour.

Laurent eut un bref pincement au cœur.

— Carole, je sais que ma décision est brutale, je prendrai tous les torts à ma charge. Et sois tranquille, je ne te laisserai manquer de rien. Nous pouvons en parler si tu veux.

— Inutile ! Je te donnerai les coordonnées de mon avocat. Mais n'oublie pas d'appeler les enfants.

Après son départ, Laurent demeura un instant désemparé. Il avait imaginé que la discussion serait longue et difficile. Une scène où l'on ne se fait pas de quartier, où l'on échange des mots durs qu'on n'oublie jamais. Mais c'était Carole qui lui tournait le dos, Carole qui s'en allait en claquant la porte. Il avait deviné que les conflits, ce serait pour plus tard et qu'ils se dérouleraient par le biais de leurs avocats. Il se dirigea vers la chambre, attrapa une valise sur la plus haute étagère du dressing et plia soigneusement ses uniformes, quelques vêtements, des sous-vêtements. La valise était trop petite. Il en sortit une autre, celle griffée d'un grand couturier, la préférée de Carole. Tant pis… Il rassembla ses effets de toilette et vida son bureau des papiers importants, de ses dossiers professionnels. Il vérifia qu'il avait pris son passeport, puis il entassa les valises dans le coffre de sa voiture et les classeurs sur le siège arrière. Il prit place au volant mais ne démarra pas. Il attendit en regardant la maison. La pelouse était trop haute et les volets avaient besoin d'une bonne couche de peinture. Toutes ces petites tâches domestiques qui avaient rythmé son temps libre si longtemps. Et pourtant, Carole et lui avaient été heureux au début de leur union. Mais très vite, leur principal sujet de préoccupation avait été les enfants, leurs études, la construction de la maison, la destination des prochaines vacances. Des craintes permanentes que Carole alimentait en parlant de sa famille, de son travail. Son éternelle petite phrase : « Je suis inquiète pour… » avait fini par estomper l'impatience amoureuse de leur couple. Aujourd'hui, il avait le sentiment déconcertant de jouer un rôle qui, désormais, n'était plus le sien.

Il ignorait où il dormirait ce soir ou demain, mais cela lui était égal. Il se sentait en apesanteur, loin de tout ce qui avait constitué sa vie jusqu'à cet instant précis. Il démarra enfin, longea doucement la rue, sa rue depuis vingt-cinq ans. Au bout, il bifurqua sur la droite et savoura l'étrange plaisir de se ruer dans l'inconnu avec un irrépressible avant-goût de liberté.

Laurent avait entassé ses papiers dans son bureau à la caserne et il avait réservé une chambre d'hôtel jusqu'à son départ pour Abidjan. D'ici là, il guettait l'occasion de retourner chez lui pour récupérer le plus d'effets possible. Il était au fait des habitudes de Carole : son travail, le club de Scrabble, la salle de gym ou la réunion hebdomadaire de son groupe de lecture. Ce ne serait pas bien compliqué de choisir le moment propice pour remplir ses valises en évitant de la rencontrer. Bien qu'après tout, et jusqu'à plus ample informé, il était encore chez lui.

Dans huit jours, il prendrait l'avion pour Abidjan. Une mission de quatre mois…

L'hôtel où il résidait était bruyant. Le soir, le sommeil tardait à venir. Il fumait cigarette sur cigarette et il entretenait des conversations virtuelles avec Diane, en contemplant les motifs des rideaux qui avaient connu de meilleurs jours. À présent, il ne pouvait plus atermoyer, il devait lui parler.

Le lendemain en fin de matinée, il arriva sur le parking de Béarn Tissus. Il avait renoncé à se rendre chez Diane en soirée, comme il l'avait fait si souvent. Ce qu'il avait à lui dire pouvait l'être sur son lieu de travail. Il ne l'avait pas prévenue de sa visite ; par chance, sa voiture était garée à quelques mètres.

Diane était en communication avec Hilde Dortman, elle peaufinait les détails de son déplacement à Munich la semaine suivante. À peine eut-elle raccroché que la standardiste lui annonça la présence de Laurent à l'accueil. Il pénétra dans son bureau peu après et, d'emblée, elle remarqua de petits changements. Il avait toujours belle allure dans son treillis militaire, mais il y avait autre chose… Un éclat différent dans le regard, et il émanait de lui une sérénité affichée. Il s'assit et s'enquit du bilan de l'exposition. Était-elle satisfaite ? Elle répondit succinctement et attendit, convaincue qu'il n'était pas venu pour cela.

— Il est temps que nous parlions de nous deux, tu ne penses pas ? dit-il enfin en la regardant dans les yeux.

Une vague d'appréhension saisit Diane. Le moment était mal choisi.

— Laurent, je…

— Non, c'est moi qui dois te parler. Je pars jeudi en Côte d'Ivoire pour quatre mois. À mon retour, j'entamerai une procédure de divorce. Carole est au courant. D'ailleurs, elle m'a dit de déguerpir de la maison. Je viens de passer trois nuits à l'hôtel.

— Mais… balbutia Diane, surtout ne fais rien que tu puisses regretter. Une séparation de plusieurs mois peut améliorer le climat entre vous et sauver votre couple.

Elle s'étonna de voir Laurent éclater de rire.

— Je n'y crois pas une seconde ! Carole n'est pas femme à revenir sur sa position, surtout à présent qu'elle connaît ton existence, et sincèrement, je n'en ai pas envie non plus.

— Je suis désolée, répéta Diane d'une voix tendue, j'ai l'impression que tout ce chaos est arrivé par ma faute. Sans moi, tu ne vivrais pas cette séparation.

— C'est la vie de tous les jours qui nous a séparés. Des différends qui ont grossi avec le temps. La lassitude... Je pars parce que nous ne pouvons plus rester ensemble. Et c'est avec toi que je veux vivre, Diane... Non, ne réponds pas tout de suite, tu pourrais être tentée de refuser. Accorde-toi le temps de réfléchir jusqu'à mon retour.

En effet, Diane ne répondit pas. C'était à peine si elle osait le regarder tant elle se sentait stupéfaite et bouleversée.

— J'ai besoin de croire que tu accepteras, reprit Laurent.

— N'est-ce pas prématuré ? Nous nous connaissons si peu, au fond.

— Crois-tu ? Moi, j'ai l'impression de te connaître depuis si longtemps, comme si tu avais toujours fait partie de ma vie. Mais jusqu'alors, je l'ignorais.

Le téléphone retentit dans la pièce. Il avait déjà sonné deux fois, Diane n'avait pas répondu. Elle laissa les sonneries s'égrener.

— Tu devrais décrocher, dit Laurent, c'est peut-être important.

— Pas au point de ne pouvoir attendre quelques minutes.

Au même instant, on frappa à la porte et Louise fit irruption dans le bureau.

— Diane, je suis confuse, mais Michael s'impatiente ! Il voudrait accélérer la réunion, il a un rendez-vous important à Tarbes dans l'après-midi.

— J'arrive…

Diane se leva, rassembla les papiers épars devant elle. Laurent se leva à son tour et Diane ouvrit la porte devant lui. « Retrouve-moi ce soir chez moi, d'accord ? Nous pourrons poursuivre notre conversation… »

Ils échangèrent alors un merveilleux sourire.

35

Laurent était installé à bord de l'avion A400M qui avait décollé à destination d'Abidjan. Autour de lui, les hommes de son unité parlaient haut, des éclats de rire fusaient. Une chemise cartonnée et des stylos de différentes couleurs posés devant lui, il aurait pu paraître occupé. En réalité, ses pensées vagabondaient, remontant le cours de ces derniers jours.

Il avait affronté de longues discussions avec ses enfants, plutôt remontés contre lui. Charles en particulier.

— Comment oses-tu faire ça à maman, s'était-il écrié, après toutes ces années de vie commune ? Nous, on n'a pas envie de vous voir divorcer, à votre âge !

— Comment ça, à notre âge ? Parce qu'il y a une date limite, comme pour la consommation des nouilles ? On ne vous demande pas d'annoncer votre préférence, de choisir avec qui vous voulez vivre, alors mêlez-vous de ce qui vous regarde tous les deux.

Charles l'avait abreuvé de reproches, sur un ton péremptoire, son travail, ses absences, leur mère seule face au quotidien.

— Et tout ça pour une vulgaire histoire de jambes en l'air !

Laurent avait perdu patience.

— J'étais déjà militaire quand j'ai rencontré votre mère et j'aime passionnément mon métier qu'elle a passé son temps à dénigrer au lieu d'essayer de s'y intéresser. J'ai risqué ma peau à maintes occasions, et cela a permis de vous assurer une vie confortable, de financer les études que vous avez choisies. J'ai toujours fait mon devoir en toutes circonstances et je vous souhaite, à ta sœur et à toi, de pouvoir en dire autant dans quelques décennies. D'ici là, je vous interdis de me juger !

Et il les avait, implicitement, invités à en rester là. Le lendemain, Laura l'avait rappelé. Il n'avait pas décroché. Elle avait laissé un message, d'une petite voix contrite : « Je suis désolée… tu seras toujours mon papounet d'amour. Je t'aime. »

Bouleversé, il avait composé son numéro, et parce qu'il l'avait entendue pleurer à l'autre bout du fil, il avait tenté de lui expliquer son départ.

— Ce n'était pas une décision facile, Laura, crois-moi. Mais je ne pouvais plus continuer comme ça. Notre vie de couple ne nous apportait plus rien à ta mère et à moi. Elle mérite mieux et moi aussi.

Laura avait compris et ils avaient fait la paix au cours d'une longue conversation truffée de rires et de larmes. Charles, au contraire, lui battait froid, mais Laurent n'en avait cure. Il était sûr d'avoir fait le bon choix.

C'était sa dernière mission en Opex. Ses supérieurs lui avaient fait comprendre que des officiers plus jeunes étaient prêts à assurer la relève. On lui avait proposé le commandement des ressources humaines de la base de défense de Pau-Bayonne-Tarbes et il avait accepté. Une promotion inespérée, mais qui nécessiterait de fréquents déplacements à l'état-major des armées à Paris, et dans diverses villes du pays.

Il avait cerné la personnalité de Diane, une femme indépendante, au caractère bien trempé. Si elle acceptait de partager sa vie, il savait déjà qu'elle ne prendrait pas ombrage de ses nombreuses absences. Ces courtes pauses pouvaient même s'avérer un facteur d'équilibre entre eux.

Vivraient-ils ensemble à son retour ? Les moments qu'ils venaient de passer tous les deux étaient de bon augure. Toutefois, elle pouvait aussi décider de garder sa liberté. Ils se verraient alors le week-end, de temps à autre. Il serait déçu, certes, car il attendait infiniment plus. Mais peu importe la place qu'elle lui accorderait dans sa vie. Il l'accepterait.

L'avion fonçait dans un ciel laiteux. Laurent ouvrit enfin le dossier qu'il tenait sur ses genoux. Quatre mois... Il était à la fois heureux et anxieux.

Le clocher de Lhèze affichait six heures. Diane déposa Aude devant l'école. Les enfants de sa classe étaient regroupés près de l'autocar qui les emmenait en excursion. L'institutrice qui avait organisé cette balade sur les bords du lac d'Anglus comptait sa petite troupe. À peine descendue de voiture, Aude courut embrasser d'autres enfants de son âge et elle raconta ce qu'il y avait dans sa valisette de pique-nique !

— Et maman m'a mis de la crème partout à cause du soleil.

Les gamins la regardèrent en poussant des cris d'exclamation. Diane était probablement la seule maman à redouter un coup de soleil qui brillait par son absence !

Soudain, Aude abandonna ses amis et revint vers sa mère :

— C'est ce soir que je dors chez Nathalie ? demanda-t-elle en plaquant un baiser sur la joue de Diane. Mon sac est pas prêt !

— Non ma poussinette, c'est demain. Ce soir, j'attendrai devant l'école jusqu'à ce que le car arrive, d'accord ?

Diane regarda sa fille grimper dans l'autocar. Aude choisit une place près d'une fenêtre et elle agita sa petite main, en envoyant des baisers. Le véhicule démarra enfin et Diane le suivit des yeux jusqu'au premier tournant.

Sur le chemin du retour, elle s'arrêta à son agence bancaire et retira des espèces au distributeur automatique. En passant devant l'hôtel de ville, elle aperçut trois véhicules de gendarmerie garés sur le parvis. Que faisaient les forces de l'ordre à la mairie à six heures du matin ?

Diane disposait de deux bonnes heures avant d'aller à la fabrique. Elle décida de rentrer chez elle et de préparer sa valise en prévision de son voyage éclair à Munich. En quittant Lhèze, elle composa le numéro de Christophe Rivière depuis son téléphone cellulaire. Nul doute qu'il était déjà au travail.

— Je viens de passer devant la mairie, on dirait que les gendarmes ont fait une descente ?

— Je suis au courant. Le maire est sur la sellette depuis la mort de Dumas.

— J'imagine qu'il a dû tomber de haut en découvrant les véritables desseins de son grand ami promoteur…

— Parce que tu crois qu'il les ignorait ?

— Euh… oui, je veux bien lui accorder le bénéfice du doute, répondit Diane.

— Moi pas ! Une chose est sûre, en revanche : notre maire a vraiment perdu la face après la défection de Dumas, et ça a dû chauffer entre eux. Avoue que c'est un bon mobile de meurtre, non ?

— Tu regardes trop de séries policières à la télé, Christophe.

— Comme si je n'avais que ça à faire ! répliqua Rivière en riant.

Ils raccrochèrent et Diane emprunta la route départementale qui conduisait chez elle. Une chute très nette des températures marquait la fin septembre. Ce matin, un vague soleil, presque blanc, perçait la couche grisâtre des nuages bas.

En arrivant, Diane lança la cafetière et emplit un mug qu'elle sucra généreusement. Elle dégusta quelques gorgées et jeta un coup d'œil au programme aimanté sur la porte du frigo. Mardi et mercredi, Aude resterait chez Nathalie qui avait déjà prévu l'emploi du temps de mercredi après-midi : sport pour les garçons et cinéma pour Aude et Julie. Diane avait annulé la visite d'Aude chez sa grand-mère ce mercredi-là. Un simple sms, bref mais courtois. C'était devenu leur seule manière de communiquer et Diane ne regrettait rien. Elle anticipait déjà la médisance de sa belle-mère en apprenant le divorce de Laurent.

Il était parti depuis trois jours et dès son atterrissage, il lui avait envoyé un petit message rassurant : il avait fait bon voyage. « Tu me manques déjà », concluait-il.

Ils avaient passé du temps ensemble avant son départ et elle avait pris conscience qu'il comptait pour elle, plus qu'elle ne l'avait imaginé. Sa présence lui était devenue familière et leurs retrouvailles restaient gravées dans son cœur, sur son corps. Ce soir-là, rien n'aurait pu les décider à se séparer, ils ne parvenaient pas à se rassasier l'un de l'autre, comme surpris de se retrouver enfin, unis par le silence. À quoi bon user de mots quand les sentiments deviennent une évidence ? Puis ils s'étaient abandonnés à leur passion, une envie de l'autre vertigineuse, fusionnelle. Le petit jour les avait trouvés étendus côte à côte, main dans la main, simplement heureux d'être ensemble. Lorsqu'il avait pris congé l'ultime matin avant son départ pour la Côte d'Ivoire, il l'avait gardée dans ses bras, longuement. « Depuis que je te connais, avait-il dit, j'ai l'impression d'être un autre homme, de devenir enfin celui que j'ai toujours voulu être. J'ai longtemps rêvé de rencontrer une personne qui partagerait mes passions et qui m'inviterait à partager les siennes.

— Et tu crois que je suis cette personne ?

— Je suis sûr que tu l'es. Mais je ne veux rien bousculer, l'attente sera difficile pendant ces quatre mois, je veux juste être sûr que nous serons là à mon retour. Je t'aime.

— Je t'aime aussi.

Ces quelques mots furent échangés dans un murmure, comme on formule un vœu ou un serment. Et il était parti pour quatre longs mois. Que déciderait-elle à son retour ? Diane se remémora les confidences de Marjorie. Le bonheur quand il se présente… Elle pensa à Aude. Comment accueillerait-elle la venue de Laurent dans leur vie ? Elle soupira. Elle avait du temps pour y réfléchir. Elle ne voulait pas se poser trop de questions pour l'instant. Celles-ci viendraient bien assez tôt. Elle but son café, glissa le mug dans le lave-vaisselle et grimpa au premier étage. Sa valise était ouverte sur le pied du lit. En fonction du planning que Hilde Dortman lui avait concocté, elle choisit un tailleur-pantalon, une jupe de lainage bleu avec le chemisier et la veste assortis, et une robe longue, fluide et décontractée.

Diane espérait beaucoup de ce voyage à Munich. Hilde lui avait loué les qualités de ce richissime client d'Europe de l'Est. Elle devait absolument faire sa conquête ! Elle gagna son bureau et vérifia une énième fois les billets de transport. Le train Pau-Paris puis l'avion Paris-Munich. Retour jeudi matin. Tout était parfait. Elle préparerait sa trousse de toilette au dernier moment, mais elle pouvait d'ores et déjà sélectionner les chaussures pour accompagner les tenues qu'elle avait choisies. Elle descendit dans la chaufferie et, d'un geste vif, elle ouvrit le placard à chaussures. Quel temps faisait-il à Munich fin septembre ? Tiens ! Elle ne s'était pas encore débarrassée de…

Soudain, son visage changea de couleur, son cœur se mit à battre à une vitesse folle et son estomac se noua. Elle se souvenait enfin de ce détail qui la taraudait depuis des semaines. Et c'était infiniment troublant. Pourquoi n'avait-elle pas compris plus tôt ?

36

Diane abandonna ses valises et dévala l'escalier. Elle saisit son trousseau de clés et courut jusqu'à sa voiture. Dix minutes plus tard, elle se garait devant la fabrique. Elle vit le coupé de Michael et deux autres véhicules arrêtés un peu plus loin. Une première équipe d'ouvriers prenait son poste très tôt derrière la chaîne de tissage. En revanche, aucune fenêtre n'était éclairée dans le bâtiment administratif, à l'exception du bureau de Michael, elle s'y rendit aussitôt. Il était au téléphone et, en voyant Diane, sa mine grave, ses traits tendus qui contrastaient avec le sourire enjoué qu'elle arborait chaque matin en arrivant à l'usine, il interrompit sa conversation.

– Je te rappelle, dit-il à son interlocuteur.

Et il resta un instant interdit, l'écouteur à la main.

– Tu en fais une tête ! s'étonna-t-il en raccrochant le téléphone.

Diane sentit son cœur battre plus fort dans sa poitrine, elle eut du mal à contrôler la poussée d'adrénaline.

– Je dois te poser une question, Michael, et je veux la vérité : es-tu pour quelque chose dans l'assassinat de Dumas ?

– Tu es folle ! lança-t-il, abasourdi.

– Il y a un détail qui m'obsède depuis tout ce temps mais, obnubilée par les préparatifs de l'expo, je n'arrivais pas à m'en souvenir... Jusqu'à ce matin. Ce jour-là, en me rendant sur place en compagnie de Marjorie, j'ai retrouvé ma voiture maculée de boue rouge, j'ai dû m'arrêter à la station de lavage en rentrant.

Elle se tut quelques secondes, et reconstitua mentalement la scène.

— Quand je suis revenue à Béarn Tissus, je suis passée près de ta voiture sur le parking. Les roues étaient couvertes d'argile, comme les miennes un peu plus tôt. Tu étais donc forcément sur place. Comment expliques-tu ta présence sur les lieux ? Par ailleurs, le jour où Dumas est mort, je me souviens très bien que tu n'es pas venu au Manoir des Chaumes. Hélène t'attendait pour revoir quelques arguments commerciaux et elle t'avait laissé je ne sais combien de messages.

Michael était livide. Il se laissa tomber dans son fauteuil et soupira longuement avant de répondre :

— C'est peut-être mieux ainsi, autant qu'on en finisse ! Tout a commencé avec la mort de Guy…

— Quoi ? Tu ne vas pas me dire que tu as joué un rôle dans son accident ?

— Non… Enfin, pas directement.

— Merde, Michael ! C'est oui ou c'est non ?

— Ça remonte à quelques années. J'avais peur que Guy vende l'entreprise et je suis sûr que si tu n'étais pas arrivée l'hiver dernier, il aurait fini par céder aux exigences de Marthe et aux pressions de Dumas. Et j'ai toujours su que je serais perdant dans l'affaire. J'ai pris les devants et j'ai détourné de petites sommes sur les ventes. Oh, pas grand-chose ! Mais tu sais ce que c'est…

— Non, pas du tout.

Il ne releva pas le ton virulent de sa réponse.

— Quand je me suis rendu compte à quel point c'était facile, j'ai augmenté les montants et Guy a fini par s'en apercevoir. Il avait décelé des anomalies dans les commandes de certains clients, quelques écarts dans les stocks. Ce jour-là, il m'a invité à déjeuner à Jurançon. Il m'a dit qu'il voulait demander un audit à Patrick Extandi. J'ai eu beau argumenter, lui promettre de rembourser l'argent, il ne voulait rien savoir. Finalement, il a quitté la table sans que je parvienne à le faire changer d'avis. Avec le recul, je mesure combien il était agité. Quand il est monté dans sa voiture, je l'ai suivi. Je ne sais pas ce qu'il s'est passé ensuite, ce qu'il a imaginé. Il a accéléré, moi aussi. J'ai essayé de le joindre sur son portable, je voulais qu'on continue à discuter.

Le téléphone fixe résonna brusquement dans la pièce. Diane sursauta. Michael attendit la fin des sonneries, puis il décrocha le combiné qu'il posa sur le coin du bureau.

— Sur le moment, je n'ai pas compris comment l'accident s'était produit, reprit-il. La route en lacets était extrêmement dangereuse. J'ai cru que c'était la vitesse ou que Guy avait essayé d'attraper son portable dans sa poche. Soudain, il a perdu le contrôle de sa voiture et il a filé tout droit dans le virage, après avoir enfoncé un taillis.

— Tu n'as pas cherché à le secourir ?

— J'étais terrorisé ! La voiture était au fond du ravin, ce n'était même pas accessible à pied. C'est alors que j'ai aperçu un véhicule qui venait en sens inverse. J'ai fait demi-tour et je suis parti. Je me suis garé un peu plus loin et j'ai vu que la voiture s'arrêtait sur les lieux de l'accident. J'étais persuadé que le conducteur appellerait les secours. Au cours des jours qui ont suivi, j'étais rongé par le remords, jusqu'aux résultats de l'autopsie qui ont conclu à une crise cardiaque. J'ai compris que, de toute façon, je n'aurais rien pu faire pour lui.

Michael se tut, le temps d'une brève hésitation. Il fixait la porte. Qu'espérait-il ? Un soutien, le salut ? Affronter Diane, le regard méfiant, stupéfait qu'elle posait sur lui s'avérait une épreuve bien plus difficile qu'il ne l'aurait imaginé. Malgré tout, les mots affluèrent.

— Je ne me le pardonnerai jamais, tu sais. J'aimais beaucoup Guy. J'aurais tellement préféré que ce soit cette vieille garce ! Pendant un moment, j'ai imaginé que c'était elle qui se trouvait dans la voiture au fond de ce maudit trou.

— Tu parles de Marthe, là ?

— Oui, je l'ai toujours détestée. Si tu savais le nombre de fois où j'ai souhaité sa mort depuis que je suis venu vivre chez eux ! Elle aurait pu crever sous mes yeux, je n'aurais pas fait un geste pour la sauver.

Diane n'en croyait pas ses oreilles. Michael avait souvent exprimé sa reconnaissance à l'égard de son oncle et sa tante.

— À l'égard de mon oncle, oui, précisa-t-il. Mais elle ! Elle et son… Désolé, Diane, je n'ai pas à te raconter cela. Il y a si longtemps. Venons-en à Dumas. Je…

— Michael ! coupa Diane, tu me dois la vérité. Toute la vérité. Que cherches-tu à me cacher ?

— Ça ne concerne pas le décès de Dumas, je ne vois pas l'utilité de te faire de la peine.

— Peut-être est-ce à moi d'en juger, non ? Et au point où j'en suis…

— Soit… Après la mort de mes parents, Marthe m'a recueilli parce que Guy ne lui a pas laissé le choix. Elle ne pouvait pas prévoir que mes deux semaines de vacances pendant l'absence de mes parents déboucheraient sur mon adoption ! Et moi, comment l'aurais-je deviné ?

Depuis ce maudit matin de juillet, il n'avait cessé de voir défiler les mêmes images en boucle dans sa tête, il entendait les mêmes mots. Les dernières heures avec sa mère et son père avant leur départ pour le Mexique. Des baisers, des recommandations, des promesses. Et soudain le néant.

— Dès l'instant où elle a compris qu'elle devrait me garder, Marthe m'a pris en grippe. Elle ne supportait pas l'idée de devoir tout partager entre Rémy et moi, son temps, son énergie et même l'espace dans sa maison. Si elle avait pu m'envoyer dormir dans le grenier… Elle ne manquait pas une occasion de me rabrouer, de me rappeler où était ma place. L'enfant de trop, l'orphelin qui devait toujours s'excuser d'être là, comme un intrus.

Michael se leva et fit quelques pas dans le bureau. Machinalement, il referma un tiroir du meuble de rangement et se retourna vers Diane :

— Le plus affreux dans cette histoire, c'est que cette garce a entraîné Rémy dans la spirale. Il a très vite compris que c'était lui le maître et que sa mère le soutiendrait toujours. Il m'en a fait baver, tu sais ! Il ne me pardonnait pas l'affection que Guy me portait et il ne se passait pas un seul jour sans qu'il me le fasse payer. Et il était plus costaud que moi, le salaud. Je n'oserais jamais te raconter ces bagarres, ces jeux brutaux, soi-disant pour rire et qui me laissaient couvert d'ecchymoses. Une fois, il a même mis le feu à mes vêtements. Sans l'arrivée de Marthe…

Diane ne pleurait pas, pourtant des larmes lui brûlaient les yeux. Elle éprouva un brusque sentiment de pitié à l'égard de Michael, même si quelques doutes subsistaient. C'était facile d'incriminer Rémy, il n'était plus là pour se défendre. Et le portrait qu'en traçait

Michael concordait si peu avec l'homme qu'elle avait aimé pendant dix ans.

— Je devine ce que tu ressens, dit Michael, ce n'est pas l'image que tu avais de ton mari, n'est-ce pas ? La vérité est difficile parfois.

— Pourquoi n'as-tu rien dit à Guy ?

— Je n'ai jamais osé, j'avais peur des conflits que ça provoquerait et Marthe me laissait bien entendre qu'on me mettrait en pension pour régler le problème. J'imaginais que la situation pouvait s'avérer pire encore. Et puis... Marthe et son fils savaient donner le change devant les autres. Les apparences étaient sauves, j'avais des parents, un frère. Une famille. En réalité...

Que pouvait-il faire alors, sinon accepter la place qu'on lui concédait, simuler la gratitude qu'il n'éprouvait pas ? Il n'avait jamais eu d'autre choix que le chagrin, la solitude au sein d'une famille en trompe-l'œil. D'année en année, il s'était replié sur lui-même, il avait ruminé sa rancœur.

— J'aurais tellement voulu me libérer de cette colère, mais je n'y suis jamais parvenu. J'ai supporté, et le temps a passé. Rémy est parti, je suis resté et j'ai travaillé à la fabrique. Convaincue que je prenais la place de son fils, Marthe ne s'en est montrée que plus agressive à mon encontre. En revanche, Guy m'a accueilli avec un franc plaisir. Tu sais toute la gentillesse dont il était capable. Ce fut plus vrai encore après le décès de Rémy. J'ai espéré alors que sa gratitude, son attachement effaceraient toutes ces années d'humiliation. Mais tu es arrivée et j'ai été relégué au poste d'éternel second.

— Justement ! rétorqua Diane. Quand j'ai repris la société, tu as su que je ne la vendrais pas et que tu avais une place assurée.

— C'était trop tard, sans doute. Je n'ai pas pu me départir de cette impression pesante d'être le parent pauvre, l'étranger, le neveu du patron qui se contente des miettes parce qu'on lui a évité la DDASS. Pourtant, je t'en conjure, Diane, crois-moi, j'aimais sincèrement Guy. Même si, parfois, je lui en voulais un peu… Les quelques actions qu'il m'avait données comme une aumône.

— Et cela justifiait ton ralliement à Dumas ?

— Au début de tes déboires avec lui et avec le maire, je n'étais pas impliqué. Puis, après le décès de Guy, Dumas a pris contact avec moi. Il m'a proposé un deal : faire tout mon possible pour t'empêcher de sauver la société et que cela te contraigne à vendre.

Le visage de Diane s'assombrit tandis qu'une idée lui traversait l'esprit :

— Alors le sabotage des machines, l'inondation, c'était toi ?

Évidemment… Comment les canalisations d'eau avaient-elles cédé sans raison apparente ? Et les canettes brisées, les aiguilles tordues qui endommageaient les chaînes ?

— Comment as-tu pu faire ça ? explosa-t-elle, sidérée. J'avais une telle confiance en toi.

Elle s'était rapprochée de lui et le toisait sans concession.

— Je suis désolé, murmura-t-il d'une voix à peine audible.

— C'est un peu court comme réponse, tu ne trouves pas ? Et que gagnais-tu dans ce deal ?

— Dumas m'avait dit qu'il était uniquement intéressé par les écuries de l'ancienne caserne et les terrains alentour. Il n'attachait aucune importance à la fabrique en elle-même. Il m'avait promis de me la revendre pour un euro symbolique une fois qu'il aurait tout racheté.

— Et tu l'as cru ?

— Honnêtement, oui. Et je ne pouvais pas refuser une occasion pareille. Je me suis dit que je tenais enfin ma revanche vis-à-vis de Marthe. Béarn Tissus qui aurait dû revenir à son cher fils allait m'appartenir. À moi ! Mais grâce aux recherches de ton copain militaire, j'ai compris que c'était uniquement le sous-sol que Dumas convoitait. Il avait déjà prévu la transformation de la fabrique en entrepôt, ou quelque chose comme ça. Alors j'ai craqué.

Des petites veines palpitaient à ses tempes et il planta son regard dans celui de Diane.

— Toute cette rancune contenue pendant quarante ans ! Pour me faire berner encore une fois. J'ai appelé ce fumier et je lui ai demandé comment il comptait me dédommager. Il l'a pris de haut et je l'ai menacé de faire un scandale. Il y avait tant de choses que le public ignorait encore, le concernant. Sa vie privée, son attirance pour les très, très jeunes filles notamment. Il m'a donné rendez-vous dans un lieu discret et tu devines la suite… La discussion a dégénéré et j'ai descendu ce salaud sans l'ombre d'un regret.

37

Après un interminable silence, Michael croisa enfin le regard de Diane. Ses aveux l'avaient anéanti. Jusqu'à son dernier souffle, il serait habité par une obsession qui n'était faite ni de regrets ni de remords, mais d'un immense sentiment de rage, de douleur.

Atterrée, Diane soutenait son regard. C'était insupportable de l'entendre s'empêtrer dans de vaines explications : il avait escroqué la société, provoqué la mort de Guy, comploté avec Dumas pour finir par le tuer. Qu'allait-il décider maintenant ?

— Que comptes-tu faire ?

Michael ne répondit pas tout de suite. Il respira profondément comme si, tout à coup, l'air lui manquait. Il s'était promis que si les soupçons de la police se rapprochaient un tant soit peu de lui, il partirait.

— Et toi ? demanda-t-il, que vas-tu faire ? Pour l'instant, tu es la seule personne au courant. Mon destin est entre tes mains. Je suppose que tu ne pleureras pas la disparition de Dumas ? Si tu me laisses deux jours, j'aimerais saisir l'opportunité de me tirer d'ici une bonne fois pour toutes. Je sais que je te demande beaucoup, mais je t'en prie…

Sa requête laissa Diane effarée.

— Et Hélène ? Elle t'aime, et ses enfants aussi. Ils pensaient avoir retrouvé une famille.

Pourquoi ne pas se l'avouer ? Il s'était attaché à Hélène et ses enfants. Pendant quelque temps, il avait apprécié la vie de couple, le retour au foyer le soir, les enfants qui l'embrassaient. Il avait même cru y trouver un certain équilibre. Mais ses vieux démons avaient resurgi. Plusieurs fois, il avait failli tout raconter à Hélène mais il y avait renoncé. Leurs destins, au fond, n'avaient rien en commun.

— Je ne pense pas leur être indispensable, dit-il enfin. En dépit de son apparence fragile, Hélène a de la ressource. Elle a surmonté les épreuves précédentes, elle s'en remettra. Tu t'es plutôt bien remise du décès de Rémy, non ?

— Qu'es-tu en train d'insinuer ?

— Tu crois que je n'ai pas compris ton manège avec ton militaire, le premier soir où nous nous sommes croisés au restaurant ? Ça crevait les yeux ! Fort heureusement, je ne m'étais pas bercé d'illusions à ton égard…

— Si tu te cherches des excuses, coupa-t-elle brutalement, ne te sers pas de moi ! Je ne t'ai jamais donné l'occasion de te faire la moindre illusion.

— C'est vrai, je n'étais sans doute pas assez bien pour toi.

— Comment oses-tu dire cela ? Je t'ai toujours considéré comme mon associé à part entière et, plus important encore, comme mon ami.

— Arrête ! Tu vas me faire rire et je n'en ai pas envie. Regarde-toi ! Tu es comme les autres, comme eux tous, tu appartiens à leur monde de bobos décadents !

Il posa sur elle un regard froid. L'expression de son visage changea et ses traits se durcirent. Puis il se mit à faire les cent pas de la porte à son bureau. Diane suivait chacun de ses mouvements. Jusqu'où était-il capable d'aller ? Anxieuse, elle jeta un coup d'œil à sa montre.

— Je comprends que tu aies du mal à surmonter le drame de ton enfance, convint-elle avec une note d'inquiétude dans la voix. C'est dommage que tu aies laissé la rancœur t'aveugler au point de ne pas avoir compris qu'il y avait des gens qui t'aimaient autour de toi. Tu as préféré jouer avec nos vies.

— Et il n'y a pas pire joueur que celui qui a déjà tout perdu, répondit-il en gagnant la fenêtre.

Il l'entrouvrit et respira l'air frais et humide de l'automne qui promettait d'être long. Comme toujours à la montagne. Diane ne le quittait pas des yeux. Elle avait peur de la violence contenue dans ses derniers propos. Elle regarda encore sa montre et s'efforça de chasser ses craintes en se concentrant sur les sentiments qui la bouleversaient. Le choc de la trahison, la tristesse, son aveuglement. La révolte aussi.

— Tu ne penses pas t'en tirer aussi facilement ? Tu es responsable de la mort de Guy, l'homme le plus gentil, le plus honnête que j'aie jamais connu. Le seul être au monde qui t'ait apporté de l'affection. Et peu importe qui était Dumas. Je sais que l'enquête s'oriente vers le maire de la commune, je ne le tiens pas en haute estime mais je refuse l'idée qu'il paie pour ton crime.

Michael était toujours figé devant la fenêtre. Soudain, un nuage occulta le premier rayon de soleil qui perçait entre les cimes des conifères. Le ciel se voila d'une ombre grise. Cela lui parut idiot, mais il le prit comme un signe. Bien sûr qu'elle parlerait, qu'elle allait le faire arrêter. Il se détourna de la fenêtre.

— J'en déduis que tu n'as pas l'intention de me laisser une dernière chance ?

Diane saisit l'expression sombre qui passa furtivement dans ses yeux. Il lui jeta un regard furieux, et fit un pas vers elle. D'instinct, elle recula.

Soudain la porte s'ouvrit sur Patrick Extandi.

— Je l'avais appelé en chemin, expliqua Diane à l'intention de Michael, juste au cas où...

Elle s'approcha du bureau et Michael ne fit aucun commentaire, aucun geste pour l'arrêter. Diane se racla la gorge où persistait un goût amer. Puis elle décrocha le téléphone. Elle ne chercha pas le numéro, il était affiché sur tous les postes fixes de l'entreprise : Préfecture, pompiers... Gendarmerie.

Épilogue

Diane étudiait les termes du contrat qui définissait sa future collaboration avec Wladimir Shumilov. Elle était revenue enchantée de son voyage à Munich. Les contacts que lui avait arrangés Hilde Dortman ne pouvaient que déboucher sur de belles affaires.

D'autres dossiers attendaient sur le coin de son bureau. Parmi eux, la vente des actions de l'agence immobilière de Rémy et de leur appartement à Verrières-le-Buisson. Elle avait prévenu Paul et Cristelle qu'elle ne reviendrait pas à Paris. Le temps était venu d'envisager d'autres investissements en Béarn. L'aménagement des écuries de l'ancienne caserne, entre autres.

Trois semaines s'étaient écoulées depuis l'arrestation de Michael. En rentrant de Munich, Diane avait réuni le personnel de la société et présenté la situation le plus simplement possible. Il lui appartenait d'apaiser les inquiétudes de ses collaborateurs en leur assurant que ces événements n'auraient aucune incidence sur l'entreprise. Ce n'était pas tout à fait vrai, mais elle n'était pas prête à dévoiler ses cartes. En réalité, elle avait l'intention de reconstituer les actifs de la société en offrant une place plus large à Marjorie. Elle avait proposé le poste de directeur adjoint à Patrick Extandi et elle souhaitait l'associer dans le capital. Et en fin d'année, elle offrirait des actions à tous les employés.

Puis Diane avait eu une longue conversation avec Hélène. Celle-ci avait accusé le coup en apprenant l'arrestation de Michael. Elle ne s'était pas épanchée pour autant. Elle avait ravalé son chagrin et elle avait fait face. Diane connaissait cette réaction de sang-froid. A-t-on le choix quand les enfants comptent sur votre amour, sur votre force ? Diane lui avait confié la direction de l'équipe commerciale, assortie d'une revalorisation de son salaire, et elle avait accepté.

Diane avait longtemps reporté l'appel à Marthe. C'était difficile de lui expliquer le rôle de Michael. Mais pour couper court à ses velléités jubilatoires assorties de l'inévitable : je vous l'avais bien dit, elle lui avait révélé les raisons de sa longue haine. Marthe s'était bien gardée du moindre commentaire et Diane avait refréné son envie de lui jeter quelques vérités à la face. Comment avait-elle pu détester Michael au point de laisser Rémy le martyriser ? Ils n'étaient que des enfants. Diane avait beau ressasser la triste histoire de Michael, elle ne parvenait pas à imaginer Rémy en enfant-bourreau. C'était un homme bienveillant et profondément généreux, qu'elle avait aimé, qui avait été son mari pendant dix ans et le père de sa petite fille. Guy avait tout ignoré et c'était heureux. Il aurait été mortifié par la vérité.

À présent, Marthe vieillirait seule. Sans doute l'avait-elle compris. Quelques jours après cette ultime conversation, elle annonça à sa belle-fille qu'elle partait pour un temps indéfini chez sa sœur. « Au moins jusqu'au printemps prochain. Me permettez-vous de téléphoner à Aude le week-end ?

— Bien sûr, Marthe, avait répondu Diane, vous êtes sa grand-mère. »

Elles en restèrent là.

Laurent appelait Diane le plus souvent possible, et c'était si bon d'entendre sa voix. Son séjour en Côte d'Ivoire s'avérait épuisant avec 43 °C à l'ombre même en cette période de l'année. « Ou alors je vieillis », disait-il en riant. Diane ne savait pas où il était basé ni ce qu'il faisait. Il n'en parlait jamais. Était-il en danger ? Elle se figurait des risques peut-être pires qu'ils n'étaient. Lui aussi s'était inquiété pour elle après les derniers événements. Il lui répétait qu'il l'aimait, qu'il pensait à elle… Il s'était réjoui avec elle en apprenant que tout danger était à présent écarté. Il avait hâte que passent les prochaines semaines. Son retour était prévu le 8 décembre. Et dans la conversation, il avait glissé que sa femme avait pris les devants et lancé la procédure de divorce. « Tu seras la première personne que j'appellerai en arrivant en France », avait-il dit. C'était une invitation, une promesse.

Diane s'était confiée à Nathalie qui s'était aussitôt emballée :

— Ne laisse pas passer ta chance, je suis sûre que c'est un type bien.

— Et que tu sois issue d'une famille de militaires n'influence en rien ton jugement ?

Elles avaient ri.

Après de longues réflexions, Diane savait qu'elle ne laisserait pas passer sa chance, même si tout n'était pas réglé pour autant. Ils n'emménageraient pas ensemble dans l'immédiat, le temps de préparer Aude à la présence d'un beau-père. Ils rencontreraient des difficultés, des écueils. C'était inévitable. Mais un homme allait revenir dans sa vie. C'était une certitude d'autant plus résolue que fortes avaient été ses hésitations.

Elle avait parfois du mal à expliquer ses émotions. L'exaltation de l'amour retrouvé, peut-être. Ce bonheur, elle le ressentait comme un état de grâce. Comment faire pour qu'il perdure ? Malgré l'indolence des cœurs, les lassitudes du temps, quand vient l'instant où l'on ne tremble plus des retards de l'autre... Elle aimait Laurent. Et il l'aimait. Il leur appartenait de faire l'impossible pour maintenir le précieux équilibre de leurs sentiments.

L'après-midi était déjà bien avancé. Diane quitta son bureau et se dirigea vers l'atelier de production. Elle jeta un coup d'œil à la programmation des machines, elle retourna des échantillons, admira les lignes, l'harmonie des couleurs. Sa dernière création notamment. Des roses anglaises fleurissaient, avec délicatesse et sobriété, un voilage plein de légèreté. Un style *british* très tendance. Et elle se revoyait à cette même place avec Guy, caressant les échantillons du bout des doigts. Comme toujours lorsqu'elle pensait à lui, son cœur se serra d'une infinie tristesse.

Il lui arrivait encore de songer à Michael. Elle était sûre alors d'avoir pris la bonne décision. Personne n'aurait pu lui imputer le meurtre de Dumas mais il n'en demeurait pas moins coupable. Il l'avait abattu sans aucun état d'âme. Et il avait provoqué la crise cardiaque de Guy qui avait le cœur fragile. La violente émotion qui avait suivi leur dispute avait déclenché la fibrillation fatale. Le dilemme avait alimenté des conversations animées entre Diane, Marjorie, et le couple Extandi.

— Si on met le feu à une maison en ignorant qu'il y a quelqu'un à l'intérieur, avait observé Patrick, reste-t-on un incendiaire, ou devient-on un assassin ?

— Un assassin, à n'en pas douter ! avait rétorqué Marjorie avec toute la passion que Guy lui inspirait toujours.

Tout au fond de son cœur, Diane savait que la vérité se situait bien au-delà de la culpabilité ou de l'innocence d'un homme. C'était autre chose…

C'étaient les quelques mots que Guy avait prononcés un matin de juin en la conduisant à l'aéroport de Pau. « Bonne chance avec votre importatrice allemande. Vous réussirez, Diane, j'en suis sûr. Ayez confiance en vous. Parfois la vie vous mène où vous devez aller, en temps et en lieu, à un moment donné. C'est une nouvelle vie qui commence pour vous. Je serai à vos côtés chaque jour, je vous soutiendrai… »

Ils ne devaient plus jamais se revoir. Mais dans cet ultime message, il l'invitait à changer de vie.

En temps et en lieu, à un moment donné… Le moment était venu. Elle était à un tournant de son existence et tous les espoirs lui étaient offerts. Elle sortait des récentes épreuves habitée d'un étonnant désir de vivre. Un peu étourdie par cette perspective, elle regarda dehors et prit conscience que le jour déclinait. Un parfum d'automne flottait dans l'air et déjà le chemin qui menait aux écuries se couvrait d'un somptueux tapis de feuilles et de mousse. Le personnel avait quitté la fabrique. Rien ne bougeait autour d'elle.

Pourtant tout était irrémédiablement différent.

Composition :
Soft Office

Cet ouvrage a été imprimé par
CPI Bussière à Saint-Amand-Montrond
pour le compte de France Loisirs
en février 2018

Numéro d'éditeur : 91057
Numéro d'imprimeur : 2034395
Dépôt légal : février 2018
Imprimé en France